编委会

顾　　　问 ◎ 蒋含丹
主 要 作 者 ◎ 梅继开
共 同 作 者 ◎ 张耀武　杨德芹　陈启新
参与编写者 ◎ 熊　杰　张鲜艳　覃黎明　刘晚香
　　　　　　 吴尊华　苟幼松　刘　艳　叶永鹏
　　　　　　 李　蕾　鲁建平　胡廷宝　王勇华
　　　　　　 覃守茂　邓　伟　张　蕾　胥道强
　　　　　　 张丽利　张士斌　高小芹　陈湘江
　　　　　　 陈旭青　陈菁华　杨　洋　云晶晶

高职院校
高质量发展模式与路径探究

以三峡旅游职业技术学院"十三五"发展为例

梅继开 ◎ 编著

RESEARCH ON THE MODE AND PATH OF HIGH QUALITY
DEVELOPMENT IN HIGHER VOCATIONAL COLLEGES

http://press.hust.edu.cn

中国·武汉

内 容 提 要

高职院校的"高质量发展"已成为当前我国高职教育发展的重要议题。"高质量发展"是高等职业教育"十三五"发展的必然要求,也是"十四五"发展的重点工作。推动高职院校高质量发展是一个系统工程。三峡旅游职业技术学院在十三五期间,规划整体发展思路,从学校的目标定位、学生发展、教学改革、政策保障、社会服务贡献、国际合作、面临挑战、典型案例等方面做出探索,不断深化教育教学改革,深入推进产教融合、校企合作,集聚优势资源,并积极服务社会与地方经济的发展,形成高质量发展的新思路、新模式,以期给更多高等院校一份参考和借鉴。

图书在版编目(CIP)数据

高职院校高质量发展模式与路径探究:以三峡旅游职业技术学院"十三五"发展为例/梅继开编著.—武汉:华中科技大学出版社,2022.8
ISBN 978-7-5680-7667-8

Ⅰ.①高… Ⅱ.①梅… Ⅲ.①高等职业教育-发展-研究-宜昌 Ⅳ.①G718.5

中国版本图书馆 CIP 数据核字(2022)第 146425 号

高职院校高质量发展模式与路径探究:
以三峡旅游职业技术学院"十三五"发展为例 梅继开 编著

Gaozhi Yuanxiao Gaozhiliang Fazhan Moshi yu Lujing Tanjiu:
yi Sanxia Lüyou Zhiye Jishu Xueyuan "Shisan-Wu" Fazhan Weili

策划编辑:汪 杭
责任编辑:汪 杭
封面设计:廖亚萍
责任校对:王亚钦
责任监印:徐 露

出版发行:华中科技大学出版社(中国·武汉) 电话:(027)81321913
　　　　　武汉市东湖新技术开发区华工科技园　邮编:430223
录　　排:华中科技大学惠友文印中心
印　　刷:武汉邮科印务有限公司
开　　本:787mm×1092mm　1/16
印　　张:18.75
字　　数:479 千字
版　　次:2022 年 8 月第 1 版第 1 次印刷
定　　价:79.80 元

本书若有印装质量问题,请向出版社营销中心调换
全国免费服务热线:400-6679-118　竭诚为您服务
版权所有　侵权必究

前　言

开拓创新　奋进有为　"十三五"全面发展取得新成就

三峡旅游职业技术学院是经湖北省政府批准、获教育部备案的全日制综合类普通高职院校,有60多年的办学历史。学院位于宜昌城东新区核心区域,毗邻宜昌东站,交通便利。占地面积810亩(1亩≈666.67平方米),建筑面积16.18万平方米,固定资产总值12.88亿元,已建设成为国内一流的知名旅游高职院校。

学院现有教职工242人,其中教授、副教授116人,硕士研究生占比65%,"双师型"教师占比82%;有十三届全国人大代表1人,黄炎培职业教育杰出校长1人,黄炎培职业教育杰出教师1人,享受国务院特殊津贴专家1人,教育部职业院校教育教学指导委员会(专委会)委员3人,国家级职业技能大赛专家评委8人、省级14人,国家级普通话测试员2人,省级普通话测试员22人,湖北省技能名师1人,楚天技能名师12人。先后有5名教师获得宜昌市"十佳师德标兵""师德标兵"殊荣。已建成"高小芹(烹调工艺与营养专业)省级技能名师工作室""梅继开劳模创新工作室",建有旅游管理专业和马克思主义学院2个"黄大年式教师团队"。

学院紧密结合区域经济发展,主动适应社会对高素质技能人才的迫切需求,着力推进改革创新和内涵发展。在历任领导班子的带领下,认真贯彻落实各级政府推进职业教育发展政策,坚持内涵建设,突出特色发展战略,切实提升办学效益,构建了完善的人才培养体系。现设有旅游管理学院、学前教育学院、酒店烹饪学院、信息技术学院、马克思主义学院(公共课部)、继续教育学院等院部,以旅游管理类专业群和学前教育专业群为重点,以航空服务类、商务管理类、信息技术类、园林工程类等专业为补充,开设有52个专业及专业方向,截至2021年有全日制在校学生7000余人。

学院坚持以市场需求为导向、以培养学生能力为重点,立足旅游、学前教育品牌,彰显类型特色,扎实推进教育教学改革,着力提升人才培养质量,内涵建设成果显著。导游、酒店管理(现更名为酒店管理与数字化运营)专业是国家专业服务产业重点建设专业,烹调工艺与营养(现更名为烹饪工艺与营养)、导游、酒店管理专业是教育部现代学徒制试点专业,旅游管理专业是教育部高等职业教育创新发展行动计划骨干专业、省级品牌专业,学前教育专业、烹调工艺与营养专业是省级特色专业,学前教育专业与中华职教社合作共建,研学旅行管理与服务专业是全国首批33所高校中湖北省唯一获批设置专业的高校。

学院突出"凝练旅游和学前特色文化",构建"一园二区三馆六中心十大基地百个实训室"的思路,截至2021年,建有全省一流的普通话测试中心、生产性餐饮产教融合实训基地、VR智慧旅游体验中心、智慧学前教育实训中心、物联网实训室等90多个校内理实一体化实训室。旅游管理实训中心是国家级校内实训中心,校企共建的长江三峡旅游发展有限责任公司(三峡大坝)实训基地被湖北省教育厅评为湖北高校省级实习实训基地。

学院坚持以技能提升为核心、以技能竞赛为抓手,不断深化教育教学改革,深入推进产教融合、校企合作,集聚优势资源,与40多家国内知名企业、150多家省内重点企业签署战略合作协议,人才培养质量显著提升。

学院充分发挥高职院校服务社会、服务地方经济的职能,在行业培训、产业发展、技能指导、旅游标准化建设、酒店餐饮企业标准评定、普通话培训测试、职业技能鉴定、非物质文化遗产传承、精准扶贫脱贫攻坚等方面做出了重要贡献。学院成立宜昌文化旅游职教联盟,宜昌市普通话培训测试中心、三峡旅游研究所、三峡茶文化研究会、宜昌市三峡研学旅行研究中心均挂靠学院。学院还是三峡(宜昌)研学导师培训中心、宜昌市幼儿园教师培训基地、中小学教师资格培训认证中心、职业资格培训鉴定中心。

一、"十二五"简要回顾

"十二五"时期是学院由初创到不断发展壮大的五年。在宜昌市委、宜昌市政府及各级教育行政部门的领导的关心和支持下,全体教职员工克难奋进、开拓创新、努力拼搏,坚持以科学发展观统领全局,抓住学院发展的重要机遇,深化改革,强化管理,走"规模、结构、质量、效益"相协调可持续的内涵式发展道路,努力培养高素质技能型人才,为地方经济社会发展做出了积极贡献。

"十二五"期间,学院在快速发展的同时,也面临和存在着诸多困难和问题,如学院的综合实力和核心竞争力不强,办学特色和品牌塑造还不明显,教学改革和人才培养模式有待进一步深化;学院办学规模难以突破,办学效益不明显;办学经费不足,办学条件还需进一步完善和充实;队伍建设还需进一步加强,师资队伍数量、结构还需进一步改善,"双师型"教师队伍建设还需进一步加强;信息化建设和校园文化建设步伐还需进一步加快。

二、"十三五"发展总体思路

(一)指导思想

坚持以邓小平理论、"三个代表"重要思想和科学发展观为指导,深入学习贯彻习近平总书记系列重要讲话精神,坚持"四个全面"战略布局和"五大发展"理念,全面贯彻落实《国家中长期教育改革和发展规划纲要(2010—2020年)》《国务院关于加快发展现代职业教育的决定》和《湖北省人民政府关于加快发展现代职业教育的决定》。以立德树人为根本,以服务发展为宗旨,以促进就业为导向,以创新创业为动力,走产教融合的发展道路,遵循"规模适度、特色突出、创新管理、提高质量"的基本要求,巩固发展成果,推动改革创新,强化内涵建设,提升社会影响,实现"质量、规模、效益"相互统一、相互协调,推动学院各项事业发展,为服务区域经济社会发展提供强有力的人才支撑和智力支持。

(二)发展定位

学院坚持秉承"砺志明德、笃学躬行"的校训和"以人为本,依法治校,质量为先,特色立校"的办学理念,坚持以高职教育(含五年一贯制、中高职三二分段制)为主体,成人教育为补充,学历教育与职业培训并举的办学格局。立足鄂西圈,服务大三峡,面向中西部,辐射全中国,培养以旅游管理、学前教育等专业为特色,以计算机、会计、园林等专业为支撑的技术技能型人才。

（三）总体目标

积极创建省级骨干高等职业院校，建成专业结构合理、特色鲜明、条件优良、质量较高的在全国具有较大影响的高等职业学院，成为长江经济带、三峡城市群、鄂西生态文化旅游圈旅游人才、宜昌市学前教育人才培养培训基地，逐步把学院建成"特色鲜明、质量优良、省内领先、国内知名"的高职院校。

三、"十三五"主要指标完成情况和取得的成就

学院以"十三五"规划为指引，在"十三五"期间抢抓机遇，克难奋进，开拓创新，奋发有为，全面完成了"十三五"规划确定的主要发展任务。

学院高举中国特色社会主义伟大旗帜，全面落实立德树人根本任务，办学规模创历史新高，人才培养质量不断提升，各项事业迅速发展。尤其是2017年学院新一任领导班子到位后，坚持以习近平新时代中国特色社会主义思想为指导，面对新时代、新形势、新任务和新要求，通过深入研究，对"规划"进行了修订和完善，进一步明确了学院办学定位，理清了办学思路；进一步明确了办学目标，强化了各项措施；进一步加强了项目建设，推动了基础能力建设。提出了将学院办成专业特色鲜明、行业优势突出的"特色品牌"高职院校；建成省内一流、国内知名的优质旅游高职院校；建成宜昌高素质技能型人才培养基地、三峡区域旅游产学研一体化创新基地、鄂西旅游标准化示范基地、中高职旅游教育一体化引领基地。提出了建设"一馆二园四基地十中心"的目标。团结带领广大教职工坚定办好三峡旅游职业技术学院的信心和决心不动摇，全面深化改革、强化内涵建设，全院上下风貌焕然一新，办学活力进一步激发，取得了显著的业绩：党的建设全面加强，思想政治工作保障有力，人才队伍整体素质提升，教育保障持续良性，教学改革扎实推进，专业建设成效凸显，育人质量显著提升，科研整体实力增强，办学条件不断优化，社会服务贡献明显，教职工待遇大幅提高，各项事业持续健康发展。2016年，学院被评为"中国旅游协会旅游教育分会优秀会员单位"；2017年，据中国高等教育学会发布的《中国高校创新人才培养暨学科竞赛评估结果》，学院在全国1388所高职高专院校中，进入300强，列228位，在全省61所高职高专院校中排名第9位；2018年，学院被评为"全国餐饮职业教育优秀院校"；2019年，学院被评为全省"培养人才突出贡献单位"。

（一）强化政治意识，党的建设全面加强

持续强化政治意识，以政治建设为统领，把政治要求和政治纪律放在首要位置，树牢"四个意识"、坚定"四个自信"、做到"两个维护"，严防在政治方向、价值取向上出现偏差。深入学习贯彻习近平新时代中国特色社会主义思想，扎实开展"不忘初心、牢记使命"主题教育，深入推进"两学一做"学习教育常态化、制度化，党建实效性和吸引力逐渐增强，党建质量全面提升，学院党委多次被上级党委表彰为"先进基层党组织"。牢牢掌控意识形态工作领导权，加强校园网络和"两微一端"等新媒体安全管控，强化正面宣传，创建"三旅思政"微信公众号，依托"青春三旅""三旅思政"微信平台，讲好"三旅故事"，有效凝聚正能量，学院知名度、美誉度不断攀升。强化基层组织建设，扎实推进支部达标创建，思政课部党支部在宜昌市直教育系统率先达到先进一级党支部，其他4个党支部被确定为先进二级，基层组织建设成效明显。坚持正确选人用人导向，聘任9个内设机构和8个教学教辅机构中层干部30名，干部队伍结构更趋优化，队伍素质进一步提升。强化党风廉政建设

主体责任、监督责任和班子成员"一岗双责",积极开展党风廉政建设宣教月活动和党风党纪"十进十建"活动,引导广大党员干部自觉遵守党规党纪和法律法规,营造敢于担当、狠抓落实、守纪律、讲规矩的良好氛围。

(二)深化内部治理,学院管理规范有序

全面推进依法治校,坚持党委会、院长办公会、行政办公会议事制度。广泛深入开展普法教育,积极开展"法宣在线""12·4国家宪法日"、国家网络安全宣传周等学习教育活动。强化民主管理和监督,坚持和完善教(工)代会民主管理制度,全面推进党务校务公开,积极支持统战群团工作。深入推进人事分配制度改革,岗位聘用、职称自主评审、绩效分配等改革有效调动了教职工干事创业积极性。重点强化了安全、项目建设、资产、人事、学生资助、财务、后勤服务等重点领域以及重要节点、重点时段、重点人员的管控,通过规范管理提升办学质效。学院连年荣获市、区"文明单位",市级"平安校园""社会治安综合治理优胜单位"等荣誉称号。

(三)着力内涵发展,立德树人成效显著

始终坚守人才培养的政治方向,把社会主义办学方向融入思想道德教育、文化知识教育、社会实践教育各环节,积极推进社会主义核心价值观进教材、进课堂、进头脑,实现校园全覆盖。积极践行"五个思政"改革,创新思想政治教育形式,以新中国成立70周年、五四运动100周年、改革开放40周年、长征胜利80周年等国家重大主题活动为契机,充分利用重要节庆日、重大历史事件纪念活动,精心策划、创新开展形式多样、丰富多彩的爱国主义教育、国家安全教育、民族团结进步教育和时代精神教育活动,广大学生思想政治素质不断提升。

坚持以培养学生能力为核心,持续推进职业技能竞赛专业、学生全覆盖,形成了"校赛、市赛、省赛、国赛"有效衔接的四级学生技能竞赛体系,达到了以赛促教、以赛促学、以赛促改的竞赛目的。"十三五"期间,学生参加省级以上各类职业技能大赛168项次,获奖项332项次,获奖学生400余人次,其中获国家级一等奖32项、二等奖26项;省级一等奖48项、二等奖46项。学院中华礼仪茶艺队多次代表湖北省参加全国职业技能大赛,均取得一、二等奖的优异成绩。

实施校园精品文化活动计划,"道德讲堂""书记有约""校园十佳歌手大赛""社团嘉年华""5·25心理情景剧大赛""3+2中高职衔接"等活动已成为校园特色品牌活动。积极推行现代学徒制、双证书制和"1+X证书"制度试点,学生职业技能提升。5个专业进入国家现代学徒制试点专业,6个专业获批"1+X证书"制度试点。应届毕业生高级职业技能证书获得率达30%以上,全国导游资格证考试连续四年一次性通过率高出全国平均水平近40个百分点,处于全省领先水平。毕业生就业率始终保持在95%以上,毕业生就业率、宜昌本地就业率、毕业生专业对口行业就业率高,学生就业满意率连年增长。

(四)做好招生工作,办学规模再创新高

深入细致研判目标定位、发展思路、主要举措、办学特色等重大问题,科学确定发展目标。深入学习落实全国教育大会精神,认真贯彻落实各级政府推进职业教育发展政策,从维系学院良性发展的战略高度出发,科学谋划招生方案,突出特色品牌与优势,2018年实现招生翻番,2019年再创新高,2020年创办学以来历史新高,全日制在校生规模为6189

人,成人教育在读人数1000人左右,比"十二五"末在校生人数近3500人翻了一番,超额完成了"十二五"全日制在校生规模达到4000人左右、成人(函授、自考)教育在读人数达到1000人左右的目标。

(五)加大教育投入,办学条件全面优化

突出"凝练旅游和学前特色文化",修订完善《学院建设与发展规划》,教学实训综合体成功申报省级重大建设项目。4号学生公寓已于2016年建成并投入使用;5号学生公寓于2020年10月顺利投入使用;校门和围墙建设升级;生产性产教融合餐饮实训基地(2号食堂)已于2020年7月开工建设。建成"一馆二园四基地十中心",建有90余个理论实践一体化实训室、39个校内校企合作共建实践基地、107个校外实习实训基地,与70多家企业开展校外深度实习实训合作,其中旅游管理专业实训室是中央财政支持建设的重点实训基地。大力实施校园信息化基础能力建设,建成校园门禁系统和安防系统,优化校园景观绿化建设,更新升级教室、学生公寓教学一体机、空调、直饮水、共享洗衣机等设施设备,更新改造升级实训室20多个,建成全省最先进的普通话培训测试中心、全省达标的心理健康教育辅导中心、先进的教师课程中心和学生事务中心,成为首批5G网络部署和开展5G+数字化智慧化校园建设的高校之一。

(六)优化专业布局,专业建设特色彰显

坚持突出旅游、学前教育特色,形成了以旅游管理类专业群和学前教育专业群为重点,以航空服务类、商务管理类、计算机类、园林类等专业为补充的专业体系结构。经湖北省教育厅评估验收,旅游管理专业被确定为教育部高等职业教育创新发展行动计划骨干专业、教育部现代学徒制试点专业、省级品牌专业;学前教育专业被确定为省级特色专业;烹调工艺与营养专业被确定为教育部现代学徒制试点专业、省级特色专业,导游、酒店管理专业被确定为中央财政支持的专业服务产业重点专业。优化调整专业布局,建立专业服务产业的动态调整机制,2016年至今新增研学旅行管理与服务、餐饮管理(现更名为餐饮智能管理)、茶艺与茶叶营销(现更名为茶艺与茶文化)、景区开发与管理(现更名为智慧景区开发与管理)等专业17个。积极参与资源课程建设,深化非物质文化遗产技能大师工作室与专业课程的有效融合,创新"课程思政"教学微改革,有效探索发挥各类课程与思政理论课同向同行新方式。

(七)加强队伍建设,师资素质显著提升

加大人才引进力度,优化师资队伍结构。2016年以来,学院引进教师94名,其中硕士研究生及以上学历79人。学院截至2021年硕士研究生占比65%,"双师型"教师占比82%;有十三届全国人大代表1人,黄炎培职业教育杰出校长1人,黄炎培职业教育杰出教师1人,湖北省技能名师1人,楚天技能名师12人。扎实开展师德培育月活动,"弘扬爱国奋斗精神、建功立业新时代"、争做"四有好老师"等主题活动,对新进教师、青年教师集中进行师德培育、岗前培训、校本研修培训,全面提升教师师德修养,先后有5名教师获得宜昌市"十佳师德标兵""师德标兵"殊荣。现建成"梅继开劳模创新工作室""高小芹(烹调工艺与营养专业)省级技能名师工作室""陈启新(学前教育专业)名师工作室",建有旅游管理专业和马克思主义学院2个"黄大年式教师团队"。近年来,在全国、省、市教育教学能力大赛、微课大赛、基本功大赛中有40多名教师先后获奖。

（八）推进科研工作，科研实力整体增强

围绕宜昌区域经济社会发展及职业教育教学改革，积极申报各项省市乃至国家课题，积极参与宜昌旅游标准化创建，为推动宜昌市创建全国旅游标准化示范城市做出了积极的贡献。组织完成《研学旅行在宜昌》的编写，牵头完成编写《三峡行》研学旅行教材的各项协调工作。宜昌市三峡茶文化研究会、宜昌市三峡研学旅行研究中心、宜昌市研学导师培训基地、宜昌市三峡旅游研究所、宜昌市心理研究所均挂靠学院，宜昌产业工人培训基地落户学院。着力打造科研团队，年均完成立项国家级课题项目4项、省级课题项目20多项、市级课题项目30多项，获得各级科研奖项50余项；年均开展学前教育讲坛12期、三峡旅游讲坛10期，编辑出版《三峡旅游学刊》4期；主编出版学术专著及教材7本，公开发表论文120余篇，其中在中文核心期刊上发表论文12篇。

（九）发挥资源优势，社会服务贡献明显

充分利用学前教育、旅游管理两大专业优势资源和品牌特色，推进专业服务产业和地方经济发展，年均举办幼儿园园长、幼儿园骨干教师、农民电子商务、新型农民乡村旅游、茶艺师、旅游项目编制策划、景区讲解员、中小学研学导师等各类社会培训、工种技能鉴定20期以上，共计培训8768人次。依托全省一流的普通话测试中心，培训测试近3万人次，帮助五峰县、夷陵区完成三类城市语言文字评估工作，新建县区普通话测试点2个，学院普通话测试中心因其业务过硬、操作规范，多次受到湖北省测试中心表彰。深入推进产教融合、校企合作，与30多家国内知名企业、40多家省内企业、70多家市内企业签署战略合作协议，深入开展旅游管理、导游、烹饪工艺与营养等专业现代学徒制试点，开设企业订单班5个。积极开展精准扶贫，对口帮扶枝江市安福寺镇刘家冲村和五峰县傅家堰乡桥料村贫困户26户，定点扶贫远安县，对口远安县职教中心开展教育扶贫，累计帮扶资金近50万元，扶贫消费达20多万元，助力脱贫攻坚取得良好成效。

回首过去五年，以"十三五"规划为指引，学院领导班子始终坚持新发展理念，开拓创新，强化执行；全院师生同心同行，奋发有为，突破了规模效益发展的瓶颈，赢得了较高的社会声誉，办学实力快速增强，开创了学院发展的崭新局面，为"十四五"高质量发展奠定了坚实基础。"十四五"时期（2021—2026年）是学院全面提质增效、持续强化内涵建设的重要时期，是建成专业特色鲜明、行业优势突出的高水平优质高职院校的关键时期。

"十四五"时期，学院发展仍处于重要战略机遇期，同时也面临很多新挑战。学院将继续坚持实事求是、立足实际的原则，科学把握新发展阶段，深入贯彻新发展理念，认真研判未来发展趋势，坚持发展第一要务，紧紧围绕立德树人根本任务，坚持育人为本、质量为先、以质图强，推进学院高质量发展，朝着建设省域高水平优质旅游高职院校砥砺奋进，将学院发展推向新高峰。

编者

2021年9月

目 录

第一部分 履职尽责强作为 凝心聚力谋发展
（2015—2016 学年）

三峡旅游职业技术学院 2015—2016 学年发展概述 ………………………… / 2
 一、学院概况 ………………………………………………………………… / 3
 二、学生发展 ………………………………………………………………… / 4
 三、教学改革 ………………………………………………………………… / 19
 四、服务贡献 ………………………………………………………………… / 28
 五、政策保障 ………………………………………………………………… / 33
 六、国际合作 ………………………………………………………………… / 36
 七、面临挑战 ………………………………………………………………… / 37

第二部分 继往开来谋发展 砥砺奋进促跨越
（2016—2017 学年）

三峡旅游职业技术学院 2016—2017 学年发展概述 ………………………… / 40
 一、学院概况 ………………………………………………………………… / 41
 二、学生发展 ………………………………………………………………… / 42
 三、教学改革 ………………………………………………………………… / 54
 四、服务贡献 ………………………………………………………………… / 68
 五、政策保障 ………………………………………………………………… / 77
 六、国际合作 ………………………………………………………………… / 79
 七、面临挑战 ………………………………………………………………… / 80

第三部分　坚定信心　真抓实干　奋力开创高质量发展新局面
（2017—2018学年）

三峡旅游职业技术学院2017—2018学年发展概述 …………… / 84
  一、办学条件与成果 …………………………………………… / 85
  二、学生发展 …………………………………………………… / 91
  三、教育教学改革 ……………………………………………… / 102
  四、社会服务与贡献 …………………………………………… / 119
  五、政策保障 …………………………………………………… / 131
  六、国际合作 …………………………………………………… / 136
  七、问题与对策 ………………………………………………… / 138

第四部分　聚焦内涵建设　奋力谱写高质量发展新篇章
（2018—2019学年）

三峡旅游职业技术学院2018—2019学年发展概述 …………… / 142
  一、学院概况 …………………………………………………… / 143
  二、学生发展 …………………………………………………… / 143
  三、教学改革 …………………………………………………… / 155
  四、服务贡献 …………………………………………………… / 159
  五、政策保障 …………………………………………………… / 165
  六、国际合作 …………………………………………………… / 167
  七、面临挑战 …………………………………………………… / 168
  八、典型案例 …………………………………………………… / 168

第五部分　新起点　新征程　再攀新高峰
（2019—2020 学年）

三峡旅游职业技术学院2019—2020学年发展概述……………… / 206

　一、学院发展 …………………………………………………… / 207

　二、学生发展 …………………………………………………… / 208

　三、教学改革 …………………………………………………… / 212

　四、政策保障 …………………………………………………… / 219

　五、服务贡献 …………………………………………………… / 223

　六、国际合作 …………………………………………………… / 227

　七、面临挑战 …………………………………………………… / 227

　八、典型案例 …………………………………………………… / 227

附录 ………………………………………………………………… / 267

第一部分

履职尽责强作为　凝心聚力谋发展

（2015—2016 学年）

三峡旅游职业技术学院 2015—2016 学年发展概述

2015—2016学年是"十二五"规划的结束和"十三五"规划的开局之时,也是充满机遇与挑战的一个学年。学院高度重视党建和大学生思想政治工作,认真贯彻落实全国、湖北省职业教育会议精神以及国务院、教育部关于高等职业教育的决策部署,积极研究高职教育发展形势,理清发展思路,明确发展定位,主动适应市场需求,抢抓发展机遇,不断优化专业结构,积极开展校企合作,全面提高教育质量。坚持走"规模、结构、质量、效益"相协调可持续的内涵式发展道路,不断改善办学条件,凝练办学特色,提升办学实力,各项办学指标均达到高等职业教育评估要求。

本学年,学院被评为市级"文明单位""社会治安综合治理优胜单位""党建工作先进单位""平安校园",被评为中国旅游协会旅游教育分会优秀会员;学院团委被评为全市"五四红旗团委"、全省"优秀社会实践团队";学生参加各级职业技能大赛成绩优异,学生寝室被评为省市级"文明寝室"。

学生发展方面,一是学生专业技能大赛成果突出、活动丰富多彩、学习生活保障有力、毕业生双证书获取率高,学生在校体验良好;二是采取多种举措积极推进就业工作,毕业生就业月收入情况较好、就业的专业相关度和就业满意度较高,就业质量较高;三是学生毕业三年后月收入增长较快、毕业后职位晋升比例较大、工作稳定性有待加强,学生自主创业逐步发展。

教学改革方面,一是围绕社会需求调整专业设置,努力打造特色专业;二是持续深化校企(园)合作,大力推进产教融合;三是引进教师与加强培养相结合,全方位开展教师队伍建设;四是不断完善校内实训室建设,校内实训条件充足;五是大力开展人才培养模式改革;六是加强教学管理工作,促进教学工作有序开展;七是积极探索思政教育改革创新,不断增强思政教育实效性;八是开设专家讲坛,为学生发展提供理论和实践指引。

服务贡献方面,一是面向社会大力开展各种非学历培训成效显著;二是依托学院多个研究机构和专业人员促进宜昌经济社会发展;三是开设专业与当地产业匹配度高,学生就业去向广泛;四是利用学院资源积极服务社会重大赛事受到好评。

政策保障方面,一是加强政策引导,宜昌市委市政府领导高度重视学院发展,宜昌市出台了多项职业教育政策推进宜昌市职教发展,学院深入学习贯彻各项政策精神,多措并举推进学院发展;二是加强专项实施,包括湖北教育厅对获省级以上技能大赛奖项的专业和省级特色专业建设进行资助,宜昌市财政对学院建设进行专项支持;三是开展质量监测与评价,包括积极实施教学诊断与改进,开展内部质量自主诊改工作,每学期开展多方评教工作,加强教师教学工作考核,做好平台数据采集与分析,按时完成有关工作并提供改进信息;四是保障经费投入,生均财政拨款逐年增加,有效保障了学院发展,学院建设成效显著。

第一部分　履职尽责强作为　凝心聚力谋发展(2015—2016学年)

面临挑战方面,从问题与挑战来看,学院品牌有待于进一步彰显,"3+2"中高职衔接专业的院校合作有待深化,学院服务社会方面有待加强,国际合作比较薄弱;从对策与展望来看,一是加强教学诊断与改进,推进学院品牌建设,二是加强中高职衔接的实践探索,提高中职学生升学积极性,三是注重激励引导,不断提升学院教师服务社会的能力和态度,四是继续探索国际合作新路径,力争获得突破。

一、学院概况

三峡旅游职业技术学院是经湖北省政府批准、宜昌市人民政府主办的全省唯一一所以"旅游"命名的高职院校,2009年4月获教育部批准备案为全日制综合类普通高职院校。学院位于湖北省宜昌市职教园,占地面积32.33万平方米,建筑面积11.86万平方米,固定资产5.93亿元。学院有教职工190人,全日制普通高职在校生2118人,全日制五年制前三年(中专)在校生591人,非全日制本科学历教育注册生498人,专科函授学生64人。

学院秉承"砺志明德、笃学躬行"的校训和"以人为本、依法治校、质量为先、特色立校"的办学理念,坚持以高职教育(含五年一贯制、中高职三二分段制)为主体、成人教育为补充,学历教育与职业培训并举的办学格局。立足鄂西圈,服务大三峡,面向中西部,辐射全中国,培养以旅游管理、学前教育等专业为特色,以计算机、会计、园林等专业为补充的技术技能型人才。设有旅游管理系、酒店管理系、学前教育系、经济管理系、思政课部、新叶学院等教学业务机构。开设了以旅游类专业、学前教育专业为主导,计算机、民航运输、会计电算化等专业为补充的19个专业(含专业方向共31个),专业结构基本涵盖了旅游产业链各主要领域,已跨入全国旅游类专业最为齐全的院校之列。学院有中央财政部支持资助的专业两个(导游和酒店管理专业)、实训基地一个(旅游管理专业实训基地)、省级特色专业一个(学前教育专业)、宜昌市现代学徒制试点专业一个(烹调工艺与营养专业)、省级校外实训基地一个(长江三峡旅游发展有限公司实训基地),与中华职教社合作共建专业一个(学前教育专业)、国际合作专业一个(休闲服务与管理专业,高尔夫运动员教练员方向)。办学涵盖普通高职教育、成人教育、短期职业培训等领域。

学院是宜昌市普通话培训测试中心、市未成年人心理健康辅导站,此外,市三峡茶文化研究会、市心理学会、市三峡旅游研究所、市心理研究所挂靠学院。学院还是宜昌市幼儿园教师培训基地、市中小学教师资格培训认证中心、市职业资格培训鉴定中心。2015年,学院被评为市级"文明单位""社会治安综合治理优胜单位""党建工作先进单位""平安校园",被评为中国旅游协会旅游教育分会优秀会员。

2015—2016学年(第一部分中"本学年"均指2015—2016学年),学院高度重视党建和大学生思想政治工作,认真贯彻落实全国、湖北省职业教育会议精神以及国务院、教育部关于高等职业教育决策部署,积极研究高职教育发展形势,理清发展思路,明确发展定位,主动适应市场需求,抢抓发展机遇,不断优化专业结构,积极开展校企合作,全面提高教育质量。坚持走"规模、结构、质量、效益"相协调可持续的内涵式发展道路,不断改善办学条件,凝练办学特色,提升办学实力,各项办学指标均达到高等职业教育评估要求,见下表。

诊改核心指标一览表

序号	指标名称	本院数据	同类中位数	省中位数	全国中位数	合格指标	合格情况
1	生师比	15.58	15.16	16.01	15.18	18	合格
2	具有研究生学位教师占专任教师的比例/(%)	37.37	42.03	41.3	46.94	15	合格
3	生均教学行政用房/(平方米/生)	29.97	17.78	17.88	18.19	14	合格
4	生均教学科研仪器设备值/(元/生)	9127.19	8445.43	8087.95	8803.97	4000	合格
5	生均图书/(册/生)	100.78	84.82	67.94	80.09	80	合格
6	具有高级职称教师占专任教师的比例/(%)	33.33	26.45	29.71	28.33	20	合格
7	生均占地面积/(平方米/生)	152.66	71.09	66.86	68.69	54	合格
8	生均宿舍面积/(平方米/生)	22.39	9.13	9.17	8.77	6.5	合格
9	生均实践场所/(平方米/生)	19.19	6.92	8.34	8.3	5.3	合格
10	百名学生配教学用计算机数/台	31.35	26.27	22.04	25.46	8	合格
11	新增科研仪器设备所占比例/(%)	25.04	11.18	10.13	11.23	10	合格
12	生均年进书量/册	5.23	3.26	2.03	3.05	3	合格

二、学生发展

(一)在校体验

1. 专业技能大赛成果突出

学院长期重视实践教学,不断强化技能训练,深化教育教学改革,全面提升人才质量。各系部以职业技能大赛为抓手,加强专业内涵建设,着力培养学生的职业技能和创新能力,在教育教学改革创新中取得了丰硕成果。2015—2016学年,学院选派32名学生参加了国家级、省部级等各类职业技能大赛,成绩优异。在全国比赛中,共获团体一等奖1项、团体三等奖1项、个人二等奖2项、个人三等奖2项;在省级比赛中,共获团体二等奖1项,团体三等奖2项、个人一等奖2项、个人二等奖8项、个人三等奖1项,见下表。

2015—2016学年省级以上职业技能大赛学生获奖情况一览表

序号	赛项	类别	级别	时间	获奖学生	指导老师
1	2015年湖北省职业院校技能大赛(高职组)个人赛二等奖(西式宴会服务)	技能大赛	省部级	2015年11月	毛张旭	朱露
2	湖北省第七届茶业职业技能大赛茶艺师个人竞赛金奖	技能大赛	省部级	2015年11月	汤新玥	朱晓婷

第一部分 履职尽责强作为 凝心聚力谋发展（2015—2016学年）

续表

序号	赛项	类别	级别	时间	获奖学生	指导老师
3	湖北省第七届茶业职业技能大赛茶艺师个人竞赛银奖	技能大赛	省部级	2015年11月	李婉娩	朱晓婷
4	湖北省第七届茶叶职业技能大赛团体赛	技能大赛	省部级	2015年11月	镇撼、杨嫩、熊思、吴琼	王安琪
5	2015年湖北省职业院校技能大赛（高职组）个人赛二等奖（西式宴会服务）	技能大赛	省部级	2015年11月	叶云祥	易红燕
6	2015年湖北省职业院校技能大赛（高职组）个人赛二等奖（西式宴会服务）	技能大赛	省部级	2015年11月	张兆年	蒋洁
7	2015年中国（天门）"陆羽杯"国际茶道邀请赛银奖	其他	国家级	2015年11月	镇撼、杨嫩、熊思、吴琼	王安琪
8	2015年湖北省职业院校技能大赛（高职组）导游服务赛项中文组三等奖	技能大赛	省部级	2015年11月	田军佩	樊友银
9	2015年湖北省职业院校技能大赛（高职组）导游服务赛项中文组二等奖	技能大赛	省部级	2015年11月	陈艳	张丽利
10	2015年湖北省职业院校技能大赛（高职组）导游服务赛项英文组二等奖	技能大赛	省部级	2015年11月	程丽娟	田粟一
11	2015年湖北省职业院校技能大赛（高职组）导游服务赛项英文组二等奖	技能大赛	省部级	2015年11月	向琪琦	李雪琴
12	湖北省生活服务业职业技能竞赛中式面点特金奖	技能大赛	省部级	2015年12月	徐露	肖中杰
13	湖北省生活服务业职业技能竞赛中式烹饪金奖	技能大赛	省部级	2015年12月	沈乾坤	蔡义华
14	2016年全国职业院校技能大赛（高职组）烹饪赛项比赛团体三等奖	技能大赛	国家级	2016年5月	王威、江孝周、沈乾坤、陈玲、王卡迪	郑德敢、高小芹
15	"巽震杯"第八届全国旅游院校服务技能（导游服务）大赛普通话组二等奖	技能大赛	国家级	2016年5月	田军佩	张丽利、蔡铭
16	"巽震杯"第八届全国旅游院校服务技能（导游服务）大赛普通话组三等奖	技能大赛	国家级	2016年5月	孙梦婷	陈红、杜先宁

续表

序号	赛项	类别	级别	时间	获奖学生	指导老师
17	"巽震杯"第八届全国旅游院校服务技能(导游服务)大赛英文组二等奖	技能大赛	国家级	2016年5月	程丽娟	田粟一、李雪琴
18	"巽震杯"第八届全国旅游院校服务技能(导游服务)大赛普通话组三等奖	技能大赛	国家级	2016年5月	魏云丝	李雪琴、田粟一
19	"巽震杯"第八届全国旅游院校服务技能(导游服务)大赛团体一等奖	技能大赛	国家级	2016年5月	田军佩、孙梦婷、程丽娟、魏云丝	杜先宁、张丽利、蔡铭、陈红、李雪琴、田粟一
20	国际旅游小姐大赛亚军	其他	国家级	2016年6月	汤新玥	朱晓婷

2. 学生活动丰富多彩

学院社团文化已经成为学院校园中一道亮丽的风景。截至2016年在院团学会社团部登记注册学生社团12个,包括拉丁舞社、跆拳道协会、吉他社、动漫社、高尔夫球社、青年志愿者协会、大学生心理健康协会、三思学会、中华礼仪茶艺队、街舞社、行知旅游协会、美食协会等,种类多样,活动丰富多彩。在过去的一学年中,社团活动的数量及质量已经上了一个新的台阶,据不完全统计,各社团举办各类活动50余次、各类培训30余次。各社团都能够自发组织活动,充分调动成员的积极性,学院的社团活动给校园营造了健康向上的校园文化氛围,极大丰富了学生业余生活,传播正能量,促进了学生发展。

除丰富多彩的社团活动外,学院学工处和各系部还开展了很多其他学生活动,促进学生的身体、心理和政治思想的健康成长,取得了较好的效果,详见下表。

2015—2016学年主要学生活动一览表

序号	活动名称	主办单位	时间	参与对象/人数	效果
1	新生军训	学工处	2015年9月	2015级新生	增强了新生的国防意识,锻炼了他们的坚强意志,培养了他们的团队精神和独立生活能力,也体现了学院一贯倡导的提升学生全面素质的理念
2	开学第一课	学工处团委	2015年9月	全院师生	围绕"铭记历史,缅怀先烈,珍爱和平,开创未来"的指导精神,选取青少年的独特视角,向大家讲述一个个英雄故事。增强大学生的心理情感的贴近性,彰显中华民族不屈不挠的抗战精神

第一部分　履职尽责强作为　凝心聚力谋发展(2015—2016学年)

续表

序号	活动名称	主办单位	时间	参与对象/人数	效果
3	校园歌手大赛	学工处团委	2015年9月	全院师生	校园十佳歌手大赛为我院全体同学提供了一个展现自我的大舞台,活跃了校园文化氛围,陶冶了师生情操,提升了学生素质,有力地推动了学院美丽校园、幸福校园建设
4	校园师生篮球友谊赛	学工处团委	2015年10月	25	加强了老师与学生的沟通交流,展现了大学师生的激情和活力
5	义务献血	学工处团委	2015年10月	93	学生自愿献血,可以提高其自身素质,以博大的胸怀关怀社会,奉献青春
6	经典诵读大赛	学工处团委	2015年11月	全院师生	弘扬中华优秀传统文化,培育和践行社会主义核心价值观
7	团学会茶话会	学工处团委	2015年11月	全院师生	在全院师生面前展现了院团学会的风采,院团内部也加强了交流与沟通
8	团学干部趣味运动会	学工处团委	2015年12月	团学会成员	在工作人员的默契配合下,开展了一系列趣味运动,院团学会各部门成员在活动中加强了彼此的联系,为以后的工作奠定了基础
9	2015迎新春联欢会	学工处团委	2015年12月	全院师生	在各系表演人员和老师以及工作人员的共同努力下,本次活动取得了圆满的成功,受到了所有人员的好评,让所有学生感受到了元旦新春的欢庆
10	爱心募捐	学工处团委	2015年12月	全院师生	全院学生体会到了"扶危救困,乐善好施,向善、为善、扬善是人类最美丽、最动人的品质"
11	元旦长跑	学工处团委	2015年12月	200	活动过程中,我院师生服从指挥,动作整齐,充分体现了全院学子健康向上、积极进取的精神,展现了学院的良好风貌
12	学生干部集中学习"两会"精神	学工处团委	2016年3月	130	积极引导广大青年学生关心关注国家大事,自觉将个人成长成才同国家民族进步发展紧密结合,将个人理想同实现中华民族伟大复兴的中国梦紧密结合,激发了同学们关注时事政治的热情

续表

序号	活动名称	主办单位	时间	参与对象/人数	效果
13	奋斗的青春最美丽——和优秀毕业生分享励志大餐	学工处团委	2016年3月	300	旅游专业优秀毕业生李锋将自己从事本行业的奋斗历程与学院在校旅游相关专业学生分享,激励学生奋发前进
14	三·七女生节	学工处团委	2016年3月	全院师生	让全院所有女生过上了一个美好,且让人怀念的女生节
15	社团嘉年华	学工处团委	2016年4月	全院师生	让全院师生充分了解到各社团的运作情况以及各社团独具一格的风采面貌,使学院学生通过社团这一有效载体了解、融入大学生活,为色彩斑斓的大学之旅奠定基础
16	爱心义卖帮助王大海公益活动	学工处团委	2016年4月	全院师生	通过志愿活动增强广大师生奉献精神,加强友爱、互助
17	纪念革命烈士	学工处团委	2016年4月	90	本次活动对全院学生来说是一次深刻的爱国主义教育,激发了学生对革命先烈的崇敬之情和对祖国的热爱之情。同学们纷纷表示,要以革命先烈为榜样
18	参观宜昌市规划展览馆	学工处团委	2016年5月	90	此次参观活动,增强了学生建设"大强优美"宜昌的使命感和荣誉感,坚定了其学好专业知识,力争为实现宜昌"大强优美"的大城梦贡献自己的力量的信心和决心
19	伍家岗福利院志愿活动	学工处团委	2016年5月	青年志愿者代表20余人	福利院志愿活动成为学院志愿服务常规活动,每一次的福利院活动都圆满成功
20	5·25心理健康周	学工处心理中心	2016年5月	全院师生	通过心理情景剧大赛、电影展播、讲座等活动开展心理健康教育活动
21	主持人大赛	学工处团委	2016年5月	部分师生	通过本次大赛让有主持特长的学生得到了展现舞台
22	五四表彰大会	学工处团委	2016年5月	全院师生	鼓励大学生积极投身全面建成小康社会的伟大实践,为实现伟大的中国梦和自己的青春梦不断前进

续表

序号	活动名称	主办单位	时间	参与对象/人数	效果
23	2016年湖北省青少年校园足球中学生联赛（宜昌分赛区）志愿服务	团委	2016年8月	青年志愿者	该志愿服务活动得到了湖北省教育厅的高度评价，我院志愿者队被评为湖北省大中专学生志愿者暑期"三下乡"社会实践优秀团队

3.学生学习生活保障有力

(1)校内实训设施充足。

经过大力建设，学院拥有现代化的多媒体教学系统、校园网络系统、远程教育系统和网络办公系统，建有国内一流的3D旅游实训室、导游微格实训中心、模拟空乘实训中心、模拟酒店实训中心、模拟会展厅、网络电教中心、高尔夫实训基地等30多个实验实训场所。实训中心总面积达5056平方米，设备总价值达1050万，能够满足学院各专业校内教学的需要。

(2)学院后勤保障有力。

按照"省内一流、国内知名"的高职院校建设标准，学院建设有功能完备的教学生活设施，校园环境清新怡人。以服务学生发展为根本，学院建立了坚实有力的后勤保障机制，并有效运行，在师生的吃、住、行等各方面的保障上扎实有效，为学院教学有序有效地进行做出了积极贡献。

一是努力建设放心食堂、放心超市、医务室，保证了师生饮食医疗安全。截至2016年学院已经是宜昌市食品安全量化等级A级单位，正积极努力创建湖北省学校放心食堂。学院建设有医务室，设有专职医护人员开展工作，并实现了和市级医院等医疗单位联动机制，学院专门出台了食品中毒和医疗安全等应急预案，各项保障机制都完善有效。

二是打造高效优质物业管理，营造舒适宜人的育人环境。后勤处不断强化物业管理考核，不断加强学生公寓、教学楼、实训楼等楼栋管理。在学生公寓管理上，后勤处与学工处、保卫处协调联动，进一步加强学生公寓管理人员的考勤值班，强化对学生的安全教育、就寝秩序、人员进出登记管理等；及时处理学生公寓的维修，保障学生住宿生活。学院积极开展校园绿化、美化工作，校园绿化覆盖率为33%，力争2017年进一步加大绿化美化力度，积极打造花园式学校、园林式学校。

三是认真细致，严进严出，做好了各项资产管理。积极清理办公桌椅等各项资产，并在此基础上进行合理调配，有效保证了2016年新进教师的办公条件，保障了教职工正常的工作。各处室办公耗材做到了随报随通知，尽量做到及时更换，得到各部门和教职员工的充分肯定。

(3)学院安全工作管理有效。

学院安保处紧紧围绕学院中心工作，以"安全第一、预防为主"为指导，加强安全管理。首先是明确学院党政主要负责人为学院安全工作第一责任人，与各部门负责人层层签订责任状,坚持"谁主管、谁负责"的原则。在本学年,学院开展了多项安全教育活动,包括常年进行法制教育、防溺水安全教育、交通安全教育、防电信诈骗教育、国家安全教育、禁毒宣传教育、新生安全教育等。这些活动增强了学生的安全意识,使学生掌握了必要的安全知识和技能,对积极预防危险的发生并提高学生基本自我保护能力起到了正向作用。学院定期召开安全工作会议,部署各阶段工作重点;经常开展全方位、多层次的"拉网式"检查,预防和杜绝各类安全事故的发生,没有出现任何重大安全事故。学院荣获2015年宜昌市"平安校园"和"社会综合治理先进单位"。

(4)学院图书借阅服务加强。

学院图书馆以读者为中心,开展创新性读者服务,探索对读者有充分吸引力的智慧型读者服务功能建设;以有效措施促进了全民阅读在学院的持续开展,阅读推广成效显著;组织参加了多项有奖读书活动并获奖,激发了师生的阅读意向,增强了持续阅读的兴趣。在实际开放期内月均阅览人数较上一年度增长30.4%,月均借书增长31.8%。新增图书11102册,订购纸质期刊401种,纸质报纸37种。在总量上、相对量上均超过了评估合格标准,远超全国示范中位数等全部统计范围的中位数。开通多个数据库的免费试用,满足了教学、科研、学科建设的需要,积累了实际使用文献数据库的基本经验。为改善图书借阅服务条件,本年度,学院图书馆整体搬迁至新图书大楼,为建设符合学院发展需求的图书馆提供了基本的物质基础;编制完成了新馆的建设整体计划,提出了硬件、软件配置方案,招标采购工作稳步推进。

(5)"文明寝室"创建成效显著

为让学生有良好的休息场所,学院领导高度重视"文明寝室"创建工作,于2014年秋季开始"文明寝室"的创建活动。2016年1月,学院学生公寓被授予2015—2016学年宜昌市市级"文明宿舍"。文明寝室创建活动的开展起到了培养人和引领人的育人功效。

典型案例

结合专业特色创建文明寝室

为加强公寓管理工作,学院以严抓宿舍安全卫生为突破口搞好公寓文化建设,开展了"寝室是我家,爱护你我他"创绿色节约型环保寝室设计大赛等文明寝室创建活动。各院系积极将本系专业的理念与内容同寝室文明创建进行有效融合,涌现了一大批有着专业特色的文明寝室。尤其是以酒店管理系为代表,用酒店名称来命名寝室,用酒店特色来装饰寝室环境,一方面更加深入地让学生了解专业内涵,另一方面真正实现了教学做合一。学前教育系充分发挥了学生专业应用特色,课堂手工成功作为装扮寝室的亮点,突出了童趣性和时代性。

4. 毕业生双证书获取率高

学院在人才培养过程中积极推行双证或多证就业工作,加强与劳动保障、人力资源、技术监督部门沟通合作,组织学生参加国家人力资源部门认可的各级各类职业资格培训和考试,推行学生在取得学历证书的同时,获得相关的职业资格证书;把职业资格证书所要求的教学技能和内容,纳入教学计划中,进行常规的训练和考核。学院学生在毕业时,

文明寝室之一

可考取校外鉴定颁发的计算机等级证、英语等级证、幼师资格证、会计从业资格证、导游资格证等和校内鉴定颁发的普通话等级证、公共营养师等级证、中式烹调师等级证、中式面点师等级证、保育员资格证、育婴师资格证、茶艺师等级证等。毕业生的职业资格证书总体通过率90%以上,引导鼓励学生考取相关职业资格证书,为社会培养合格技能型人才,提高毕业生就业竞争力。

(二)就业质量

1. 采取多种举措积极推进就业工作

(1)加强组织领导,推动就业工作全员化。

学院各级领导高度重视毕业生就业工作,将毕业生就业工作作为"一把手"工程,放在学院整体目标考核工作中一并统筹考虑。2016年5月,成立学院党委书记和院长牵头、学院领导班子成员和各相关部门负责人参与的学院毕业生就业创业领导小组,并在各系部成立就业创业工作专班,部署毕业生就业创业和就业核查工作。建立招生就业处、各系就业工作小组和毕业班辅导员分工负责、严格考核的就业专班工作机制。学院主要领导和分管领导带头联系就业单位,开拓就业市场。学院在各级领导和工作人员考核内容中,把就业工作实绩作为一项核心内容来考核,各部门形成合力、积极参与、相互配合,促进了毕业生就业工作的顺利开展。同时学院在经费上积极支持毕业生就业工作,每年的专项经费投入均有不同幅度的增加。2016年,毕业生就业率达93.19%,人均月收入约2828元,见下表。

2016届毕业生就业情况一览表

序号	专业名称	毕业生数/人	毕业生就业情况 截至9月1日就业									起薪线/元
					本市		本省		本区域		其他	
			就业数/人	就业率/(%)	就业数/人	就业占比/(%)	就业数/人	就业占比/(%)	就业数/人	就业占比/(%)	就业数/人	就业占比/(%)	
	合计	720	671	93.19	183	27.27	464	69.15	474	70.64	197	29.36	2828.67
1	园林技术	17	15	88.24	1	6.67	9	60	9	60	6	40	2500
2	空中乘务	75	69	92	15	21.74	45	65.22	46	66.67	23	33.33	2947
3	计算机应用技术（计算机应用技术）	38	34	89.47	9	26.47	20	58.82	20	58.82	14	41.18	2547
4	计算机应用技术（图文图像）	23	22	95.65	6	27.27	14	63.64	16	72.73	6	27.27	2696
5	计算机应用技术（3G/4G移动网络技术）	2	2	100	0	0	1	50	1	50	1	50	4000
6	会计电算化	34	30	88.24	10	33.33	20	66.67	20	66.67	10	33.33	2656
7	市场营销	29	26	89.66	8	30.77	20	76.92	21	80.77	5	19.23	2497
8	旅游管理	137	133	97.08	46	34.59	100	75.19	102	76.69	31	23.31	3162
9	涉外旅游	10	10	100	4	40	6	60	7	70	3	30	3130
10	导游	34	31	91.18	21	67.74	28	90.32	28	90.32	3	9.68	3353
11	旅行社经营管理	3	3	100	0	0	2	66.67	2	66.67	1	33.33	2733
12	酒店管理	28	21	75	3	14.29	13	61.9	14	66.67	7	33.33	1789
13	会展策划与管理	38	36	94.74	8	22.22	25	69.44	27	75	9	25	2550
14	休闲服务与管理	26	25	96.15	4	16	17	68	17	68	8	32	2908
15	烹调工艺与营养	33	30	90.91	1	3.33	16	53.33	16	53.33	14	46.67	2409
16	旅游英语	13	13	100	7	53.85	11	84.62	11	84.62	2	15.38	3054
17	文秘	13	13	100	5	38.46	11	84.62	11	84.62	2	15.38	2792

续表

序号	专业名称	毕业生数/人	毕业生就业情况									起薪线/元
			截至9月1日就业									
			就业数/人	就业率/(%)	本市		本省		本区域		其他		
					就业数/人	就业占比/(%)	就业数/人	就业占比/(%)	就业数/人	就业占比/(%)	就业数/人	就业占比/(%)	
18	学前教育	167	158	94.61	35	22.15	106	67.09	106	67.09	52	32.91	3193

学院召开 2016 年就业工作会议

(2)建立健全各项就业工作制度,完善就业服务体系。

大学生就业工作是一个系统工程,建立健全制度是规范工作的基础,建立和完善大学生就业服务体系是保证学院毕业生就业的必要条件。

①建立健全就业工作制度与管理体系。学院制定出台了《三峡旅游职业技术学院毕业生就业创业工作管理暂行办法》,成立了以学院党政一把手为组长、各相关部门及二级院系负责人为成员的就业创业工作领导小组,各院系成立了就业创业工作专班,构建起了学院、二级院系、班级辅导员(班主任)三级目标责任管理体系。

②实行就业目标责任制。招生就业处根据每年的实际情况,在各系就业创业工作小组的配合下,制定各专业的毕业生签约率、就业率目标,并将责任目标落实到人,在每年召开的年度工作总结会上通报各专业的签约率及就业率,对完成及超额完成就业目标的部门和个人给予一定的奖励。

③实行就业工作完成情况月报制。学院招生就业处从每年的1月开始,每个月统计各专业的签约及就业情况,每月定期召开就业工作例会,对就业工作完成较好的专业进行表扬,同时督促就业工作完成一般的专业加大工作力度。与各二级学院和系部以及学工部门合作,掌握各专业未就业学生的情况,弄清这些学生未就业的原因,并与这些学生谈话,积极做好这些学生的思想工作,以促进毕业生充分就业。

④完善服务体系。形成"以人为本,以市场需求为导向,以专业化的就业指导队伍为

基础,以服务为宗旨,以职业生涯规划、就业观念引导为重点"的就业工作体系。构建了"全程化、全员化、专业化、信息化"的服务体系。我们把增强服务意识,全心全意为毕业生服务作为工作宗旨。在实际工作中,我们为毕业生做了一些力所能及的服务工作,针对毕业生在求职择业中遇到的一些问题进行解答,对毕业生如何求职择业、如何进行职业生涯规划进行指导,以促进毕业生更好地就业。

(3)创新工作方法,拓宽就业宣传渠道。

为完善毕业生就业服务体系,创新就业工作方法,提高就业服务信息化程度,促进毕业生就业工作,学院通过就业群、学院就业网等渠道发布国家就业创业政策、就业招聘信息,解读就业创业政策,公布就业手续办理流程,加强与毕业生的交流互动,为广大毕业生提供更有效的就业指导服务。

①与宜昌市人力资源和社会保障局下属单位三峡人才市场通力合作,举办宜昌市旅游专业人才专场招聘会,发挥学院人才培养和政府就业指导部门与社会人才需求的对接作用,二者通力合作,各展所长。

典型案例

十大千亿产业系列人才对接——宜昌市举办旅游专场招聘会

2016年4月16日,由宜昌市人力资源和社会保障局、宜昌市文化和旅游局主办,宜昌市人才服务局、湖北三峡人才市场承办,三峡旅游职业技术学院联办的以"人才引领·产业发展"为主题的宜昌市十大千亿产业系列人才对接——旅游专场暨旅游、商场超市、酒店等服务行业大型公益性现场招聘会在湖北三峡人才市场圆满落幕。

此次活动是宜昌市十大千亿产业首场产业人才对接会,共有三峡人家、车溪文化、柴埠溪、百里荒、高峡平湖、峡州集团、中国国旅等98家单位参与,提供导游、景区演员、营销、财务、行政、礼宾等1500余个岗位;当天共3000名求职者进场,120人达成就业意向。活动期间,三峡旅游职业技术学院提供了三辆大巴车来回组织学生进场求职,并现场登记了旅游相关专业学生的基本信息供单位选择,得到了进场单位的一致点赞。

宜昌市十大千亿产业人才对接——旅游专场招聘会现场

②积极邀请社会知名企业单位把全国性校园招聘定点在学院。2016年共邀请中国南方航空公司、祥鹏航空、宜昌交运集团、兴发集团等10多家骨干型国企和上市公司到学院举办全国性人才招聘专场。

第一部分 履职尽责强作为 凝心聚力谋发展(2015—2016学年)

典型案例

中国南方航空公司秋季校园招聘会在学院举行

11月2日,中国南方航空公司2016年乘务员、安全员招聘面试活动在学院拉开序幕。早上八点,来自全国十余个省、近百所高校的500余名学生已经来到实训楼3D多功能厅候考室进行着各种准备活动,学院空中乘务等专业部分学生也来参加了面试。

在本次面试候考室的3D多功能厅,南方航空人力资源部招聘主管讲解了南方航空的面试要求和说明,资深乘务长就同学们关心的招聘面试环节情况和个人疑问做了详细的说明。面试共分为初试、复试、英语口试、综合测评等环节,考核不仅注重外表形象,亲和力、言语表达、随机应变能力等也是考察的重点。应试者穿着职业装,精神饱满,把自己最青春靓丽的一面展现出来,对此次面试志在必得。在等候区,同学们或互相鼓励,或对镜补妆,或笑谈未来,组成招聘现场一道靓丽的风景线。上午初始环节结束后,共有68名同学进入了下午的复试环节,学院学生有16名,占进入复试名单的四分之一。

中国南方航空公司非常注重应试者的英语水平,下午复试阶段,英语听说和口语是极为重要的环节。面试结束后,仍有大批同学围着南方航空的工作人员进行着各种交流。

2016年,学院共有3名同学被南方航空公司录用,1名被东方航空公司录用,1名被首都航空公司录用。

学院能够成为南方航空公司直招面试湖北地区三个面试点之一,不仅是南航对学院历年招聘组织工作的肯定,也得益于学院近年来在空中乘务专业建设上的长足发展。美丽的校园环境、热情的志愿者服务以及招就处的精心组织,得到了面试官和来自全国各地各高校应试者的普遍赞誉。

航空公司来学院招聘乘务员现场

③除大型招聘会外,还针对各个专业系部的不同岗位和企业用人要求,分系和专业举办各种小型校园招聘宣讲会14场,更加便于学生加深对企业的了解和认知,也极大地提升了企业校园招聘双选的效率和效果。

④多层次、多渠道地进行就业指导和信息发布,切实把毕业生就业工作落到实处,让学生和用人单位双方满意。利用校园宣传展板,进行平面宣传;利用学院部门工作网站进

行指导和信息发布;通过院、系、辅导员、学生四级网络联系渠道沟通;利用班会组织学习就业指南和就业问题答疑,进行宣传教育。创建就业微信群和QQ就业群等网络平台及时发布信息。促进毕业生充分就业,满意就业。加强毕业生就业信息统计审核工作,通过校内网络交流平台的建立,随时将一些就业信息发布出去,让学生第一时间获取就业信息;同时,利用这个交流平台,把学生的积极性调动起来,积极与学生交流,帮他们解决在就业过程中遇到的困难。

(4)加强就业指导及教育,引导学生树立正确的就业观。

在目前就业形势严峻的大环境下,学院及时对毕业生就业前景做出科学研判,积极向学生宣讲。通过就业指导课、座谈会、讲座、网络以及日常教育等形式,引导学生冷静、客观地认清当前的就业形势,及时转变就业观念,合理调整就业期望值,牢固树立"先就业、再择业"的思想,抓住一切就业机会。积极鼓励学生通过参与"三支一扶""大学生村官""西部计划"等国家及地方项目,拓宽就业面,鼓励毕业生通过"专升本"等升学途径降低就业压力。积极转变就业目标市场,寻找新的就业突破口。

2. 毕业生就业月收入情况

在对2016届毕业生薪资水平的调查中发现,毕业生转正后月收入在4000元以上的学生比例为16.43%;3001—4000元的有19.31%;2001—3000元的有57.47%;还有6.79%的学生在刚毕业时月收入为2000元及以下。毕业生月收入状况较往年有一定的提高,与社会第三产业的发展和企业对人力资源的投入以及社保待遇的提高有一定关系。学院应加强对毕业生职业发展和个人人生职业规划方面的教育,促进毕业生就业后的发展。

3. 毕业生就业的专业相关度

在对2016届毕业生专业就业相关度调查中发现,毕业生选择"相关"的比例为76.47%,其中专业对口率为66.62%。选择"基本相关"的比例为11.91%,选择"不相关"的有11.62%,毕业生选择与专业无关工作的最主要原因是"专业工作不符合自己的职业期待",其次是"迫于现实先就业再择业"。因学院自身专业设置和学院办学特色的影响,毕业生就业岗位与专业相关度较高。学生个人专业技能与就业后的职业选择与发展有密切关系,应促进学院人才培养方案和就业与社会需求的相关性更加融合,以产促教,以产带学。

2016年应届毕业生就业对口率

序号	专业名称	专业方向代码	专业方向名称	毕业生数/人	毕业生就业情况			
					截至9月1日就业		对口就业	
					就业数/人	就业率/(%)	就业数/人	对口率/(%)
				720(合计)	671(合计)	93.19(平均数)	447(合计)	66.62(平均数)
1	园林技术	510202_1	园林技术	17	15	88.24	6	40
2	空中乘务	520503_1	空中乘务	75	69	92	30	43.48
3	计算机应用技术	590101_1	计算机应用技术	38	34	89.47	32	94.12
4	计算机应用技术	590101_3	图文图像	23	22	95.65	19	86.36

续表

序号	专业名称	专业方向代码	专业方向名称	毕业生数/人	毕业生就业情况			
					截至9月1日就业		对口就业	
					就业数/人	就业率/(%)	就业数/人	对口率/(%)
5	计算机应用技术	590101_4	3G/4G移动网络技术	2	2	100	2	100
6	会计电算化	620204_1	会计电算化	34	30	88.24	26	86.67
7	市场营销	620401_1	市场营销	29	26	89.66	26	100
8	旅游管理	640101_1	旅游管理	137	133	97.08	83	62.41
9	涉外旅游	640102_1	涉外旅游	10	10	100	7	70
10	导游	640103_1	导游	34	31	91.18	20	64.52
11	旅行社经营管理	640104_1	旅行社经营管理	3	3	100	2	66.67
12	酒店管理	640106_1	酒店管理	28	21	75	7	33.33
13	会展策划与管理	640107_1	会展策划与管理	38	36	94.74	26	72.22
14	休闲服务与管理	640161_1	高尔夫休闲体育	26	25	96.15	11	44
15	烹调工艺与营养	640202_1	烹调工艺与营养	33	30	90.91	16	53.33
16	旅游英语	660109_1	旅游英语	13	13	100	7	53.85
17	文秘	660112_1	文秘	13	13	100	10	76.92
18	学前教育	660214_1	学前教育	167	158	94.61	117	74.05

备注:对口率＝对口就业数/就业数

4. 毕业生就业满意度

学院在对2016届毕业生就业现状满意度的调查中发现,毕业生对找到工作感觉非常满意的比例为16.34%;满意的比例为63.47%;态度一般的比例为13.15%;仅有7.04%的同学不满意。

(三)职业发展

1. 毕业三年后月收入情况

在对毕业三年后学生薪资水平的调查中,毕业生工作三年后收入在刚毕业时的基础上有30%—50%的增长,毕业生收入状况的提升与毕业生个人岗位以及所在行业的发展有一定联系,主要还是学生社会适应能力和个人专业技能的提升所致。学院应加大对毕业生职业发展和个人人生职业规划方面的教育,促进毕业生就业后的发展。

2. 毕业后职位晋升情况

针对毕业生就业用人单位开展的毕业生质量调查显示,毕业生毕业三年后职位晋升的比例为27%。如学院2011届毕业生雷岗华,现在已经成长为国家高级导游;2010届毕业生邹琴、满亮现在都已经成长为宜昌长江观光国际旅行社有限责任公司的资深导游和管理人员。在各项评价指标中,用人单位对学院毕业生职位晋升的总体衡量标准包括专业适应能力、思想道德修养、基本理论与基本技能的实际水平、社会公德与职业道德、实践能力、敬业精神和工作态度、服从工作需要和组织安排等10个方面,对学生的创新能力、外语能力、计算机能力、文字及口头表达能力、组织管理能力、自我获取知识能力、社会适应能力、心理承受与调适能力、团队意识等 10 个方面的满意和非常满意率达到 85％ 及以上。

典型案例

记优秀毕业生马喆的快速发展之路

马喆是学院旅游管理专业 2009 届毕业生,学习旅游专业做一名优秀的导游员是他的梦想。2009 年马喆毕业之后,进入宜昌市当地一家旅行社担任导游。带团期间,他独特的讲解风格和全心全意为客人着想的服务理念,深得游客喜爱,并在 2009 年即获得宜昌市"阳光导游"的荣誉称号。因为优秀的表现,2010 年 3 月,他被聘请担任宜昌南津关大峡谷执行总经理一职。南津关大峡谷为徒步探险类景区,为了杜绝各类安全事故的发生,他加强整个景区的安全管理,并经常对员工进行安全知识培训,对栈道、铁索等安全设施严格检查,发现问题及时处理,制定应急预案,预防突发事件,在他任职期间景区没有发生一起安全事故。他也因工作认真,表现突出,多次被公司评选为年度先进个人和优秀工作者,先后两次被宜昌市夷陵区旅游局嘉奖,并在 2012 年被选为夷陵区旅游协会副会长任职至今。

2013 年初,一次偶然的机会,马喆接触到完全陌生的新能源行业,面临在一直热衷的旅游行业与全然陌生的工业之间做出艰难选择的局面。经过反复思考,他最终决定挑战自己,放弃景区执行总经理一职,2013 年 8 月开始担任湖北宇隆新能源有限公司总经理助理。为了尽快了解新能源工业,顺利开展工作,他向公司上级申请进入车间从头学起。在学到了很多实际经验之后,马喆被安排进入项目部,因为两个月的基层工作以及之前工作所积累的人脉关系,他对这份本来不熟悉的工作很快就得心应手,并在 2013 年 6 月独立完成公司关于转型升级项目的申报工作,受到集团领导的一致好评。

2014 年 4 月,湖北宇隆集团涉足农业旅游,成立茶业公司。因为马喆在宇隆新能源公司的出色表现,以及他学习旅游出身的背景,集团聘请他担任新成立的茶业公司副总经理一职。新成立的公司面临资金短缺、人手不够等问题,起步非常困难。为了尽快使公司步入正轨,马喆带领员工一头扎进市场搞调查研究,并根据市场需求,调整产品结构,改进生产工艺,建立和完善了严格规范的管理制度,使刚起步的企业有了生机。短短两年,在马喆和公司同仁的共同努力下,公司的主打茶叶品牌"安福桃红"红茶以优秀的品质获得"市民最喜爱的茶"荣誉称号,打开了市场。

3. 工作稳定性情况

从用人单位对毕业生工作稳定度的整个调查结果和统计分析来看,毕业生工作稳定(在一个企业连续工作两年以上)的比例为 37％,毕业生工作稳定度相关影响因素除了以用人单位的薪资待遇、职业发展等因素为主,还与毕业生的专业认知、思想素质、理论基础和专业素质等有很大关系。那些工作稳定度高的毕业生往往具备工作认真负责、勤奋务实等特点,在毕业生是否具有独立解决问题的能力和较强的组织领导能力上反映也还不错。

(四)学生自主创业逐步发展

学院围绕创新创业教育要求,认真总结,不断探索创新创业教育实施途径,为学生创新创业营造良好氛围。一是将创新创业课程纳入所有专业的教学计划;二是结合学院专业特点,在烹调工艺与营养、计算机应用技术(图文图像处理)、市场营销等专业开展了创业教育研修课程,邀请宜昌市公共创业服务中心的授课教师利用业余时间开展了SIYB创业培训,帮助学生了解创业流程,书写创业计划书,并从中筛选一部分项目进行支持。2016年,学院先后挖掘创业实践团队3组,安排创业导师4人,对学生创业活动予以支持,帮助学生开展创业活动。

学院帮助学生在校园内建立大学生创新创业试验点。大学生创新创业试验点"职教园文印部""学长店"已经成为校园内一道亮丽的风景,让越来越多的学生认识到创新创业的价值和前景。学院策划将学生宿舍3号公寓架空层改造成学生创新创业园区,为在校大学生提供更多的创新创业平台,届时将会有更多的在校大学生加入创新创业训练计划中来。近几年学院共有17名毕业生自主创业,建立小微企业13家,现仍存活11家,存活率84.62%,各创业企业都获得了良好发展。以创业促就业,学院毕业生自主创业有效带动了就业,11家至今发展良好的企业共吸收就业人员174人,其中本院毕业生37人,社会就业人员137人。

大学生创新创业试验点"职教园文印部"

学院2014届计算机应用技术专业毕业生周鹏,毕业后在学校进行创业,成立了职教园文印部;2015年他又和同班同学向席彬一起在宜昌市伍家岗香山福久源成立了宜昌闻铭文化传播有限公司,公司不断发展壮大,事业蒸蒸日上。

三、教学改革

(一)围绕社会需求调整专业设置,努力打造特色专业

1. 专业及专业方向适时调整

学院立足鄂西圈,服务大三峡,面向中西部,辐射全中国,依托地方五大战略平台,围绕地方十大千亿产业需求,进一步优化调整专业结构与布局,专业建设努力转型创新。专业结构范围基本涵盖旅游全产业链的主要领域。坚持突出以旅游、学前教育为特色,其他专业为支撑的办学专业定位,建设旅游管理、学前教育、经济管理、酒店管理、航空服务5

个专业群,重点建设导游、旅游管理、酒店管理、学前教育、烹饪、空中乘务、会计等专业。2016年,继续对现有招生专业及方向进行适时调整,共设置21个招生专业,其中民航运输、茶艺与茶叶营销和中西面点工艺3个专业为新增招生专业;根据实际情况停止税务、食品营养与检测、森林生态旅游3个规模较小的专业招生;同时拓展国际合作专业,与新西兰国际高尔夫学院合作举办休闲服务与管理专业,使学院专业结构更趋合理。

2. 大力建设省级及校级特色专业

学院继续加强与中华职教社共建的学前教育省级特色专业的建设,并完成学前教育省级特色专业建设项目财政支出绩效评价工作。根据面向地方经济社会发展的重点领域、服务地方主导优势产业和战略性新兴产业的要求,按照学院专业发展规划,确立导游、酒店管理、烹调工艺与营养、会计电算化、旅游英语、空中乘务、休闲服务与管理、茶艺与茶叶营销、中西面点工艺和民航运输为学院校级特色专业,围绕专业教学标准、学生规模、师资队伍、人才培养方案、实训基地、人才培养质量等方面开展建设工作,同时积极开展旅游管理省级品牌专业的申报工作。

(二)持续深化校企(园)合作,大力推进产教融合

1. 深化校企(园)合作,强化顶岗实习等校外实训

产学结合、校企合作、理实一体是高职教育实现人才培养目标的根本途径。学院院系两级领导高度重视,继续深化校企合作的同时积极探索校企合作新途径,努力拓宽校企合作渠道,积极开展"政、企、行、校"合作办学,与近161个产学合作企业(幼儿园)建立了良好的合作关系。学院充分挖掘利用社会资源,共建校外实习实训基地,满足学生实习实训需求,学院校企合作专业数占现有专业设置总数的73.68%,校企合作订单培养人数占全日制高职在校生人数的30.41%。

学院把顶岗实习作为实践教学的主要环节,列入各专业教学计划中,并依据湖北省教育厅印发的《湖北省职业院校学生实习管理办法(试行)》制定了学院实习管理实施细则。学生顶岗实习实行院、系二级管理,以系管为主。学院紧紧依托合作企业,坚持选择专业对口、前景广阔、管理成熟、生产安全、补贴规范的企业集中安排学生顶岗实习。学院已与本地、北京、上海、深圳、重庆、杭州、武汉等10个城市的60个单位,如长江三峡旅游发展有限责任公司、福建大厦、锦江大酒店、葛洲坝集团等建立了长期合作机制。支持部分学生选择分散形式自主完成顶岗实习。全院各专业半年顶岗实习覆盖率达100%。

2. 充分发挥兼职教师作用,提升学生专业技能

学院非常重视兼职(兼课)教师队伍建设,通过打造一支理论水平较高、实践能力较强、胜任教学工作的兼职教师队伍,不断优化教师队伍结构,提升教师整体业务水平,强化学生实践动手能力。通过校企合作,直接从合作企业中聘请符合兼职教师任职条件的高级技术、管理人员和一线工作经验丰富的技术能手,负责指导学生的专业综合实训和技能大赛指导工作。聘请企事业单位的优秀业务人员为校内兼职教师,从事专业教学工作。聘任其他高校具有高级职称的教师为兼课教师,负责专业教学和实习指导工作。同时,学院将兼职、兼课教师列入学院人才信息库,发聘任书,并与之建立良好的合作关系。2016年共聘请兼职(兼课)教师57人,其中楚天技能名师7人、客座教授6人、兼任教学教师17人、实习指导教师27人。

(三)引进教师与加强培养相结合,全方位开展教师队伍建设

1. 积极面向社会选聘教师,扩充专业教师数量

学院坚持按标准、按程序引进人才。一是积极向上争取编制,通过公开招考引进专业教师4名,充实了专业教师队伍;二是申报急需紧缺人才,经人社局评审通过,批准学院引进急需紧缺人才2名,学院积极准备并多方招聘洽谈;三是根据学院专业教学实际需要,通过公开聘用,补充聘用教师12名,缓解了专业教师严重不足的局面。

2. 强化青年教师培养机制,加快推进青年教师成长

学院现有专任青年教师(45岁以下)64人,具有硕士及以上学历教师34人,占青年教师总人数的53.13%。为了加快推进青年教师成长,学院采取了多项措施:第一,坚持新老教师"结对子"的传统传帮带机制,明确带新项目,确定带新时段,实施带新方法,达到带新效果。第二,坚持公开示范课结合的听评课机制。学院教务处组织全院专业教师,针对青年教师和部分优秀骨干教师分别开展公开课和示范课的听评课活动,达到示范课引领导向、公开课查漏补缺的目的,从正反两个层面帮助青年教师迅速成长。本学年青年教师参加听评课16人次,公开课上课覆盖率100%。第三,坚持鼓励青年教师考取各类职业资格证书制度。学院鼓励青年教师参加各级各类职业资格培训考试,截至2016年,具有双师素质的专任青年教师20人,占双师素质专任教师的54.05%。

典型案例

记湖北省茶艺大赛评委、一级茶艺师、
一级品茶师,青年教师朱晓婷

朱晓婷,2009年毕业于武汉音乐学院,2013年被三峡旅游职业技术学院聘为专任教师。入校后,通过新老教师"结对子"的传统传帮带机制,在"明确带新项目,确定带新时段,实施带新方法,达到带新效果"的"四带"新思路指导下,学院指派茶艺专业陈开梅老师为其指导教师。名师出高徒,朱晓婷在指导教师陈开梅的悉心指导下,钻研茶艺技能,深究茶艺精髓,领悟茶艺内涵,次年便在杭州举行的全国高职组中华茶艺师技能大赛中崭露头角,从全国各地50多个高校代表队中脱颖而出,摘得大赛团体一等奖,而她个人也荣膺"全国优秀指导教师"称号。在比赛中,她创新地将茶艺元素融合在舞蹈中,通过艺术的渲染,用音乐舞蹈形式凸显茶的精髓,将土家族的文化以一种特殊的形式传播出去,让五湖四海的爱茶人知道了罐罐茶的制作工艺和土家族摆手采茶舞的文化魅力。同年,朱晓婷又在指导教师的指导下带领团队获得湖北省"陆羽杯"茶艺师技能大赛团体一等奖。

指导教师陈开梅为朱晓婷设计了一条新的专业发展之路,在提高茶艺技能的同时,不断学习与茶相关的知识,修炼内功,追求茶与艺术完美结合。通过了解茶、学习茶、领悟茶,青年教师朱晓婷先后考取了茶艺师和品茶师两项职业资格证书。

在2015中国职业技能大赛·湖北省第七届茶业职业技能竞赛上,朱晓婷指导的参赛作品《茶之絮语》美轮美奂,获得现场评委和观众的一致好评并荣获金奖;同时,她将黄梅戏曲《女驸马》融入茶艺中形成的参赛作品《女驸马之状元茶》,演绎经典大红袍,获得银奖。成长迅速的青年教师朱晓婷2015年加入湖北省陆羽茶文化研究会,成为该研究会最年轻的会员;2016年考取一级茶艺师、一级品茶技师;同年成为湖北省茶艺大赛最年轻的评委,参与全省茶艺大赛评审工作。

朱晓婷老师指导的参赛作品《茶之絮语》美轮美奂,荣获 2015 中国职业技能大赛·湖北省第七届茶业职业技能竞赛茶艺师个人竞赛金奖(大赛唯一个人赛金奖)

学院茶艺队(右二为朱晓婷老师)

3. 面向教师开展多种校内外培训,提升教师队伍业务水平

(1)扎实开展新进教师岗前教育培训,从思想政治、师德师风、廉洁从教、教学规范、科研指导、信息技术等方面对 30 名新进教师进行培训指导,促进了青年教师职业成长。

(2)不定期开办青年教师校本培训讲座,由具备多年实践教学经验的老教师讲述高职教育规律,介绍教学经验,加强青年教师基本功的训练。

(3)选派专业教师参加国、省、市三级专业核心能力提升培训。

(4)鼓励专任教师去企业实践和进行挂职锻炼,进一步提升专任教师队伍的整体素质和技能业务水平,本学年专任教师人均企业实践 20.14 天。

(四)不断完善校内实训室建设,校内实训条件充足

1. 积极配合专业教学,持续推进校内实训室建设

结合专业发展扎实做好专业实训条件建设,在本学年完成了空乘实训室、高尔夫实训

场地配套设施建设,完成了烹饪实训室升级改造,完善了形体训练室、计算机网络实训室硬件设施,新增了奥尔夫音乐实训室、数码钢琴训练室、古筝实训室、卫生保健育婴实训室、幼儿游戏与教学实训室、手工技能实训室、画室等专业实训室,专业实训条件进一步改善。

2. 改进校内实训室管理,提升实训设施的利用率

实训室的管理是一项长期细致的工作,学院建立健全的实训室规章制度,加强实训室的安全卫生管理,保障实训室设备设施的完备性,加强了与教务处及各系部教学实训工作的配合,提高实训室的利用率。

(1)规范设备管理。对照实训室建设方案,完成了实训室的设备逐一清理和登记。并明确责任人进行管理。

(2)规范台账。台账式实训室管理能够真实地反映实训室的各方面情况,要求各类台账齐全,并能够正常使用,包括实训室使用计划本、实训室使用记录本、实训设备检查与维护记录本、实训室易耗品使用记录本、实训室设备物品借用记录本、实训室钥匙使用记录本、实训室卫生清洁记录本。实训室各类台账填写要做到书写规范工整,真实反映实训室的使用情况。

(3)规范使用。日常教学使用由各专业教师在学期初根据教学计划制订实训计划,交由系部领导、教务处审核,审核通过后由实训室管理员统筹安排,以保证实训教学的正常开展。学生社团如需在非教学时间使用实训室进行社团活动或技能训练时,由使用人提出申请,经分管学生领导审批后报实训室管理员处借用实训室。

(4)规范管理。近几年,实训室逐渐增多,加上很多课程都在进行教学改革,实训时间也较以前大大增加,实训中心采取了管理员与各专任教师协助管理的方法,专任教师在上实践课时能够及时掌握各实训室设备设施的使用情况并自行检修维护,对一些小故障往往能够及时处理,提高了设备的完好率,使实训室更好地为教学服务。学院完成了实训楼各个实训室的设备清理、登记。坚持每日巡查制度,实训设施和设备的问题做到了及时上报及时解决,确保教学实训正常开展,极大提高了实训设备的利用效率。

实训楼一角

(五)大力开展人才培养模式改革

1. 校企合作积极试点现代学徒制

学院遴选烹调工艺与营养专业作为试点,积极申报高等职业教育现代学徒制试点项目,创新开展现代学徒制教育改革,实现专业设置与产业需求对接,课程内容与职业标准对接,教学过程与生产过程对接,毕业证书与职业资格证书对接,职业教育与终身学习对接,全面提升专业学生的技术技能和职业素养,力求推进专业教育体制机制创新和招生制度、管理制度、教学模式、人才培养模式、评价制度的改革,达到彰显职教特色、专业服务产业转型升级、校企双主体育人、促进学生能力全面发展的目的。

2. 推行课证融通的课堂教学改革,助推学生顺利考取职业资格证书

学院深入推行职业院校"工学结合、课证融通、赛训融合"的人才培养模式改革和课程认证过程化改革,突出教学过程的实践性、开放性和职业性,通过与劳动保障、人力资源、技术监督等部门的合作,把职业资格证书所要求的教学技能和内容纳入教学计划中,进行常规的训练和考核,并积极建设校内普通话等级证、公共营养师等级证、中式烹调师等级证、中式面点师等级证、保育员资格证、育婴师资格证、茶艺师等级证等职业资格水平等级证书考评点,真正实现课证融通。学院毕业生各专业相关双证书总体通过率达到90%以上。

典型案例

学院烹调工艺与营养专业推行现代学徒制

2014年国务院提出职业教育要深化校企合作,探索现代学徒制人才培养模式。2016年湖北省教育厅将宜昌市作为推行现代学徒制试点地区,学院烹调工艺与营养专业被宜昌市确定为试点专业。烹调工艺与营养专业现代学徒制把以理论为主的传统学校培养目标,与单纯培养熟练技术工人的企业培养目标有机结合起来,通过"工学结合""半工半读"的方式,立足湖北省及周边地区,培养适应烹饪专业第一线需要的高素质技术技能型专门人才。

学院在紧密合作的企业中选择实力强、资源丰富并热衷于职业教育的企业(如宜昌桃花岭饭店、武汉九州通衢大酒店等)进行深度合作,由合作企业直接参与招生工作,按企业的用人标准,通过面试的形式,结合理论考试成绩择优录取。录取的学生等同于该企业的员工(学徒),具有学生、学徒双重身份。

校企双方共同制定人才培养方案,企业师傅与学院教师共同培育学生,以企业岗位标准设置课程,建成"公共课程+专业核心课程+拓展课"的学徒制专业课程体系,开发适合企业的项目课程,专业实践课比例不低于70%。同时,构建校企共管机制和行业协调机制,形成学校、行业、酒店三方管理于一体的管理模式。在考核评价方式上,共同制定学生评价与考核标准,采取学校评价、企业评价和社会评价相结合的形式,建立以能力为核心,行业、企业、学生、学校共同参与的多元学生评价模式,引导学生全面发展。在考核评价内容上,除教学计划规定的课程外,突出学生综合素质、职业资格认定考试、毕业宴席设计和制作,以及参加各类全国、全省烹饪技能大赛等项目的综合评定,考核合格者获得毕业证书和职业资格证书,并由企业招收为正式员工。

3. 开展校内技能鉴定,探索课程认证过程化考核

教育部关于深化高等职业教育改革的若干政策强调,要大力推行"双证书"制度,促进

人才培养模式创新。要依照国家职业分类标准及对学生就业有实际帮助的相关职业证书的要求,使学生在获得学历证书的同时,顺利获得相应的职业资格证书,增强毕业生就业竞争能力。学院在宜昌市人力资源和社会保障局、宜昌市职业技能鉴定指导中心指导下,开展了育婴师、保育员、中式面点师、公共营养师、中式烹调师、茶艺师等多个工种的鉴定工作,满足学生双证毕业需求,为即将步入社会的大学生创造更好的就业发展平台。2015—2016学年技能鉴定人数为215人次,分别是育婴师84人、中式面点师14人、公共营养师41人、中式烹调师12人、保育员64人。

通过院校课程认证考核实现"课证融通",对考核合格学生直接颁发国家职业资格证书。2016年,学院对学前教育、酒店管理、烹调工艺与营养等6个专业10个工种制定了"课程认证过程化考核总体方案",完善相关专业人才培养方案,积极探索开展课程认证过程化考核,以期帮助学生直接获得国家职业资格证书,见下表。

课程认证过程化考核首批试点专业及工种一览表

序号	系部	专业	工种
1	酒店管理系	茶艺与茶叶营销专业	茶艺师、评茶员
2		中西面点工艺专业	中式面点师、公共营养师
3		烹调工艺与营养专业	中式烹调师、公共营养师
4		酒店管理专业	调酒师
5		会展策划与管理专业(会展运营与广告策划方向)	广告设计师
6	学前教育系	学前教育专业(三年制/五年制)	育婴师、保育员

在校内对学前教育专业学生开展育婴师技能鉴定

4. 实施技能奖学金制度

为突出职业技能培养,鼓励学生积极参与校内外技能大赛,学院制定了《三峡旅游职业技术学院职业技能大赛奖励暂行办法》,每年对获奖师生进行表彰,极大提高了师生参赛热情,提升了教师和学生的技能水平。2015年12月23日下午,学院召开了2014—2015学年教学科研表彰大会,颁发了2015年度职业技能奖学金,对2015年在国家级和省级职业技能大赛中获奖的学生和指导教师进行了表彰。在本次表彰中,学院获得国家级奖项一等奖1人、二等奖2人、三等奖3人,省级奖项一等奖1人、二等奖11人、三等奖6人。毛张旭等23位同学荣获职业技能奖学金,在国家级和省级大赛中指导学生获奖的19位指导教师也都受到通报表扬。

学院领导与获奖学生代表合影

(六)加强教学管理工作,促进教学工作有序开展

1. 实施院、系多级课堂教学日常管理检查机制

学院建立了院、系二级教学管理体系,对教学组织、教学计划、教学运行管理、教学改革、教学控制、教学评价等方面做出具体规定。在实际工作中,执行教学计划的运行程序,加强教学过程各环节的质量标准控制,严密组织课堂教学。严格实施院、系两级教学常规管理和专项检查机制,每学期定期公布检查结果。在多部门通力协作下,保证了教学秩序的正常稳定。

2. 加强教学督导,及时开展诊改

为了规范教学督导工作,学院在2015年3月制定了《三峡旅游职业技术学院教学督导员聘任管理办法(试行)》,规范了教学督导员的聘任条件、职责及选聘程序,重新印发了《教学督导手册》,每年春季学期重新聘任督导员。2015年聘任了8位督导员,2016年聘任了9位督导员,督导员分别来自学院各教学系(院)、部,能够保证对所有专业教学督导的全覆盖。在2015—2016学年度,各位督导员认真督导,人均听评课达60余节。学院加强了对教学秩序尤其是青年教师的教学督导工作,每次听评课后督导员都及时向老师反馈,一旦发现较大教学秩序问题则及时报告相关系、部处理。督导员们期中期末都上交总结报告,全面总结老师们教学中的优点、问题并提出改进意见和建议。科研与督导处也对督导员总结做了汇总,制作《教学督导工作简报》向有关部门和老师们做了报告。教学督导工作有力地促进了老师们教学水平的提高,增强了对日常教学秩序的监管,确保了全学年没有发生重大教学事故。

3. 注重评先表优,营造争先风气

为了强化教学中心工作,树立榜样,营造教学争先氛围,2015年10月,学院印发《三峡旅游职业技术学院优秀教师、最受欢迎教师评选办法(试行)》;同时,为进一步强化科研兴校战略,激发学院教职工教科研积极性和创造性,鼓励科研工作多出精品,促进教科研工作更好地为教育教学改革和学院发展服务,学院印发《三峡旅游职业技术学院科研先进个人评选办法(试行)》。这两个办法使对优秀教师和科研先进的表彰形成了定制。2015年12月,学院对上学年教学表现突出的8位"优秀教师"及科研成果突出的7位"科研先进个人"进行了隆重表彰。鼓励大家敬业爱岗、搞好教学,多出研究成果,起到了引领争先创优之风的作用。

(七)积极探索思政教育改革创新,不断增强思政教育实效性

学院围绕立德树人中心环节,积极探索方式方法的改革创新,不断增强思想政治教育的针对性和实效性。一是坚持树立"大思政"理念,构建了全程、全员、全方位抓思想政治教育工作的格局。二是探索思政课专题式教学模式,推行思政课"六个一"(一个伟人、一句名言、一个故事、一则新闻、一本好书、一个金点子)课前三分钟演讲,实行复习提问有奖抢答,试行学生助教等思政课教学改革,增强了思政课教学的针对性和实效性,得到师生好评。三是探索思政教育创新形式,使理论教学与主题班会、征文、演讲、参观考察、志愿服务等实践教育有机结合,增强了思政教育的生动性和实践性。

(八)开设专家讲坛,为学生发展提供理论和实践指引

2013年以来,学院先后开办了"三峡旅游讲坛"和"宜昌学前教育讲坛"两个专家报告讲坛。这两个讲坛是学院举办的、面向宜昌市广大旅游和学前教育行业从业人员及学院师生的学术性讲坛,旨在传播旅游和学前教育新信息、宣扬旅游和学前教育新理念、推广旅游和学前教育新经验、促进旅游和学前教育新发展,充分发挥学院旅游类专业和学前教育专业的办学优势。这两个讲坛主要邀请校外旅游和学前教育专家来校为广大师生做报告,同时邀请兄弟院校及广大社会人士到场聆听,是面向社会开放的公共讲坛。2015—2016学年,学院共举办"三峡旅游讲坛"3期、"宜昌学前教育"讲坛14期,参加聆听的师生达2000人次,较好地配合了日常的教学工作,开阔了学院师生的眼界,为他们更好地认识职业和社会起到了促进作用。2015—2016学年专家讲坛统计表见下表。

2015—2016学年专家讲坛统计表

序号	报告题目	报告人	单位及职务	时间
1	云南旅游业发展的经验与启示	黄 华	博士、三峡大学副教授	2015-10-26
2	宜昌市"十三五"旅游发展研究报告	杨 华	宜昌市旅游局干部	2015-12-14
3	兴发集团产业升级与转型	易行国	兴发集团有限责任公司总经理、高级经济师	2016-6-13
4	教育其实很美	韩 露	宜昌市基建幼儿园园长、宜昌名师	2015-9-30

续表

序号	报告题目	报告人	单位及职务	时间
5	中国茶艺美学与少儿茶艺	刘伟华	湖北三峡职业技术学院教授	2015-10-28
6	幼儿教师专业标准、问题及政策趋势	蔡迎旗	华中师范大学教授、博导、学前教育学院副院长	2015-11-8
7	幼儿园教学活动的设计、组织与指导	杨美艳	宜昌市学前教育教研室主任	2015-11-9
8	把握价值取向,提高研究实效	赵小燕	宜昌市教科院特聘专家	2015-11-17
9	幼儿园课程建设与管理	毛美娟	上海东方幼儿园园长	2015-11-17
10	创建一个学习与发展的学校	王昌胜	宜昌天问小学校长	2015-11-18
11	幼儿园班级管理	王荣	宜昌市卫生幼儿园教师、国培专家	2016-5-25
12	幼儿园危机管理	郑军	宜昌市高新区学前教育教研员、国培专家	2016-5-25
13	家园的有效沟通	康晓燕	湖北幼儿师范专科学校副教授、国培专家	2016-5-26
14	幼儿园艺术活动的特点及实施	刘蓉	武汉大学幼儿园教学园长、国培专家	2016-5-27
15	幼儿园班级安全管理及日常救护	郑军	宜昌市高新区学前教育教研员、国培专家	2016-7-7
16	生命在于运动 运动在于科学	万丽芳	湖北省实验幼儿园副园长、国培专家	2016-7-9
17	打造蕴含文化内涵的幼儿园环境	刘蓉	武汉大学幼儿园教学园长、国培专家	2016-7-9

四、服务贡献

(一)面向社会大力开展各种非学历培训

1. 依托宜昌市普通话水平培训测试中心,面向全市大力开展普通话培训测试工作

为推广普通话,规范文字运用,学院充分利用宜昌市普通话培训测试中心挂靠学院的优势条件,每半年面向社会开展两期社会考生的报名、培训、测试工作;在各县市区职业教育中心建立普通话培训测试点,对在校的中职学生进行普通话水平培训测试。2015—2016学年,共培训测试社会考生2246人、在校学生1768人。

第一部分 履职尽责强作为 凝心聚力谋发展(2015—2016学年)

典型案例

学院为企业员工开展普通话培训测试

2015年9月,宜昌市普通话培训测试中心选派国家级测试员黄兴芹、刘艳为宜昌市安琪酵母集团75名销售骨干开展了为期一周的普通话语音知识系统培训。通过学习测试,75名销售骨干均达到普通话二级乙等水平。

2. 依托宜昌市教师资格认定中心,为宜昌市开展幼儿园园长和骨干教师培训及专项调研

学院前身为宜昌教育学院,长期承担宜昌市基础教育干部教师继续教育工作,业务包括宜昌市中小学校长和幼儿园园长任职资格培训和提高培训、中小学和幼儿园骨干教师培训、幼儿园保育员培训等工作。宜昌市教师资格认定中心挂靠在学院,受宜昌市教育局委托,承接了"宜昌市教师培训工作三年行动计划"的学前教育师资培训,从2015年开始,每年培养50名,3年共培养150名乡镇及以上中心幼儿园骨干园长和骨干教师。2015年首批培训了50名幼儿园骨干园长和50名幼儿园骨干教师,2016年继续开展第二年的培训任务,截至2016年8月,本期50名幼儿园骨干园长和50名骨干教师培训已完成第一阶段集中培训,学员已返回工作岗位进行在岗研修,秋季学期将进行第二阶段集中培训。培训工作通过专家讲座、蹲园实训、相互交流、在岗研修,取得了良好效果,受到学员及上级部门的一致好评,为宜昌各县市区、乡镇培养了一批具有辐射带动能力的优秀幼教骨干。

2016年7月,学院为西陵区举办了一期220人的全区幼儿园教师能力提升培训班。协助夷陵区学前教育集团开展了一场规模为200人的教师专业技能合格证培训;协助宜昌市职教室开办了一个规模为50人的宜昌市2016年中职学校艺术与学前教育专业教师培训班。2015—2016学年开办了两期各30人次的幼儿园教师资格证考前培训班。

2016年暑期学院举办的宜昌市西陵区幼儿园教师能力提升培训班

2016年上半年,为进一步摸清宜昌学前教育家底,学院承担了宜昌市教育局交付的任务,开展了全市幼儿园教师队伍情况专项督查调研工作。全面了解全市幼儿园教师工资待遇落实情况、学习培训情况、职务职称和岗位聘用等情况,掌握幼儿教师队伍目前存在的问题和面临的困难。重点督查幼儿园专任教师学历达标情况和持证上岗情况。走访调研了全市40多所幼儿园,并撰写调研报告给上级行政主管部门,提出了建设性的建议,为宜昌幼教事业政策的制定与决策提供了重要参考。

3. 依托多个专业师资,为社会提供多种其他培训

为响应高等职业院校积极服务地方经济和社区教育活动的号召。合作交流处依托计算机专业师资,于2016年1月为学院精准帮扶点枝江市刘家冲村40位村民开办了一期农村电子商务培训班。2016年6月,学院依托礼仪、茶艺师师资优势,为多家企业员工开展了礼仪茶艺培训,共计培训学员300人次。学院全学年培训社会人员3816人、在校生3225人。

学院还派出旅游专家到校外开展培训服务。如2015年7月,远安县旅游局和农业局联合开展全县乡村旅游培训,学院高级工程师陈江美应邀为培训班授课。2016年7月,学院礼仪教师刘艳应邀为宜昌市城投公司200名中层干部开展了《职业形象与商务礼仪》的培训,受到公司员工一致好评。专业教师借助专业传播礼仪,扩大学院影响力。2016年6月,旅游管理系主任杜先宁,应邀到秭归县磨坪乡、秭归县茅坪镇开展"秭归县移民局三峡后续移民就业技能培训",主讲乡村旅游,培训约120人次。

典型案例

学院为对口帮扶村村民举办农村电商培训班

2015年12月28日,学院举办农村电商培训班,来自学院对口帮扶村的枝江市刘家冲村的村民们参加了培训,经分期教学,实践操作,20多名村民顺利结业。本次电商扶贫培训是学院落实精准扶贫工作的一项重要举措,也是学院信息科学部响应宜昌市委市政府和学院号召,服务回馈社会的实际行动。该项工作旨在提升农村现代科技意识、促进农村合作发展、加快农村脱贫致富。

(二)依托学院多个研究机构和专业人员,促进宜昌经济社会发展

1. 依托宜昌市心理学会,推进宜昌市心理健康事业发展

为履行服务社会使命,2009年10月,三峡旅游职业技术学院作为挂靠单位发起成立了宜昌市心理学会,推进心理学服务宜昌市经济社会发展的使命。自学会成立以来,三峡旅游职业技术学院一直免费提供办公场地和相应设施,院领导和中层干部分别担任学会会长和秘书长,学院成为推进宜昌市心理学研究及心理健康事业的基地,整合了宜昌市心理研究和心理健康工作资源,把宜昌市心理学会建设成为仅次于武汉市心理学会的湖北第二大影响力的市级心理学会。三峡旅游职业技术学院为推进宜昌市心理学服务社会做出了重大贡献。

典型案例

三峡旅游职业技术学院顺利承办"宜荆天心理学论坛"

2015年11月21日至22日,三峡旅游职业技术学院承办了"宜荆天心理学论坛暨宜

昌市心理学会2015学术年会"。本次会议主题为"至爱生命 挚爱生活",由宜昌市心理学会发起,宜昌、荆州和天门三地的心理学会联合主办,来自武汉、宜昌、荆州、天门、荆门的近200位专家和会员代表出席了此次年会。会议顺利完成了开幕式、专家报告、学术交流、工作坊、闭幕式等所有议程,圆满成功,得到了各参会地方代表的充分肯定。此次年会开创了湖北省地方学会联办学术论坛的先河,三峡旅游职业技术学院为此做出了重大贡献。

"宜荆天心理学论坛暨宜昌市心理学会2015学术年会"会议现场

2. 依托三峡旅游职业技术学院科协,为宜昌经济社会发展建言献策

三峡旅游职业技术学院科协是在宜昌市科协注册的社会组织,为充分发挥科协在服务科技创新中的主力军作用、在推进产学研合作中的主抓手作用、在服务科技工作者中的阵地作用,每年院科协都组织老师们积极参与宜昌市社科联和市科协的课题研究和建言献策活动。在2015年,学院老师撰写的5篇论文报告入选《宜昌市科技人员"为宜昌经济社会发展建言献策"专集(2015)》,供宜昌市各级领导及人大代表参考。2015专集共收录论文54篇,学院入编的5篇论文分别为《宜昌市创建全国旅游标准化示范城市路径与策略研究》《宜昌市"3+2"中高职教育衔接研究》《基于住客网络评价的宜昌市高星级酒店服务质量研究》《关于打造宜昌巴土文化旅游带的思考》《宜昌市幼儿园园长和教师有效培训模式研究》。近五年,学院累计有20余篇论文入选,充分反映了学院服务宜昌市区域经济社会发展的成果。

3. 多位老师走出校园,采取多种方式服务社会

学院多位老师积极参与宜昌市创建全国旅游标准化示范城市的指导工作。副院长张耀武担任市创建旅游标准化示范城市专家指导组副组长、饭店板块专家指导组总协调,酒店管理系主任高小芹任饭店板块专家指导组组长,旅游管理系教师张丽利任旅行板块专家指导组副组长,易红燕、邓月、陈菁华、朱露、张小明等多位教师担任各板块组员,负责宜昌市80家试点旅游企业创标指导工作。一年多来,老师们深入试点企业调研并指导工作,提升了企业标准化水平,为推动宜昌市创建全国旅游标准化示范城市做出了积极的贡献。

学院多位老师还参与了湖北省多个旅游开发项目的咨询工作,如陈红老师先后为宜昌市嫘祖文化复兴、荆州市洪湖凤舟文化保护、宜昌市五峰茶文化开发以及襄阳市茨河民俗文化教育园开发等项目建言献策。刘涛涛老师2016年暑假先后为清江茗研茶业科技有限公司做茶科技旅游方案咨询、为兴山县昭君镇昭君别院乡村旅游专业合作社进行调研并提供乡村改造意见,都取得良好效果。学院黄兴芹老师、陈启新老师等还受邀到宜昌市中小学开展心理健康教育讲座和师德培育报告,广受好评。

典型案例

学院旅游专家团队为宜昌市编制旅游标准化发展
规划和旅游业标准体系表

2016年4月,宜昌市政府正式批复实施《宜昌市旅游标准化发展规划(2015—2020)》和《宜昌市旅游业标准体系表》,标志着宜昌市创建全国旅游标准化示范城市工作取得新成果。上述两个成果皆为学院老师组成的专家团队完成。

为抢抓旅游标准化示范城市创建机遇,充分发挥"标准化+旅游"效应,确保高标准创建全国旅游标准化示范城市,为宜昌市旅游业创新发展、协调发展、绿色发展、开放发展、共享发展提供技术支撑,宜昌市旅游局与学院签约,组建了由学院陈江美高级工程师为课题组长的专家团队,负责《宜昌市旅游标准化发展规划(2015—2020)》和《宜昌市旅游业标准体系表》(以下简称《规划》《体系表》)的编制工作。

为保证《规划》和《体系表》具备国际视野,体现宜昌特色,符合实际、实用、实效的要求,编制课题组先后考察了十多个旅游标准化示范城市创建工作,研究了数十家国内旅游标准化标杆企业,调查了全市上百家旅游骨干企业,系统分析研究了国内外旅游标准化研究成果,经过六次专家论证会、八次讨论会、十多次修改完善,形成报批稿,最终获得宜昌市政府正式批复实施。

根据《规划》,宜昌市"十三五"期间,将着力"夯实一个基础、完善二个体系、创新三大机制、实施八大工程",构建"1238"旅游标准化支撑体系,驱动全市旅游业实现四大跃升的战略目标。根据《体系表》,宜昌市将以"科学合理、全面成套、重点突出、彰显特色、适度超前、开放融合"为原则,以"实际实用实效"为主线,突出"三峡"主题,构建三峡旅游产品标准体系;彰显"水电"特色,构建水电旅游标准体系;强化"品牌"引领,构建三峡旅游品牌标准体系;贯穿"服务"导向,构建宜昌市旅游公共服务标准体系。

(三)专业与当地产业匹配度高,学生就业去向广泛

宜昌是鄂西生态文化旅游圈的核心板块,旅游是宜昌的支柱产业,学前教育则是宜昌乃至全国"十三五"期间重点发展的公益事业。学院专业建设紧贴地方经济建设需求,以旅游类和学前教育两大专业群为主体,以计算机应用技术、市场营销、会计电算化等经济建设广泛需求专业为补充,专业与地方产业高度匹配。为更好地满足经济建设人才需求,学院围绕市场人才的需求进行专业细分和人才培养,将专业学习、实习实训与就业创业相结合,强化校企合作育人,为学生适应社会需求和企业工作需要奠定了坚实的基础。

在2016年的720名毕业生中,学院学生在本地生源较少的情况下,留在宜昌本市旅游企业的就业比例为27%,本省就业率为69%。其中导游、旅游英语等专业毕业生本地就业率为90%以上,非本地就业的毕业生就业去向主要在沿海发达城市。学前教育专业2016届毕业生本地就业50%左右,其他毕业生则主要集中在北、上、广、深等大城市,就业方向主要集中在幼儿园和早教机构,反映学院毕业生就业的高起点、高质量和高专业相关度,充分说明了学院毕业生专业与产业匹配度高,学生就业去向广泛。

(四)利用学院资源积极服务社会重要赛事

学院2013年迁入宜昌职教园新校区,拥有全新的学生食堂、宿舍、运动场和相应活动设施,利用这些设施,学院于2015年和2016年连续两年协办了湖北省青少年校园足球中学生联赛分区赛。在提供硬件的同时,学院师生志愿者在赛会期间还提供了赛队联络、迎送礼仪、赛事服务、咨询引导等各类志愿服务工作,用自己的实际行动践行着"奉献、友爱、互助、进步"的志愿者精神,用实际行动全力为大赛服务,充分展示了三峡旅游职院青年志愿者的精神风貌以及学院作为此次大赛承办方的热情友爱形象。学院首届湖北省青少年校园足球中学生联赛志愿服务队被共青团湖北省委学校部、湖北省学生联合会秘书处表彰为湖北省2015年"三下乡"优秀团队,8名同学被表彰为湖北省青少年校园足球中学生联赛优秀志愿者。2016年4月27日,学院酒店管理系派出志愿者学生在系部教师的带领下,在宜昌三峡天龙湾国际高尔夫俱乐部为中国业余高尔夫球巡回赛湖北站全程服务。

学院洪秀军院长在湖北省青少年校园足球中学生联赛分区赛开幕式上致辞

学院承办的湖北省青少年校园足球中学生联赛分区赛开幕式现场

五、政策保障

(一)政策引导

1. 宜昌市出台了多项职业教育政策推进职教发展

宜昌市委市政府高度重视职业教育的发展。近年来,宜昌市先后制定了《关于加快建设"宜学之城"的意见》《关于加快发展现代职业技术的实施意见》《宜昌市教育事业"十三五"发展规划》以及《宜昌市职业教育"十三五"发展规划》等一系列文件,强调加快发展宜昌职业教育,构建现代职业教育体系,深入推进产教融合、校企合作,全面提高人才培养质量,推动高等教育突破性发展,着力打造区域性高教中心,突出强调高等职业教育的发展。

2. 宜昌市委市政府领导高度重视学院发展

近年来,宜昌市委市政府高度重视学院的发展,对学院基础设施建设、办学条件建设、师资队伍建设方面提供了大力支持。2016年4月,湖北省委常委、宜昌市委书记黄楚平率领宜昌市各部门领导亲临学院视察,专门研究学院的发展问题。宜昌市委市政府领导多次来学院现场办公,研究和解决学院建设和发展问题。在宜昌市"十三五"事业发展规划中,明确了"大力支持湖北三峡职业技术学院争创全国优质专科高职院校,办好三峡旅游职业技术学院,努力把三峡旅游职业技术学院建设成鄂西生态文化旅游圈和三峡区域的旅游人才培养基地、湖北省新型旅游人才摇篮和鄂西旅游圈科学研究中心",为学院发展提供了良好的支撑和外部环境,促进了学院各项事业的发展。

湖北省前省委常委、常务副省长(时任宜昌市委书记)黄楚平(中)视察学院

3. 学院深入学习贯彻各项政策精神,多措并举推进学院发展

一年来,学院党委认真组织学习宣传贯彻党的三中、四中、五中全会及习近平总书记重要讲话精神,认真学习贯彻落实各级职业教育工作会议精神,研究《国务院关于加快发展现代职业教育的决定》精神以及国家、教育部、湖北省及宜昌市关于高等职业教育的各项政策,认真分析高等职业教育时代特征,紧跟高等职业教育发展形势,科学制定了学院"十三五"事业发展规划、修订完善了学院章程并通过湖北省教育厅核准发布实施,修订完善了学院各项管理制度。加强党的建设,全面推进从严治党向基层延伸,认真履行"一岗双责",开展"两学一做"学习教育;加强履职尽责管理,接受督促检查;开展师德教育月、技能竞赛月、"十星系列文明创建"等活动,在全院形成了争做合格党员、争做优秀教师的勇于负责、敢于担当的干事创业的浓厚氛围,教育教学质量、管理服务效能得到进一步提升。

(二)专项实施

1. 湖北省教育厅对获省级以上技能大赛奖项进行资金奖补

湖北省教育厅为鼓励全省高职院校加强职业技能培养,积极参加职业技能大赛,加强了资金奖励举措。学院按照省厅要求,不断强化技能培养,突出实践技能教学,坚持"以赛促教,以赛促学",深入推进职业技能竞赛专业、学生全覆盖;与此同时进一步完善"以赛代考"的学生考核机制,并积极组织学生参加国家和省市职业技能大赛。2015—2016学年学院组织学生参加省级以上各类职业技能大赛10项次,获得奖项19项次,获奖学生32人次。湖北省教育厅对上学年获得省级以上技能大赛的奖励拨款奖补120万元,用于支持学院各项教学科研活动,有力地促进了学院的办学。

2. 湖北省教育厅对省级特色专业建设进行资助

学院深入贯彻落实国家、湖北省中长期教育改革和发展规划纲要和《湖北省人民政府关于加快建设高教强省提升高校创新与服务能力的意见》(鄂政发〔2012〕77号)的精神,加强省级特色专业建设,全面提高教育质量和水平。2014年,湖北省教育厅认定学院学前教育专业为省级特色专业,2014—2016年湖北省教育厅下拨特色专业补助资金438万元。

3. 宜昌市财政对学院建设进行专项支持

宜昌市人民政府高度重视职业教育发展,投资12.5亿元建成宜昌职业教育园区。2013年1月,学院整体迁入职业教育园区后,宜昌市财政局加大对学院建设的投入,共拨付搬迁经费2887万元、4号学生公寓建设资金1950万元、休闲与服务专业实训基地和空中乘务专业实训中心建设资金400万元,学院基础教育教学设施得到根本改善,教育教学软实力大幅提高。学院2015—2016学年固定资产约5.93亿元。

(三)质量监测与评价

1. 积极实施教学诊断与改进,开展内部质量自主诊改工作

在《教育部办公厅关于建立职业院校教学工作诊断与改进制度的通知》(教职成厅〔2015〕2号)及《湖北省教育厅关于印发〈湖北省高等职业院校内部质量保证体系诊断与改进工作实施方案(试行)〉的通知》(鄂教职成〔2016〕6号)下发以后,学院积极开展研究培训活动,并多次派出人员外出学习,制定了《三峡旅游职业技术学院内部质量保证体系诊断与改进工作实施方案》并上报湖北省教育厅,在日常工作中要求各部门都加强质量意识,质量文化正在逐步树立之中。

2. 每学期开展多方评教工作,加强教师教学工作考核

学院教务处联合科研与督导处,在每学期末组织各系部积极开展多主体全客体的评教工作。其中,评教客体(教师)覆盖面100%;评教主体中,学生评教参与比例100%,同行评教参与比例100%,校领导评教参与比例100%,社会评教参与比例100%。

3. 做好平台数据采集与分析,按时完成有关工作并提供改进信息

学院由教务处牵头负责本学年高等职业院校人才培养工作状态数据采集工作。教务处组织全院各相关部门和人员按照平台部署、业务培训、数据采集、审核整理的工作流程,认真学习和研究数据表格的各项内容和填报要求,并将数据填报工作纳入部门干部履职尽责考核工作之中,切实履行提高教育教学质量的主体责任,确保平台数据及时准确上报。其中,核心指标达标率100%,平台数据置信度100%,平台数据发散度19.5%,平台数据支持度72.1%,案例分析数据值为0的数据项59项,超出置信区间范围的数据0项,与去年比较起伏大于一倍的数据32项,与全国中位数比较数值发散超80%的数据5项,空表数量0项。学院科研与督导处积极组织各部门参与人才培养质量报告的撰写工作,推动了各部门积极诊断与改进,采取科研与督导处牵头、各部门参与、院领导和各部门负责人共同审核的报告撰写机制,确保了按时优质完成人才培养质量报告。

(四)经费投入

1. 生均财政拨款逐年增加

根据财政部、教育部印发的《关于建立完善以改革和绩效为导向的生均拨款制度加快发展现代高等职业教育的意见》,宜昌市建立职业教育生均财政拨款制度,2016年学院生均财政拨款已达到8052.72元,力争到2017年高职院校年生均拨款不低于12000元。

2. 财政投入有效保障了学院发展,学院建设成效显著

学院是宜昌市人民政府主办的全日制普通高等职业学院,属于公益二类事业单位。近年来,宜昌市财政局按照高等学校生均经费政策规定,每年安排人员和日常公用经费1800万元;同时湖北省、宜昌市财政部门加大对学院建设资金的投入,湖北省财政厅、湖北省教育厅已累计下拨438万元用于特色专业建设和生均拨款综合奖补;宜昌市财政局共拨付搬迁经费2887万元、4号学生公寓建设资金1950万元、休闲与服务专业实训基地和空中乘务专业实训中心建设资金400万元,学院教育教学设施建设成效显著,教育教学软实力大幅提高。

六、国际合作

学院国际合作已经启动。2014年秋,学院与新西兰国际高尔夫学院建立联系,经过双方考查磋商,2015年春,双方达成合作办学联合培养高尔夫运动员、教练员合作意向。2015年11月19日,湖北省教育厅正式批准学院与新西兰国际高尔夫学院合作办学项目(湖北省教育厅鄂教审批函〔2015〕8号),双方联合培养休闲服务与管理专业(高尔夫运动员/教练员方向)学生。2016年6月国际合作项目获教育部备案批复,准予招生。这标志着学院国际合作取得零的突破。

典型案例

新西兰国际高尔夫学院院长一行莅临学院洽谈合作办学实施事宜

学院院长洪秀军与新西兰国际高尔夫学院院长签订合作协议

2015年12月3日下午,新西兰国际高尔夫学院院长薛忠雄、新西兰国际高尔夫学院中国办公室执行主任吴冬梅莅临学院洽谈高尔夫专业合作办学具体实施相关事宜。学院中外合作办学的请示于2015年11月19日获得湖北省教育厅正式批准(湖北省教育厅鄂教审批函〔2015〕8号)。薛院长的此次来访,标志着学院与新西兰国际高尔夫学院合作举办休闲服务与管理专业高等专科教育项目进入正式实施阶段。

本次会议双方指定联合办学项目实施协调人,商谈项目实施时间表和任务清单,并就教学设施设备、专业教师培训与提升、教学任务分担方案等事项做了深入洽谈。

七、面临挑战

(一)问题与挑战

1. 学院品牌有待于进一步彰显

学院的办学目标是"省内一流、全国知名"。在发展过程中,由于学院成立时间较短,专业师资队伍和课程资源都在建设过程之中,学院虽然已经在旅游类专业以及学前教育专业上有了一定的社会知名度,但是整体专业建设的成效有待进一步提高,学院整体的社会知名度不够高,有待进一步彰显。

2. "3+2"中高职衔接专业的院校合作有待深化

学院在旅游管理、酒店管理、学前教育、烹调工艺与营养等多个专业开展了"3+2"五年制高职教育,进展基本正常,但在某些方面还有待进一步深化。一是职业教育培养目标有待进一步统一。中职教育的培养目标是培养实用性初级技术型人才,但当前只重视学生实操能力的培训以及未来就业能力的培养,出现轻基础、重专业,轻理论、重实践,轻理解、重操作的现象。而且由于我国中职教育缺乏统一管理,不同类型中职学校的培养目标差异较大,从而导致各中职学校的学制结构、教学内容、教学计划各不相同,难以达成统一的培养目标。同级职业教育培养目标不统一自然导致中职不能与高职的培养目标相衔接,造成中高职衔接的培养目标不连贯。二是课程衔接体系有待进一步形成。中职学校课程主要是基本技能课程的开发与应用,而高职院校课程主要是能力课程的开发创新与实操,所以中职学校的课程体系开发较少考虑学生升学准备的理论知识,中职学生进入高职后无法适应和接受高职课程。而高职院校的课程开发也存在自主开设重叠的知识或技术技能课程等问题。这些课程与中职课程内容重复,甚至名称也一样,重复的教学内容促使学生产生厌学情绪。

3. 学院科技服务社会方面有待加强

学院在职业培训、专家讲座以及建言献策等方面都有一些服务社会的亮点,但是科技服务社会方面非常薄弱,需要加强。学院以旅游类专业和学前教育专业等文科类专业为主,理工农林类专业很少。理工农林类专业科技项目服务社会体现在多年以前曾经通过天麻种植为服务宜昌市农村经济做出了重大贡献,但近几年没有很好的突破。旅游类专业陈江美老师团队在上学年为宜昌市旅游标准化建设做出了重大贡献,并获得了宜昌市旅游局支付的13万元项目经费。这是学院文科类专业近几年服务社会的重大突破,但是科技服务社会方面没有更多更好的表现,有待更大的突破。

4. 国际合作比较薄弱

学院国际合作刚刚起步,合作范围小,项目少。已经启动的与新西兰国际高尔夫学院的合作办学项目存在一定生源困难,从2016年高考录取信息看,录取人数仅为5人,难以开班运行,如何突破生源瓶颈有待进一步探索研究。毕业生海外就业尚未取得突破,国际合作就业市场有待进一步开拓。

(二)对策与展望

1. 加强教学诊断与改进,推进学院品牌建设

学院将以国家和省关于加快发展现代职业教育的决定精神为指导,以《教育部办公厅关于建立职业院校教学工作诊断与改进制度的通知》《高等职业院校内部质量保证体系诊断与改进指导方案(试行)》及《省教育厅关于印发〈湖北省高等职业院校内部质量保证体系诊断与改进工作实施方案(试行)〉的通知》为指南,以完善标准和制度、提高利益相关方对学院人才培养工作的满意度为目标,按照"需求导向、自我保证,多元诊断、重在改进"的工作方针,建立完善常态化的内部质量保证体系和可持续的诊断与改进工作机制,着力进行教学诊断与改进,推进学校、专业、课程、教师和学生五大层面的全面诊改,提升学院内部管理水平和人才培养质量,打造学院品牌。

2. 加强中高职衔接的实践探索,提高中职生升学积极性

中高职衔接教育形式将是学院发展的一个重点,必须加强中高职衔接的实践探索,寻求有效的教育举措。一是打破长学制与学业灵活选择的矛盾。"3+2"的招生对象是初中毕业生,其价值观、职业观尚不稳定成熟,衔接培养过早限定了学生的专业选择,而较长的学制也容易导致学生的学习倦怠。探索"3+2"学制招生采用专业大类招生的方式,在中职阶段以职业认知教育和职业基础教育为主,在高职阶段以专业技能教育和职业素养教育为主,辅以灵活学制、半工半读、工学结合、方向调整等灵活机制,让学生在实践中去体验职业乐趣和专业成就。二是打破资源共享与院校壁垒的矛盾。注重"3+2"中高职人才培养目标的层次定位和课程体系的衔接,包括专业设置、培养目标、课程设置和教学内容等之间的衔接。探索教学资源共享、教学方法共享、教学内容共享的中高职衔接机制。三是打破自由报考和对口报考的矛盾。深入探索"3+2"中高职衔接交流活动,包括教学情况、生活情况、安全情况、文化情况,在交流过程中,学生可以体验高职的一天,增加学生对高职阶段升学的认同感。探索引入中高职双班主任制度,通过共同教育、全程跟踪、合理引导等方式,达到中高职无缝衔接的目的。

3. 注重激励引导,不断提升学院教师科技服务社会的能力和态度

要改变学院科技服务社会成效不大的情况,学院可采取多种措施。首先,学院要重视科技服务社会对提升办学实力和塑造学院品牌的重要意义;其次,要制定鼓励各专业教师走出校园积极服务社会的激励机制,让教师们主动承接社会上的服务项目,把教师服务社会作为工作考核和评先表优的重要方面;最后,要鼓励教师们走出去学习,同时请专家来校培养教师们科技服务社会的能力。

4. 继续探索国际合作新路径,力争获得突破

学院将依托学院的办学设施设备条件,进一步探寻国际合作之路。一是进一步拓展国际合作办学渠道,力争在旅游、学前教育等学院特色优势专业开辟合作办学渠道;二是积极探索研究国际合作办学生源组织工作,突破生源瓶颈,争取已经获批合作项目正常运行;三是力争从学生就业方面打开国际市场,增强学院的国际影响力。

第二部分

继往开来谋发展　砥砺奋进促跨越

（2016—2017 学年）

三峡旅游职业技术学院 2016—2017 学年发展概述

2016—2017 学年，学院全面贯彻党的十八大，十八届三中、四中、五中全会精神，深入学习贯彻习近平总书记系列重要讲话精神，始终坚持"四个全面"战略布局，认真贯彻落实全国、省、市职业教育会议精神，积极研究高职教育发展形势，不断深化教育教学改革，不断改善办学条件，办学质量与效益显著提升。

本学年，学院被评为市级"文明单位""社会治安综合治理优胜单位""党建工作先进单位""平安校园"；2017 年学院党委被评为宜昌市教育系统"红旗党委"；2017 年 3 月，学院被宜昌市非物质文化遗产保护中心和宜昌民间文艺家协会先后授予"宜昌市非物质文化遗产保护传承示范基地""宜昌民间文艺传习基地"。

学生发展方面，一是全面开展新生入学教育，大力推进综合素质教育，重视赛训，突出能力培养，实施奖学金、助学金保障学生发展，提升了学生在校体验；二是积极开展就业指导服务工作，稳步提升毕业学生就业质量；三是学生毕业三年后的月收入、职位晋升及工作稳定性等职业发展情况都表现较好；四是大力推进创新创业工作，双创教育取得明显实效。

教学改革方面，一是强化专业内涵建设，打造特色品牌专业；二是不断改进人才培养模式，推进产教深度融合；三是加强培训与推优示范相结合，强化教师队伍建设；四是继续建设校内外实训基地，完善学生实训条件；五是坚持立德树人根本宗旨，创新思想政治教育教学工作；六是实施创新发展行动计划，不断提升教育教学工作质量；七是信息技术应用逐步推广，提高学院管理效率和课堂教学信息技术的应用。

服务贡献方面，积极参与扶贫工作；学生志愿者服务社会活动多姿多彩，承办多项大型活动；积极为宜昌经济社会发展建言献策，面向社会广泛开展科技咨询；开展多种社会培训，学生就业适应社会人才需求。

政策保障方面，一是学院发展得到省市领导高度重视，多项职业教育政策推进宜昌市职教发展；二是湖北省教育厅对省级以上技能大赛和省级特色品牌专业建设以及学院其他发展建设继续进行资助；三是强化学院质量主体意识，积极实施教学诊断与改进，做好平台数据采集分析和质量报告撰写工作，加强质量保障；四是保障高职学生生均财政拨款政策落实到位，财政投入有效保障学院发展。

问题与挑战方面，办学体制机制不够高效，混合生源教育管理难度大，校园信息化建设有些滞后，国际合作推进困难，学生心理健康工作难度较大。从对策来看，一是深化体制机制改革，不断增强办学活力；二是进一步深化教育教学改革，对混合生源做好衔接融合和因材施教工作；三是多方筹措资源，推进校园信息化建设；四是寻求国际合作新机遇，力争突破；五是加强心理健康教育和问题预防，确保学生健康发展。

第二部分 继往开来谋发展 砥砺奋进促跨越(2016—2017学年)

一、学院概况

三峡旅游职业技术学院是经湖北省人民政府批准,宜昌市人民政府主办的全省唯一一所以"旅游"命名的高职院校,2009年4月获教育部批准备案为全日制综合类普通高职院校。学院前身为1978年成立的宜昌教育学院,办学历史较为悠久。学院位于湖北省宜昌市职教园,占地面积32.33万平方米,建筑面积12.13万平方米,固定资产6亿多元。学院有教职工190人,全日制普通高职在校生2062人,全日制五年制前三年在校生732人,非全日制本科学历教育注册生607人,专科函授生64人。

学院秉承"砺志明德、笃学躬行"的校训和"以人为本、依法治校、质量为先、特色立校"的办学理念,坚持以高职教育(含五年一贯制、"3+2"中高职三二分段制)为主体、成人教育为补充,学历教育与职业培训并举的办学格局;立足鄂西圈,服务大三峡,面向中西部,辐射全中国,培养以旅游类、学前教育专业为特色,以航空类、商贸类、管理类及信息类专业为补充的技术技能型人才。学院设有旅游管理系、酒店管理系、学前教育系、经济管理系、思政课部、新叶学院等教学业务机构,开设了以旅游类专业、学前教育专业为主导,计算机、民航运输、会计电算化等专业为补充的40个专业(含专业方向),专业结构基本涵盖了旅游产业链各主要领域,学院已跨入全国旅游类专业最为齐全的院校之列。学院有中央财政支持资助的专业两个(导游和酒店管理专业)、实训基地1个(旅游管理专业实训基地),省级品牌专业1个(旅游管理专业),省级特色专业1个(学前教育专业),全国现代学徒制试点专业1个(烹调工艺与营养专业),省级技能名师工作室1个(烹调工艺与营养专业工作室),省级校外实训基地1个(长江三峡旅游发展有限责任公司),与中华职教社合作共建专业一个(学前教育专业)。办学涵盖普通高职教育、成人教育、短期职业培训等领域。

学院为宜昌市普通话培训测试中心、市未成年人心理健康辅导站,此外,市三峡茶文化研究会、市心理学会、市三峡旅游研究所、市心理研究所等挂靠学院。学院还是宜昌市幼儿园教师培训基地、市职业资格培训鉴定基地。2016年,学院被评为市级"文明单位""社会治安综合治理优胜单位""党建工作先进单位""平安校园";2017年,学院被评为宜昌市教育系统"红旗党委";2017年3月,学院被宜昌市非物质文化遗产保护中心和宜昌民间文艺家协会先后授予"宜昌市非物质文化遗产保护传承示范基地""宜昌民间文艺传习基地"。

2016—2017学年(第二部分中的"本学年"指2016—2017学年),学院高度重视党建和大学生思想政治工作,认真贯彻落实习近平总书记在全国高校思想政治工作座谈会上的重要讲话精神;贯彻落实全国、湖北省职业教育会议精神以及国务院、教育部关于高等职业教育决策部署;积极研究高职教育发展形势,理清发展思路,明确发展定位;主动适应市场需求,抢抓发展机遇,不断优化专业结构,全面开展教学诊断与改进工作,大力参与高等职业教育创新发展行动计划,积极开展校企合作,全面提高教育质量。学院坚持走"规模、结构、质量、效益"相协调可持续的内涵式发展道路,不断改善办学条件,凝练办学特色,提升办学实力,除生均年进书量外,各项办学指标均达到高等职业教育评估要求,见下表。

诊改核心指标一览表

序号	指标名称	本院数据	全国示范院校中位数	国家骨干及省示范院校中位数	同类中位数	省中位数	全国中位数	合格指标
1	生师比	13.74	15.25	15.43	15.23	16.15	15.30	18.00
2	具有研究生学位教师占专任教师的比例/(%)	40.43	63.81	57.40	44.13	42.57	49.07	15.00
3	生均教学行政用房/(平方米/生)	32.06	17.11	17.57	17.83	18.64	18.17	14.00
4	生均教学科研仪器设备值/(元/生)	9970.99	12870.91	9903.66	9119.46	7903.06	9282.48	4000.00
5	生均图书/(册/生)	103.99	74.26	74.83	84.76	70.26	79.86	80.00
6	具有高级职称教师占专任教师的比例/(%)	32.98	34.93	31.81	27.11	28.28	28.68	20.00
7	生均占地面积/(平方米/生)	156.81	62.51	63.73	70.07	59.40	67.83	54.00
8	生均宿舍面积/(平方米/生)	23.00	8.05	7.89	8.86	8.97	8.60	6.50
9	生均实践场所/(平方米/生)	19.71	8.49	8.48	6.99	8.35	8.32	5.30
10	百名学生配教学用计算机数/台	32.20	32.56	26.39	25.97	22.89	25.42	8.00
11	新增科研仪器设备所占比例/(%)	12.15	11.97	11.29	11.93	10.50	11.53	10.00
12	生均年进书量/册	0.48	2.87	3.01	3.31	2.15	3.09	3.00

二、学生发展

(一)在校体验

1. 全面开展新生入学教育

新生入学教育是学生迈进大学的第一堂课。这堂课的目的在于给予新生及时、科学的学习和生活指导,使他们尽快地熟悉、适应大学生活,完成从高中生到大学生的角色转变,开启大学学习和生活的良好开端,为日后的成长、成才打下坚实的基础。学院主要从以下方面来进行入学教育:

一是加强纪律观念教育。新生一入校,学院就从各个方面严格要求,让学生从进入校门的第一天起就形成自觉遵守校规校纪的良好意识。以班级为单位组织新生认真学习《三峡旅游职业技术学院学生手册》和有关校纪校规,让每位新生明确怎么做才符合一名合格大学生的要求,增强他们主动选择正确行为的自觉性,使个别纪律观念差、自律自制能力不强的学生也能够在群体学习中接受健康的道德熏陶,增强纪律观念。

二是开展入学适应教育和心理健康普查。学院关爱新生刚入学时的心理状态,注重入校后对全体新生做好入学适应心理辅导和心理普查,并为每一个新生建立心理健康档案。对有心理疾患和心理障碍的学生以及贫困生、孤儿、单亲家庭的学生予以特别的关注,了解学生的困惑和难题,及时疏导沟通,发现他们存在心理问题时,及时通知辅导员或心理辅导老师与其沟通。

三是开展安全教育。现在的社会环境中不良诱惑非常多,学院注重防微杜渐,加强新生安全意识和安全技能的培训,包括生活安全教育、财物安全教育、人身安全教育、禁毒教育以及消防安全教育,等等。

2. 大力推进综合素质教育

一是注重学生心理健康素质的培育,大力开展心理健康教育和心理辅导。心理健康是学生搞好学习和生活的前提条件,学院除在大学一年级开设《大学生心理健康教育》课程外,大学生心理健康辅导中心还对学生开展专业的心理咨询和多种教育活动,这些工作都极大促进了全院学生心理的健康发展。学院心理中心现有专职工作人员2名、兼职心理教师20名,工作场地面积400余平方米,设有心理接待室、心理咨询室、心理放松室、智能宣泄室、团体活动室、心理测试室等八间功能室,基本上能满足全院心理健康教育工作的实际需要。本学年,心理中心本着"面向全体大学生、服务全体大学生"的宗旨,遵循"尊重、共情、互助、保密"的原则,构建了"学院—系部—班级—宿舍—朋辈"的五级心理健康教育工作网络体系,细化常规管理,关注过程,寓心理健康教育于丰富多彩的活动之中,充分体现大学生自主、互助的意愿和精神,全力打造暖心工程,促进学生和谐发展。本学年开展的大型心理健康教育活动包括:"3·25(善爱我)"以"你的爱让我的生命复苏"为主题的关爱流浪动物活动、以"勿忘初心·方得始终"为主题的第四届心理健康手抄报大赛、首届大学生跳蚤市场活动、联合宜昌城区各高校开展的以母爱为主题的母亲节街访活动、为心理委员开展基本理论与活动方法的团体辅导、五月心理健康教育月活动等。

典型案例

丰富多彩的心理健康教育月活动

微改革"我健康 我快乐"心理关爱行动和五月心理健康教育月活动,在2016年四月中旬同步启动,五月底结束,先后开展了温馨祝福送达、户外心理游戏、心理漫画展览、心理励志电影展播、心理书籍推荐阅读、心理专题广播、心理知识专题讲座、现场心理咨询、心理情景剧、心理年度表彰等"十个一"系列活动。其中,心理情景剧表演是重头戏,主题是"我健康 我快乐"。

二是注重学生个性特长及社会公民素养的培养,大力开展社团活动。本学年在院团学会社团部登记注册学生社团18个,包括汉服社、拉丁舞社、吉他社、动漫社、心理协会、礼仪队、茶艺社、美食协会、羽乒协会、足球社、篮球社、大学生艺术团、韩舞社、美术社、演讲与辩论社、滑板社、通讯社等,种类多样,活动丰富多彩。过去的一学年中,各社团坚持每周开展1—2次活动,参加各类培训30次以上。各社团都能够自发组织活动,充分调动成员的积极性。多样的社团活动给校园营造了健康向上的校园文化氛围,传播正能量,极大丰富了学生业余生活,促进了学生个性特长和综合素质的发展。

三是大力开展志愿者服务社会活动,培育学生奉献精神。学院积极组织志愿者参与宜昌创建全国文明城市活动、无偿献血活动、宜昌国际马拉松比赛啦啦操活动、关爱福利

校园心理情景剧演出

第四届心理健康手抄报大赛部分作品

院老人和儿童活动,等等,学生的奉献精神和综合素质得到了极大的提高。2017年有近600名学生新注册成为青年志愿者,志愿者成为新时期播撒文明、弘扬新风的带头者。学院有90名学生被表彰为2017年第八届中国长江三峡国际旅游节开幕式优秀志愿者,18名学生被表彰为2017年湖北省青少年校园足球中学生锦标赛(宜昌赛区)优秀志愿者。

学生志愿者在宜昌东站开展志愿服务活动

学生志愿者参加宜昌国际
马拉松比赛啦啦操表演后合影

典型案例

三峡旅游职院志愿者队伍参与第八届中国
长江三峡国际旅游节开幕式

2017年7月4日上午,由湖北省人民政府和重庆市人民政府主办,湖北省旅游发展委员会、重庆市文化和旅游发展委员会、宜昌市人民政府承办的第八届中国长江三峡国际旅游节在地处"两坝一峡"的国家5A级旅游景区——宜昌三峡人家风景区盛大启幕。7月2日至3日,由共青团宜昌市委组织招募的850余名志愿者,每天上午九点到下午五点在三峡人家巴王寨景区进行紧张排练,学院团委组建了90人的志愿者队伍参与此次活动。(左图为学院学生志愿者队伍参与第八届中国长江三峡国际旅游节开幕式后合影)

参与表演的演员身着厚重的土家族服装,顶着烈日重复舞蹈动作。而分散在青山绿水

第八届中国长江三峡国际旅游节

间,作为"绿叶"参演的850名志愿者也根据指令不断调整走位。

在为期两天的紧张排练中,志愿者和演员已然成为一个演出整体,在长达5个多小时的带妆彩排中,完成了开幕式的9个环节6个原创节目。身处烈日之下,为了表演的完美性,志愿者们认真听从现场安排和调度,敬业精神令人感动,点点滴滴,诠释了宜昌青年的"最美志愿服务",用行动为第八届中国长江三峡国际旅游节代言。

尽管服务工作时间长、强度大,恰逢酷暑高温的假期,但志愿者们任劳任怨、时刻保持微笑。志愿者们用自己的实际行动践行着他们最初加入志愿者队伍时的誓言,用实际行动全力为大赛服务,更用最美的微笑诠释着"奉献、友爱、互助、进步"的志愿者精神,充分展示了三峡旅游职院青年志愿者的精神风貌。

3. 重视赛训,突出能力培养

学院一贯重视学生职业能力的培养,不断深化产教融合协同育人机制,在专业特色建设和内涵发展上精准发力,持续推进教学训赛一体化的教学改革,重点培养学生的职业素养、实践技能和创新意识,在质量提升和创新发展中取得了丰硕成果。2016年9月至2017年9月,学院选派学生参加国家级、省级等各类职业技能大赛,成绩优异。在全国比赛中,共有6人获二等奖、1人获三等奖;在省级比赛中,共有3人获一等奖、3人获二等奖、14人获三等奖;在市级比赛中,共有1人获一等奖、3人获三等奖。见下表。

2016—2017学年学生技能大赛获奖情况一览表

序号	赛项名称	赛项级别	获奖时间	获奖学生
1	2017年全国职业院校技能大赛(高职组)中餐主题宴会设计比赛团体二等奖	国家级(团体)	2017年5月	毛张旭、黄家堞、任聪
2	"巽震杯"第九届全国旅游院校服务技能(饭店服务)大赛高校组中餐宴会摆台项目二等奖	国家级(个人)	2017年5月	黄文琴
3	"巽震杯"第九届全国旅游院校服务技能(饭店服务)大赛中式铺床二等奖	国家级(个人)	2017年5月	游明杰
4	"巽震杯"第九届全国旅游院校服务技能(饭店服务)大赛西式宴会摆台二等奖	国家级(个人)	2017年5月	邓佳欣
5	2017年全国旅游院校技能大赛鸡尾酒调制赛项三等奖	国家级(个人)	2017年5月	田辉
6	2016年湖北省会计职业技能大赛高职组选派组三等奖	省级(团体)	2016年11月	胡烦凡、赵彩凤、唐佳欣、杨雪娇
7	2016年湖北省会计职业技能大赛高职组抽选组三等奖	省级(团体)	2016年11月	甘红宇、夏文才、张映册、文慧
8	第二届中国"互联网+"大学生创新创业大赛湖北省省赛铜奖	省级(团体)	2016年12月	高薇薇、朱德梦、杨凯、

续表

序号	赛项名称	赛项级别	获奖时间	获奖学生
9	2016年湖北省职业院校技能大赛(高职组)导游服务赛项普通话组一等奖	省级(个人)	2016年11月	彭鑫
10	2016年湖北省职业院校技能大赛(高职组)导游服务赛项英语组一等奖	省级(个人)	2016年11月	袁秀
11	2016年湖北省职业院校技能大赛(高职组)西式宴会服务赛项一等奖	省级(个人)	2016年11月	邓佳欣
12	2016年湖北省职业院校技能大赛(高职组)导游服务赛项普通话组二等奖	省级(个人)	2016年11月	孙梦婷
13	2016年湖北省职业院校技能大赛(高职组)导游服务赛项英语组二等奖	省级(个人)	2016年11月	魏云丝
14	2016年中国技能大赛——湖北省第八届茶业职业技能大赛茶艺师项目个人赛银奖	省级(个人)	2016年11月	杨燚
15	2016年湖北省职业院校技能大赛(高职组)西式宴会服务赛项三等奖	省级(个人)	2016年11月	陶林芳
16	2016年中国技能大赛——湖北省第五届职业技能状元大赛暨第二届技工院校技能大赛调酒师赛项三等奖	省级(个人)	2016年11月	闵磊
17	2016年中国技能大赛——湖北省第五届职业技能状元大赛暨第二届技工院校技能大赛调酒师赛项三等奖	省级(个人)	2016年11月	田辉
18	2017年宜昌市中等职业学校技能大赛(才艺)职业英语技能项目三等奖	市级(团体)	2017年5月	张超超、闫彤彤
19	2017年宜昌市中等职业学校技能大赛(才艺)语言技能一等奖	市级(个人)	2017年5月	席庆慧
20	2017年宜昌市中等职业学校技能大赛(才艺)美术技能三等奖	市级(个人)	2017年5月	胡元元

学院在人才培养过程中积极推行多证就业工作,加强与劳动保障、人力资源、技术监督部门沟通合作,组织学生参加国家人力资源部门认可的各级各类职业资格培训和考试。学院推行学生在取得学历证书的同时获得相关的职业资格证书的方针,把职业资格证书所要求的教学技能和内容纳入教学计划中,进行常规的训练和考核。学院引导鼓励学生考取相关职业资格证书,为社会培养合格技能型人才,提高毕业生就业竞争力。学生在毕

业时,可考取校外鉴定颁发的计算机等级证、英语等级证、幼师资格证、会计从业资格证、导游资格证等和校内鉴定颁发的普通话等级证、公共营养师等级证、中式烹调师等级证、中式面点师等级证、保育员资格证、育婴师资格证、茶艺师等级证等,总体通过率90%以上。

典型案例

三峡旅游职院学子荣获2017年全国中餐主题
宴会设计赛项二等奖

2017年5月21日,由教育部主办的2017年全国职业院校技能大赛(高职组)中餐主题宴会设计赛项在青岛酒店管理技术学院落下帷幕。学院作为湖北省选派的三名代表队之一,由酒店管理系毛张旭、任聪、黄家琛3位同学组成代表队,他们在全国83个院校中表现出色,喜获团体二等奖。

近年来,学院酒店管理系以职业技能大赛为抓手,建立技能大赛常态化工作机制,坚持"以赛促教、以赛促学、以赛促改",创新人才培养模式,深化产教融合和校企合作,加强现代学徒制试点,强化校内外实训基地建设,着力打造"双师型"教师团队,深入探究职业教育内涵发展,教育教学质量不断提升,在各级各类技能大赛中均获得了骄人成绩。(右图为学院荣获2017年全国"中餐主题宴会设计"赛项二等奖的学生和指导老师赛场合影)

学生参与2017年全国
职业院校技能大赛(高职组)

三峡旅游职院每年开展多项职业技能鉴定工作

学院是具有中式烹调师、中式面点师、高级育婴师、高级保育员、中级茶艺师等多项职业技能鉴定资格的学校,每年都开展多项职业技能鉴定工作。结合学院旅游类及学前教育专业优势,学院加大了相关职业技能的鉴定工作力度,并且认真把好关,让鉴定考试更规范更合理。在省市职业技能鉴定中心的指导下,学院认真完成了每一次鉴定考试考务工作。

学院每年有600多名学生参加学院举行的多种职业技能鉴定考试,并积极组团参加全省乃至全国职业技能大赛,充分展示了学院技术技能人才的风采。学院职业技能鉴定活动进入了稳定开展的阶段,"劳动光荣、技能宝贵、创造伟大"的校园氛围日益浓厚,"工匠精神"渐入人心。

学院进行中式烹调师　　　　　　学院进行高级保育员
职业技能鉴定实操考核现场　　　　职业技能鉴定实操考核现场

4. 实施奖助保障学生发展

为了贯彻落实党中央、国务院关于保障贫困学生努力学习、健康成长的精神，学院在对学生的资助工作中始终坚持"公平、公正、公开"原则，积极贯彻执行国家政策，从生源地助学贷款、勤工助学、应征入伍士兵学费补偿、退役士兵学费资助、国家奖助学金以及学费减免等多方面认真落实资助到位。从解决贫困生的实际问题出发，逐步建立起比较完善的"奖、助、贷、补、减、缓"和"绿色通道"的贫困生资助体系，有效缓解贫困生的学习和生活压力，解除贫困生的后顾之忧，帮助贫困生树立起自立自强、诚信处事的观念，帮助大学生丢掉贫困带来的思想包袱，轻装上阵，勤奋学习，努力上进，并切身感受党和国家的关心、学校和社会的关爱，愉快学习、全面发展。学院对贫困生资助工作采取了多种工作举措，一是注重新生入学教育工作，通过专题讲座、座谈等形式介绍学院情况和奖助贷政策；二是印制、分发资助政策手册，全面讲解资助政策，介绍最新资助动态；三是召开学院学工人员会议，具体安排部署学生资助工作，确保落到实处；四是每年的10月上旬，完成新学年的贫困生建档工作；五是通过民主评议和老师推荐相结合的模式，对班级内学生的困难情况进行评议、认定、分档，然后由各系级领导小组进行复审，公示确定无误后，交由学生资助管理中心归档。

典型案例

资助让学生学会感恩，回报社会

2016年学院受资助的学生之一姜雅倩同学出生在甘肃庆阳一个极其普通的农村家庭，父亲经营一家小药店，母亲在家务农，以及做一点零工来支撑家庭经济来源。但在2015年冬天母亲因为打零工时机器故障导致右手残疾，大额的手术治疗费用让本就经济条件就比较差的家庭陷入了更大的困境。还好有国家助学贷款撑起了她的学费，才得以读上了大学，她非常感谢国家的奖助学金给予及时的帮助，让家里不用在这么困难的情况下还要担心她的生活费用。她说："我的家庭可能没有给予我殷实的财富，但却给予了我承担责任的勇气，以及面对困难挫折不放弃、不畏惧的无畏之心。"

所以，姜雅倩同学感谢学院，她在学习专业知识的同时也培养了学习兴趣和社会责任感，在专业知识方面也取得了较好的成绩。她表示会不断地用所学的知识来回馈父母、服务社会，将来会用得到的成绩报答父母、社会和国家。

对学生来说，国家资助不仅是一种帮扶，更是寄托了党和国家对广大学生的殷切期望，更重要的是让学生学会感恩，回报社会。

（二）就业质量

1. 积极开展就业指导服务工作

学院招生就业处联系各系（院）及相关部门，通过积极拓展就业市场、开展多元化就业教育活动和举办多种形式的招聘活动等形式积极开展就业指导服务工作。学院设立了毕业生就业创业领导小组和各系（院）的就业创业工作专班，学院主要领导和分管领导带队联系相关行业和就业单位，招就处与教务处及各系（院）合作共同开拓和维护就业市场。学院在就业管理和就业创业工作中的经费和其他支持逐年提高。2017年9月经湖北省就业中心核查，学院2017届毕业生就业率达93.29%，人均月收入3267元。

在就业工作中，一方面要重视学生利益，重视其需求和对一些问题与困惑的解答；另一方面要注重对学生未来发展和职业生涯方面的引导和教育,增强服务意识,对如何求职和择业,如何进行职业生涯规划以及推动企业走进来、学生走出去多想办法,多找出路,以促进毕业生更好地就业。学院建立了用人单位和校友联系信息库,加强联系,及时掌握就业需求。充分调动行业、校友、科研和相关行业企业等优势资源,全员参与,全方位宣传学院,推荐毕业生。通过学院就业网、就业群等发布就业信息并结合91智能化就业平台,及时发布国家就业创业政策、就业招聘信息,解读就业创业政策,公布就业手续办理流程,做好人才培养适应就业,加强考证培训课等手段来推动就业,诚信教育保障就业,努力拓宽就业渠道,提高就业竞争力,实现就业最大化。

学院2017届就业创业工作促进会

航空公司来学院招聘乘务员现场

2. 稳步提升毕业学生就业质量

多年来,学院重视对历届毕业生进行择业意向调查,对用人单位用人取向和用人变化进行调查。并对各专业的毕业生进行了电话回访和问卷调查,收集用人单位对录用毕业生的满意度反馈意见。有针对性地开展就业宣传和就业指导,较好地服务于学生就业。

(1)毕业生就业率。

经过数据统计和整理,2017年学院毕业生就业率约93.29%,其中,本市就业率约25.58%,本省就业率约71.67%,对口率约59.2%,人均月收入约3267元。各专业具体就业情况如下表:

2017届毕业生就业情况一览表

序号	专业名称	毕业生数/人	毕业生就业情况									起薪线/元
			截至9月1日就业									
			就业数/人	就业率/(%)	本市		本省		本区域		其他		
					就业数/人	就业占比/(%)	就业数/人	就业占比/(%)	就业数/人	就业占比/(%)	就业数/人	就业占比/(%)	
1	旅游管理	153	138	90.20	40	28.99	103	74.64	108	78.26	30	21.74	3265
2	导游	36	36	100	12	33.33	26	72.22	28	77.78	8	22.22	3775
3	旅行社经营管理	2	2	100	1	50	2	100	2	100	0	0	3900
4	景区开发与管理	1	1	100	0	0	1	100	1	100	0	0	3200
5	旅游英语	9	9	100	3	33.33	7	77.77	7	77.78	2	22.22	3533

续表

序号	专业名称	毕业生数/人	毕业生就业情况									起薪线/元
			截至9月1日就业									
			就业数/人	就业率/(%)	本市		本省		本区域		其他		
					就业数/人	就业占比/(%)	就业数/人	就业占比/(%)	就业数/人	就业占比/(%)	就业数/人	就业占比/(%)	
6	园林技术	16	16	100	5	31.25	13	81.25	14	87.5	2	12.5	2856
7	计算机应用技术	11	11	100	2	18.18	9	81.82	9	81.82	2	18.18	2670
8	会计	32	30	93.75	9	30	23	76.67	23	76.67	7	23.33	2966
9	市场营销	15	14	93.33	1	7.14	8	57.14	9	64.29	5	35.71	3414
10	文秘	1	1	100	0	0	0	0	0	0	1	100	3300
11	空中乘务	34	30	88.24	12	40	20	66.67	20	66.67	10	33.33	3793
12	酒店管理	44	40	90.91	6	15	26	65	26	65	14	35	2926
13	休闲服务与管理	11	10	90.91	2	20	7	70	8	80	2	20	3430
14	烹调工艺与营养	37	34	91.89	9	26.47	20	58.82	20	58.82	14	41.18	3300
15	会展策划与管理	27	26	96.30	2	7.69	15	57.69	16	61.54	10	38.46	3292
16	学前教育	78	75	96.15	17	22.67	59	78.67	60	80	15	20	2650

(2)毕业生就业月收入情况。

在2017年9月对2017届毕业生薪资水平的调查后统计得出,学院毕业生就业转正后收入每月在4000元以上的比例是19.52%;在3001—4000元的比例为37.81%;还有38.47%的学生介于2001—3000元;仍有4.2%的学生刚开始工作的收入为2000元及以下。毕业生月收入状况为人均月收入约3267元,较往年有一定程度的增长,与社会用工缺口大和社会第三产业的发展以及企业对人力资源以及社保待遇的提高有一定关系。学院应加大对毕业生技能的培养和职业能力的提升,在毕业生毕业证和各行业从业资格证的双证比例提高的情况下,学生的收入和职业发展都会有更好的结果呈现。在校时重视学生对职业规划方面的教育,可以有效促进毕业生就业能力提升和职业生涯的发展。

(3)毕业生就业的专业相关度。

在对学院2017届毕业生有关专业相关度的调查和统计中发现,毕业生的就业岗位与所学专业"相关"的比例统计是73.67%,其中,选择与专业对口就业的比例是59.2%。此外,14.47%的学生认为自己的工作与专业"基本相关";仍有10.41%的学生认为自己的工作与专业"不相关";还有1.45%的学生未提交问卷。在调查阶段发现,毕业生选择与专业不相关的工作是因为"专业工作待遇和收入不符合自己的职业期待",或者"与专业相关的工作太枯燥或无发展前途"。因学院自身专业设置和学院办学特色的影响,在学院毕业生的专业相关度调查中,就业单位和岗位与专业相关度较高,学生普遍反映个人专业技能与择业和就业以及之后的职业选择存在密切联系。具备一定职业技能或者职业认知度较高的学生普遍会选择与专业相关的工作,应当大力促进学院人才培养方案和就业与社会需求的相关性更加融合,以产促教,以产带学。

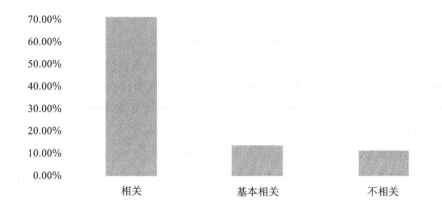

2017届毕业生工作与专业相关度统计分析构成

2017年应届毕业生就业对口率

序号	专业名称	毕业生数/人	毕业生就业情况			
			截至9月1日就业		对口就业	
			就业数/人	就业率/(%)	就业数/人	对口率/(%)
1	旅游管理	153	138	90.20	60	43.48
2	导游	36	36	100	22	61.11
3	旅行社经营管理	2	2	100	2	100
4	景区开发与管理	1	1	100	0	0
5	旅游英语	9	9	100	2	22.22
6	园林技术	16	16	100	8	50
7	计算机应用技术	11	11	100	8	72.73
8	会计	32	30	93.75	26	86.67
9	市场营销	15	14	93.33	11	78.57
10	文秘	1	1	100	1	100
11	空中乘务	34	30	88.24	9	30
12	酒店管理	44	40	90.91	17	42.5
13	休闲服务与管理	11	10	90.91	5	50
14	烹调工艺与营养	37	34	91.89	29	85.29
15	会展策划与管理	27	26	96.30	20	76.92
16	学前教育	78	75	96.15	60	80

备注:对口率=对口就业数/就业数

(4)毕业生就业满意度。

招就处对2017届学院毕业生有关就业现状满意度的调查和统计发现,学院毕业生自我感觉对工作非常满意的比例约17.23%;约64.47%的毕业生选择比较满意;约13.16%的毕业生的满意态度一般;仅有约5.14%的毕业生对工作不满意。

(三)职业发展

1. 毕业三年后月收入情况

在对毕业三年后学生薪资水平的调查中发现,毕业生在工作中的收入普遍有40%—50%的增长,毕业生收入状况一般介于税后4000—6000元。毕业生收入状况的提升与毕业生个人岗位以及所在行业的发展有一定联系,主要还是学生社会适应能力和个人专业技能的提升所致。学院应加大对毕业生职业发展和个人人生职业规划方面的教育,促进毕业生离校后个人的职业规划和职业生涯的发展。

2. 毕业三年后职位晋升情况

针对毕业生就业用人单位开展的毕业生质量调查显示,毕业生毕业三年后职位晋升的比例为34.7%。如学院2011届毕业生雷岗华,现在已经成长为国家高级导游;2012届毕业生李贝、梁娇娇,2013届毕业生陈燕、汪艳茹等学生现在都已经成长为所在旅游公司的资深导游和管理人员。在各项评价指标中,用人单位对学院毕业生职位晋升的总体衡量标准包括学院人才和专业技能培养、学生的动手能力、创新意识、专业技能、适应能力、思想道德修养、社会公德与职业道德、实践能力、敬业精神和工作态度、服从工作需要和组织安排10个方面,对学生的创新能力、外语能力、专业技能、计算机能力、协作及语言表达能力、组织管理能力、诚信、自我获取知识能力、心理承受与社会适应能力、团队意识10个方面的满意和非常满意比例达到85%及以上。

典型案例

记优秀毕业生李贝的快速成长之路

李贝是学院旅游管理系旅行社经营管理专业2015届毕业生,学习旅游专业做一名优秀的导游员是她的梦想。李贝2014年进入大三,在学院招就处安排的招聘会上,她和几个同学一起进入了宜昌交运集团股份有限公司,选择游轮旅游部门乘务员岗位进行顶岗实习,毕业之后留在了交运集团从事乘务员工作。在带团期间她以独特的讲解风格和全心全意为客人着想的服务理念,深得游客喜爱,并在2017年3月通过交运集团内部竞职,成功晋升为领班。在2017年的内部竞聘中,李贝晋升为内务主管(副经理),具体负责游船的内务、销售、游船财产、库存、报表分析等工作,并对员工进行安全知识培训,对游轮、景区等安全设施严格检查,发现问题及时处理,预防突发事件。因工作认真,表现突出,李贝两次被公司评选为年度先进个人和优秀工作者。

3. 工作稳定性情况

从对毕业三年后毕业生的调查看,企业单位对学院毕业三年后学生的工作稳定度的调查和结果统计表明,学院毕业生工作稳定(在同单位工作满两年)的比例是42%。对毕业生和企业的调查显示,毕业生工作稳定度较主要、较相关的影响因素是企业单位的薪资待遇和毕业生对未来职业发展的考虑等,同时还有几个因素,比如毕业生的专业技能和个人素质、学习和创新能力等。工作稳定度高的毕业生通常都具备工作认真负责、勤奋务实的共性。当然,还有企业和发展得不错的毕业生认为独立解决问题的能力和组织、沟通、协调的领导能力也很重要。

(四)创新创业

1. 创新教育

自首届中国"互联网+"大学生创新创业大赛成功举办以来,学院积极贯彻落实国家大学生创新创业教育要求,高度重视"互联网+"大学生创新创业大赛参赛工作,教务、就业、学工和各教学单位通力合作,通过大赛推进创新创业教育改革,提高大学生创新创业意识,激发大学生创业激情,夯实创新创业教育基础,双创教育活动覆盖每个个体,双创教育取得明显实效。学院将继续以参加"互联网+"大学生创新创业大赛作为契机,以赛促学,以赛促练,不断改进创新创业教育工作,健全创新创业教育体系,更加主动地服务经济社会发展的需求,加快培养"互联网+"相关领域急需的应用型、复合型创新创业人才,促进产业结构优化、服务经济提质增效升级。

典型案例

三峡旅游职院在第二届中国"互联网+"大学生创新创业大赛
湖北省复赛中斩获铜奖

2016年秋季学期,第二届中国"互联网+"大学生创新创业大赛湖北省复赛在湖北工业大学举办,全省各高校选拔出的635个项目进入复赛展示,34所高校的78个项目代表进入复赛现场,进行现场比拼。经学院推荐、大赛专家委员会评审、大赛组委会审核,学院酒店管理系推选的"速易鲜宅生活平台"参赛作品在本次比赛中获得湖北省复赛铜奖,是宜昌市高职院校唯一获奖作品。

"速易鲜宅生活平台"是一款以App为服务载体的电商平台,通过渗透绿色生鲜产品生产基地,控制中间物流体系,抓住末端消费者,最终实现降低损耗率,提高配送体验,进而控制物流成本。由学院石久宁、张蕾、云晶晶作为项目指导老师,15级酒店管理专业学生高微微担任项目负责人,以宜昌为起点,开创独具特色的管家服务,为消费者提供安全、高品、实惠、便捷的生鲜食品,辅以多元化、贴心优质的社区家庭生活服务,致力于为消费者打造身边最便捷、最健康的特色生鲜电商平台。

2. 创业服务

学院大学生创业教育工作成效显著,学院制定就业创业工作管理办法,统筹学院就业创业指导工作,注重提升指导教师的理论水平。学院明确创业教育不是教学生如何去开店办工厂,而是培养学生的创业精神,是面对不确定未来的勇气和坚持,提出"先参与创业,再主导创业"的概念,学生离开学校踏上社会之后为自己打造一份事业基础的过程就是"创业"。同时学院依据学生个人情况,结合性格测试结果,分类指导,有针对性地指导创业。每学期,学院均邀请校内外指导教师开设专题讲座,从就业创业政策、形势、择业创业的基本原则等方面给予指导,增强了学生创业的热情和信心。学院根据专业特点,结合创业计划大赛,引导学生科技创业。通过开放实训室、仿真智能实验室,给有创新能力和需求的学生提供平台,激发兴趣,营造浓郁氛围。学院还注重引导学生,并吸纳多位在校生和毕业生到相关高新技术企业就业或创业。充分发挥学生社团优势,开展各种活动,模拟就业创业,举办模拟人才招聘。对创新创业申报项目进行资助,以多种方式使学生提前体验创业就业,尽早选择适合自己的方向。

近几年学院有多位校友创业成功,这部分成功的校友是学院不可多得的资源,通过邀请他们担任创业导师,回校讲课、做报告,将他们的先进事迹制作成展板展出等方式不断激发同学们的奋斗热情。近年来学院就业工作坚持从社会需求出发,加强与企业的联系,做好市场调研。注重学生就业竞争力的培养,加强创业教育,不断提高人才综合素质。在工作中还需进一步提高认识,将就业、创业教育融入专业教育之中,形成以创业带动就业,不断提高人才培养质量,逐步构建理论与实践并举、课堂与课外统筹、教师与学生互动的就业、创业服务体系。

学院帮助学生在校园内建立大学生创新创业试验点。大学生创新创业试验点"职教园文印部""学长店"已经成为校园一道亮丽的风景线,让越来越多的学生认识到创新创业的价值和前景。近几年学院共有23名毕业生自主创业,建立小微企业19家,截至2017年仍存活14家,存活率73.68%,各创业企业都获得了良好发展。以创业促就业,学院毕业生自主创业有效带动了就业,14家至今发展良好的企业共吸收就业人员143人,其中本院毕业生27人,社会就业人员116人。如学院2016届学前教育专业毕业生郑宇超创办了文湖艺术幼儿园,他结合自己所学在创业后不断进行专业和经营创新,带来就业岗位近20个,并吸收母校学前教育专业学生前来实习,其创办的幼儿园得到了社区和家长的一致好评。

2016届学前教育专业毕业生郑宇超创办的文湖艺术幼儿园

三、教学改革

(一)强化专业内涵建设,打造特色品牌专业

1. 开展说专业大赛有效推进专业建设

为进一步推动专业建设改革,提升人才培养质量,学院结合《三峡旅游职业技术学院专业带头人、骨干教师选拔培养及管理办法》,于2017年春季学期成功举办第三届专业带

头人说专业比赛,全院共有19名专业带头人(负责人)进行激烈角逐。参赛选手围绕专业建设背景、人才培养目标与规格、人才培养模式、课程体系开发思路与措施、专业教学团队建设、实习实训、社会服务、特色与创新等方面进行了充分阐释。评委肯定选手在专业建设方面取得成绩的同时,也指出了改进建议和发展方向。

本次说专业比赛活动是全院性的教研活动,学院各专业带头人(负责人)以"说专业"活动为契机,紧紧围绕专业建设的主要内容,以人才培养模式改革为核心,以内涵建设和特色发展为己任,理清专业建设总体思路,形成了既满足市场需求,又符合行业特点,且富有学院特色的专业建设新模式。本次活动有效推进了专业建设,在产教融合和校企合作方面下真功夫,既全面提升了专业带头人(负责人)的业务能力,也显著提高了专业教学团队的整体水平,极大地促进了学院人才培养质量的不断提升。

说专业比赛现场

2. 省级特色品牌专业建设成效显著

三峡旅游职业技术学院本学年在建的省级高等职业教育品牌专业和特色专业共有两个,一个为特色专业学前教育,该项目于2014年立项(鄂教职成〔2015〕4号);另一个为品牌专业旅游管理,该项目2016年立项(鄂教职成〔2016〕11号)。其中,学前教育特色专业在2017年7月完成了全部建设工作,专门制作了验收网站并提交了全部验收材料,湖北省教育厅已经开展了验收初步工作,评审结果有待公布。

在建设过程中,学院按照预期目标认真制定工作方案,确保建设任务科学实施;经常召开工作会议,研究工作进程,及时解决有关问题;规范开展招投标活动,确保项目有效落实。学前教育特色专业共有五大建设内容,学院对照各内容建设的具体要求,认真开展了人才培养模式改革、教育教学模式改革、教师评价制度改革、实践教育体系建设和教育质量评价改革,实现了预定目标。旅游管理品牌专业建设内容包括人才培养模式改革、教育教学模式改革、教师评价制度改革、加强实践教育体系建设、改进人才培养质量评价和社会服务能力建设,这些建设工作正在积极推进。

典型案例

加强旅游管理品牌专业建设 大力开展社会服务

2017年以来,旅游管理专业团队积极参与乡村旅游新型职业农民培育工作,服务旅游扶贫工程,先后开展了秭归县乡村旅游培训、五峰县乡村旅游培训和兴发集团旅游系统高级培训。同时,团队还深入点军区牛扎坪村、点军区三涧溪村、点军区茅家店村、秭归县罗家村、秭归县云台荒、枝江市刘家冲村和夷陵区百里荒等地,以乡村旅游田间学校的形式,将课堂搬到田间地头,通过进村办班、现场考察、现场体验、现场实践、入户指导、田间咨询和跟踪服务等多种培训方式,为贫困村乡村旅游业主和乡村旅游创业人员提供现场培训、面对面服务、"一对一"辅导和"一对多"跟踪服务,受到乡村基层干部和农民的欢迎。

学院旅游专家到秭归县开展乡村旅游培训

学院旅游专家为点军区茅家店村
田间学校农民培训

学院旅游专家到湖北省枝江市刘家冲村开展精准扶贫旅游项目策划

(二)不断改进人才培养模式,推进产教深度融合

1. 现代学徒制试点成果丰硕

学院烹调工艺与营养专业 2016 年 6 月被确定为宜昌市首批现代学徒制试点专业,并与宜昌市桃花岭饭店、宜昌市稻香阁酒店、武汉九州通衢大酒店等单位共同联合进行现代学徒制试点。

学院酒店管理系烹调工艺与营养专业作为宜昌市现代学徒制试点专业,将以理论为主的传统学校培养目标与单纯培养熟练技术工人为主的企业培养目标有机结合起来。在学校与企业、教师与师傅的共同参与下,双方制定人才培养方案。以学生身心发展规律为基本依据,以餐饮业用人需求与岗位资格为标准来设置课程,建成以"公共课程+核心课程+教学项目"为主要特征的适合学徒制的专业课程体系,通过"工学结合""半工半读"的方式,把学生培养成为文化功底厚、专业技能强、服务意识优、职业道德强、心理素质高、发展后劲足的应用型、创新型人才。自试点以来,学生专业技能发展取得明显成效。根据《湖北省教育厅关于公布 2017 年"职业教育技能名师工作室"名单的通知》(鄂教职成〔2017〕3 号),学院烹调工艺与营养专业获批全省高职院校"职业教育技能名师工作室"。

典型案例

宜昌市现代学徒制试点专业——烹调工艺与营养

学院烹调工艺与营养专业从 2016 级开始试点现代学徒制,主要实践如下:

①酒店管理系主任、省级技能名师工作室主持人高小芹亲自到 2016 级烹饪班宣讲现代学徒制的意义,动员学生积极参与现代学徒制改革试点。②通过课外美食协会活动,增加烹饪素养及技能培养。③继续举行职业证书"烹调师证""中式面点师"鉴定,努力把好职业技能质量关。④实训课程实行以赛代考且进行作品展示活动。⑤通过创建名师工作室打造双师队伍,提升教学质量。⑥试点工作前期在招生与招工、校企双主体育人、教学课程标准制定、人才培养模式改革等方面做出了一些有效的探索,也取得了不少成果。

学院现代学徒制试点专业学生向合作企业大师行拜师礼

2. 校企合作有效助力学生发展

产学结合、校企合作、理实一体是高职教育实现人才培养目标的根本途径。学院、院系两级领导高度重视,继续深化校企合作的同时积极探索校企合作新途径,努力拓宽校企合作渠道,积极开展"政、企、行、校"合作办学,与近161个产学合作企业建立了良好的合作关系。学院充分挖掘利用社会资源,共建校外实习实训基地,满足学生实习实训需求,学院校企合作专业数约占现有专业设置总数的72.22%,主要合作企业订单培养人数约占全日制高职在校生人数的31.23%。

典型案例

校企合作双赢,助力学生发展

园林专业依据专业优势,立足于服务当地经济建设,本着互惠、双赢的原则开展与企业间的合作。截至2017年,园林专业与10多家企业建立了合作关系,其中有稳定联系、建立了密切合作关系的企业有6家。

近年来,园林专业与企业开展合作,取得了丰硕的成果。主要成果有与宜昌市高农科技有限公司、宜昌佳禾园林、宜昌大老岭国家森林公园、宜昌市绿萝植物园等共建校外实训基地、就业基地、教师培训基地。

园林专业每年都组织学生在高农科技有限公司、宜昌佳禾园林进行园林苗圃实习及联合开展社会服务工作,承接园林设计,指导园林施工等。充分利用合作企业资源共建校外实习基地,提高教育教学质量。

园林专业学生实习

（三）加强培训与推优示范相结合，强化教师队伍建设

1. 加强培训提升教师业务素质

学院高度重视教师队伍建设，每学年都开展多种培训，提升教师政治思想和业务素质。一是扎实开展新进教师岗前校本培训，结合学院实际从思想政治、师德师风、廉洁从教、遵规守纪、教学规范、科研指导、专业成长、信息技术、教学实践等九大方面对13名新进教师进行培训指导，促进了青年教师职业成长；二是积极组织开展信息化培训讲座，邀请世界大学城高级应用培训师授课，通过培训实战演练，让教师掌握网络学习空间各项功能系统；三是选派专业教师参加国家、省、市三级，教育、行业两类的专业核心能力提升培训，本学年培训量达3935人/天；四是鼓励专任教师到企业实践和挂职锻炼，进一步提升专任教师队伍的整体素质和技能业务水平，本学年专任教师人均企业实践20.74天；五是坚持开展全院教职工政治学习，切实加强学习纪律、工作纪律的要求，教职工思想政治素质不断提升。

学院教学副院长张耀武教授为新教师培训讲课

2. 奖优罚劣形成良好师风教风

为进一步增强教师职业荣誉感，营造良好的教书育人氛围，学院每学年对在教育教学和教学研究中做出突出贡献的教师评选"优秀教师"和"最受欢迎教师"。同时，为进一步强化科研兴校战略，学院激励教职工开展科研的积极性和创造性，鼓励科研工作多出精品，促进科研工作更好地为教育教学改革和学院发展服务，学院每年评选"科研先进个人"。学院还开展了6期道德讲堂活动及2017年师德培育月活动，先后学习了廖俊波、钱易、苏德矿、李保国、轩云湘等道德模范和身边优秀教师的先进事迹，引导大家学模范、重践行，提升了思想道德素质。另外，对违纪违规教师及时进行教育批评。本学年有9名教师被评为"优秀教师"，4名教师被评为"科研先进个人"，10名教师被评为"师德标兵"，1名教师被表彰为宜昌市教育系统"十大师德标兵"。通过上述多种举措，学院努力培养造就一支"有理想信念、有道德情操、有扎实知识、有仁爱之心"，适应本地域高等职业教育改

革发展需要的高素质专业化教师队伍。坚持引导教师既做学问之师,又做品行之师,为地方经济社会发展提供人才保证和智力支撑。

师德培育月活动动员大会现场

道德讲堂活动现场

典型案例

三峡旅游职院开展第十九期道德讲堂活动

2017年7月1日,学院在道德讲堂活动室开展第十九期道德讲堂活动,活动以"学习英雄模范,弘扬奉献精神"为主题,全体党员干部职工参加。

活动以全体人员合唱公民道德歌开始,接着诵读经典诗文,观看廖俊波同志先进事迹视频和电影《绝战》,学习英雄模范的无私奉献精神和牺牲精神。廖俊波同志是新时期共产党人的楷模,是用生命践行"忠诚、干净、担当"要求的好干部,是"两学一做"学习教育中涌现出的先进典型。《绝战》是纪念长征胜利80周年的献礼影片,影片以"湘江战役"为背景,讲述红34师为了掩护中央主力红军突围,担当后卫与敌人浴血奋战、凤凰涅槃的故事。

纪委书记张鲜艳做点评,他表示观看电影《绝战》,抚今追昔,重温红色经典,是"两学一做"学习教育的重要内容,更是对习近平总书记"用党的历史教育党员、教育干部、教育群众"重要讲话精神的贯彻落实。他指出,学院改革发展处在关键时期,我们要学习弘扬廖俊波同志先进事迹和崇高精神,学习他信念坚定、对党忠诚的政治品质;学习他心系群众、勤政为民的公仆情怀;学习他敢于担当、苦干实干的务实作风;学习他无私奉献、忘我工作的敬业精神;学习他廉洁奉公、干净做事的高尚情操。这对于激励和引导学院广大党员、干部践行"四讲四有",做到"四个合格",履职尽责、担当作为,具有十分重要的意义。

会后,大家纷纷表示观看《绝战》的过程仿佛是一次对中国近代史的再次学习,是一次心灵洗礼,更是一次深刻的革命教育。党员干部职工纷纷表示要向廖俊波同志学习,不忘初心、扎实工作、廉洁奉公,身体力行把党的方针政策落实到基层和群众中去,真心实意为人民造福。要践行党的宗旨,弘扬担当精神,锐意开拓进取,进一步提升干事创业精气神,为建设"省内一流、国内知名"的旅游学院做出新的更大贡献,以优异成绩迎接党的十九大胜利召开!

(四)继续建设校内外实训基地,完善学生实训条件

1. 结合学院专业发展情况继续改善专业实训条件

在本学年,学院围绕省级学前教育特色专业及省级旅游管理品牌专业建设,继续推进

校内实训室建设,完成了奥尔夫音乐实训室、卫生保健育婴实训室、幼儿游戏与教学实训室、手工技能实训室、画室等专业实训室的建设,同时开展了旅游管理专业实训室的规划研究及招投标准备工作。学院还完善了计算机网络实训室硬件设施,更新了会计 ERP 系统,搬迁完善了园林绘图室,完善了空乘实训室值机设备。经过本学年的大力建设,专业实训条件进一步改善。

2. 充分利用合作企业资源共建校外实习基地

学院努力拓宽校企合作渠道,积极开展"政、企、行、校"合作办学,与近161个产学合作企业(幼儿园)建立了良好的合作关系,充分利用合作企业资源共建多个稳定的校外实习基地。这些实习基地除了遍布宜昌市,还分布在湖北省其他地区以及外省市,学生实习期间由实习单位安排优秀员工或干部担任学生指导老师,能够充分地满足学生实习实训的各项教学需求。

学前教育系学生在实习单位与指导老师进行师徒结对签约仪式

典型案例

长江三峡旅游发展有限责任公司省级校外实训基地

学院导游专业自2008年以来就与长江三峡旅游发展有限责任公司开展校企合作,校企共建校外实习基地。2011年4月,双方签订校企合作协议,共建产学研合作基地,在人才培养模式创新、师资队伍建设、教学实践、就业、科研等方面进行深度合作,优势互补,资源共享,实现双赢。2014年11月13日,湖北省教育厅发文(鄂教高〔2014〕11号),公布"湖北高校省级实习实训基地"名单,长江三峡旅游发展有限责任公司被批准为三峡旅游职院省级实习实训基地。长江三峡旅游发展有限责任公司是中国长江三峡集团有限公司所属全资子公司,全面负责集团旅游产业的组织运营和投资发展。公司下辖三峡大坝旅游区、运输公司、大三峡国旅、三峡工程大酒店、大三峡艺术团、三峡平湖旅游公司、高峡平湖游船公司七个板块,能够满足导游、旅游管理等旅游核心专业教学实习的需要。

校企自开展合作以来,不断深化教育教学改革、完善实践教学机制,通过推进导游专业学生在大二深入企业完成教学实践活动、大三后半年在企业完成顶岗实习等相关工作,解决了导游等专业的实践教学活动,为提升学院旅游类专业学生的实践能力提供了有力的支撑。九年来,通过同企业的共同育人和实践探索,推进学院和企业之间的校企合作不断深化,学院也逐渐形成了淡旺季工学交替的人才培养模式,在导游、旅游管理等旅游专业方向上不断构建和完善实践教学条件,并结合企业需求为企业提供了便利的人力资源服务,既有效满足了企业在行业旺季中的人力资源需求,又为学生提供了真实的导游服务环境,学院也通过为企业和学生提供各种社会服务和实践活动,提升了学院在宜昌地区的竞争优势。在师资队伍建设方面,学院先后安排5人深入企业进行挂职锻炼,以服务教学和产业为导向,积极鼓励教师进入企业一线,构建双师素质队伍,提升双师素质队伍的内涵建设,实现双师素质队伍的能力层次的提升。学院先后分两批聘请长江三峡旅游有限责任公司英语高级导游胡年尧、周利平担任楚天技能名师,纳入学期课程计划,为导游专业学生教授"模拟导游"等课程,深受学生好评。从企业聘请客座教授和客座讲师10余人,主要承担学院导游专业的实践教学指导任务。在专业建设方面,构建了校企合作的专业建设委员会,搭建了将校企合作同专业建设有效衔接的平台,有效提升了校企合作特别是专业建设成效,形成了专业建设的校企合作长效机制。在课程建设方面,围绕校企合作课程开发,先后承担了一批导游专业核心课程的开发实践工作,联合企业方构建具有三峡地区特色的校企合作资源课程体系,并在不断探索和积极完善中。

通过同企业的共同育人和实践探索,学院和企业之间的校企合作不断深化,学院也逐渐形成了淡旺季工学交替的人才培养模式,形成了专业建设的校企合作长效机制。

导游专业学生在三峡大坝开展导游业务实习

(五)坚持立德树人根本宗旨,创新思想政治教育教学工作

1. 探索思想政治课程教学改革,提高课堂教学效果

立德树人是大学的立身之本,是对人才培养的根本要求。学院始终把立德树人作为办学根本宗旨,注重德才兼备,德育为先。学院有一支学历、职称、年龄结构较为合理,综合实力较强的思政课师资队伍,这为思政课教学质量的提高和教学实效性的增强提供了坚实的基础。老师们在教育教学中紧紧围绕社会主义核心价值观这条主线,在课程讲解中坚持中国道路,弘扬中国精神,凝聚中国力量,全面推动"四个全面"进教材、进课堂、进头脑,激发大学生为实现国家富强、民族振兴和人民幸福的"中国梦"扎实学习和努力工作。为加强思想政治课堂教学效果,首先引导思政课教师加强自身学习,把学习习近平总书记系列重要讲话精神作为一种政治责任,做到先学一步,学得更深,学得更精,通过原原本本地学习吃透讲话精神,深刻领会其科学内涵,把思想和行动统一到讲话精神上来。其次,选派骨干教师参加各级部门举办的"学习贯彻习近平总书记系列重要讲话精神"培训班,通过专家重点解读、专题辅导等形式,引导教师深刻领会讲话中的理论观点、根本立场和战略思想,进一步提高思政课教师的理论素质和教学水平。再次,习近平总书记系列重要讲话精神进课堂要取得实效,最重要的就是组织好思政课教师的集体备课,通过统一重点、把握难点、设计教学方法、交流碰撞、相互启发来深化对讲话精神的学习、理解、运用和讲授。最后,注重教学内容的灵活有效把握,一是在"形势与政策"课中系统介绍习近平总书记系列重要讲话的主要内容,二是在"思想道德修养与法律基础"课中进行"中国梦"的教育,三是在"毛泽东思想与中国特色社会主义理论体系概论"课中进行中国特色社会主义等理论教育。

典型案例

三峡旅游职院思政课部集体备课基本做法

备课前分工准备:

(1)本学期开始根据教师专业及特长,通过自选确定各专题主备课教师,主备课教师同为专题记录人。

(2)集体备课主持人为教研室主任。

(3)主备课教师做好五备:备课标、备教材、备教法、备学法、备考核。

(4)主备课教师提前一周将备课参考教案、专题设计、视频音频资源、课件等相应材料发至每位参与备课人。

集体研讨议课:

(1)主持人简要说明本次备课的专题内容、工作分工及时间安排等计划后,主备课教师重点分析教材内容,阐明所备专题教学目标、重难点、课堂活动设备设计、课业设计及专题整体设计思路等。

(2)在主备课教师分析后或在分析过程中,全体备课参与者对主备人的备课提出补充、修正或不同看法,并通过研讨,力争达成共识。

资源交流分享:

集体备课后,根据分工,搜索相关资料,分享各类优质资源。

个体二次创作:

集体备课后,参与备课的所有教师(包括主备课人)根据集体备课的研讨成果,选择集

体备课中的思路和方法、整体设计、互动策略等,重新进行教学精细化设计,并写出详略得当的教案,制作相应课件。

教学后反思完善:

在完成专题教学后,在下一次的集体备课中反馈授课效果,进一步完善教学设计,主备课教师完善留存。

思政课部教师进行集体备课

学生助教助推学生发展

为提高课堂的有效性,自2013年起,三峡旅游职业技术学院思政课教学团队组建课题小组,专注于五年一贯制学前教育专业学生思政课教育教学研究,从学生主体出发,发挥学生自主管理的积极性,搭建学生助教平台,积极探索学生助教教学管理方式。在学生助教的选拔、管理和考核方面做了有益探索。所谓学生助教,就是在班级中轮流产生的、具有有限任期并接受班级成员考核的协助主讲教师教学的学生教辅人员。这种教学形式的核心在于,运用现代管理理论中的责权利原则,让学生助教清清楚楚享受权利,明明白白履行职责。

学生助教对学前教育专业的同学来说在成长上的拉动作用是不可估量的。一是促进学生成长主动。通过学生助教这种形式,让学生自己主动申报,主动争取,主动显现,主动管理,把"要我学"变为"我要学"。只有主动争取的机会才会倍感珍惜,只有自己想做,才会爆发出无穷尽的潜能。二是增强学生成长自信。不少五年一贯制学生缺乏学习主动性,但总会有他们感兴趣的点。教师的责任不在于告诉学生多少知识,而在于把这部分学生"引爆"。用智慧引爆激情,用激情传达社会正能量。学生助教是培养成长自信的通道之一,让他们找到自己的闪光点,把自己的长处放大发扬,成长自然有了方向。星星之火可以燎原,自己分数自己算,我的地盘我做主。三是加强学生成长定位。一个人最大的成功来源于自己的定位。定位不准,则方向失灵;方向失灵,则操作失败;操作失败,则境界失衡。人的纠结就是因为自己不会定位。如果把自己定位在优秀维次,按照优秀维次说话做事,时间久了想不优秀都不可能。如果把自己定位在差等维次,按照差等维次说话做事,久而久之,想成功都不可能。做人如此,做事亦如此。学前教育专业学生在未来主要从事的就是教育行业,首先必须把自己定位成一个教师,始终按照应为人师表的职业道德要求自己,未来必定是一个称职的名副其实的好教师。

搭建学生助教的平台是思政课实践教学思路的一次积极探索,在实际教学中,充分发挥了学生的主体作用,让他们以一种更为积极的姿态参与整个教学过程,也凸显了教师的主导作用,最终形成了教师与学生双向互动的良性循环,从而增强了思政课的趣味性和实践操作性。

2. 建好思想政治社团,引领学生成长

思想政治社团是校园文化组织的基本单位,其以富有个性特色的活动模式,充分体现了思政教育的人本取向,成为思政课堂教学的主要延伸和补充。以思想政治社团为载体平台树立贴近学生、贴近学生实际、贴近学生生活的原则,在推进思政教育工作方面发挥着传统的宣教模式无可比拟的优势和独特的作用。为此,学院组建了"三思学会"思想政治社团。古语有"三思而后行",同时"三思"还可以理解为"审思昨天、慎思今天、深思明天",通过"三思",学会成员思进、思变、思发展,成为政治思想端正、理论知识充实、综合素质过硬的新青年。"三思学会"是以提升大学生思想品德修养为宗旨的学生社团组织,为学生提供了一个新的发展平台。一方面开展例行读书活动、时政学习活动,并自发分组进行分享交流,搞活学生社团活动,让学生发展自己,为本校学生提供一个自我展示、锻炼成长的平台。另一方面也是为了切实贯彻学院加强和改进大学生思想政治教育的精神,加强学生理论骨干培训,带动和促进全院学生政治理论学习。"三思学会"通过开展"学十九大、圆中国梦""培育和践行社会主义核心价值观""学雷锋""爱国主义教育、廉洁教育"等活动夯实理论基础,起到影响带头作用,促进全面发展,为推动学院思想政治教育工作做出积极贡献。

三思学会成员到宜昌市坝区
人民法院参加庭审旁听活动

三思学会成员到湖北省宜都市青林寺
谜语村传统文化教育基地开展活动

(六)实施创新发展行动计划,不断提升教育教学工作质量

1. 各项创新发展行动计划项目稳步实施

学院积极贯彻落实《教育部关于公布高等职业教育创新发展行动计划(2015—2018年)的通知》(教职成〔2015〕9号)和《湖北省教育厅办公室关于做好〈高等职业教育创新发展行动计划〉有关任务和项目落实工作的通知》(鄂教职成办〔2016〕3号)要求,申报承担了20项任务和两类项目。其中,在"XM-01骨干专业建设"项目上,学院申报立项了"旅游管理"和"烹调工艺与营养"两个专业,在"XM-17与技艺大师、非物质文化遗产传承人等合作建立技能大师工作室"上,学院申报了"故事大师工作室""剪纸大师工作室""民歌大师工作室""谜语大师工作室"和"巴山舞大师工作室"共5个大师工作室。为推动学院高等职业教育创新发展,学院制定了《三峡旅游职业技术学院高等职业教育创新发展行动计划(2016—2018年)实施方案》并报湖北省教育厅备案。

在2017年,经过全院集体努力,学院较好地实现了所承担的高等职业教育创新发展行动计划的各项任务和项目阶段性目标;而且通过创新发展行动计划的实施,较好地推动了学院各方面的发展,尤其在扩大优质教育资源、增强院校办学活力、加强技术技能积累、完善质量保障机制以及提升思想政治教育质量等方面,都取得了明显的成效。

2. 非遗技能大师工作室项目取得重大成果

2016年,学院为响应教育部《高等职业教育创新发展行动计划(2015—2018年)》,结合本地文化特色与本校专业发展需要,正式启动了非物质文化遗产技能大师工作室项目(项目号XM-17_S42)。该项目依托学前教育专业,将在2017年分别完成剪纸、讲故事、民歌、谜语、巴山舞共5个非遗传承人技能大师工作室的建立任务。2017年春季学期,学院将五个项目的技能课程排成课表进入课堂教学,并聘请六位非遗技能传承大师为学院师生授课。建立梯级教师团队,由大师教学,学院中青年教师跟进辅导,采用以赛代考的方式考核、选拔人才。项目组成员多次深入长阳民俗文化村及长阳博物馆、宜都高坝洲青林寺村、宜昌市夷陵区下堡坪乡等地进行田野调查,形成多篇调研报告,还完成了非遗网站建设。非遗网站设10个栏目,网站字数总计16.5万多字,以图文并茂加视频的形式,生动呈现出非遗大师走进课堂的点点滴滴,广受学院师生的欢迎。

非遗技能大师工作室项目,调动了学生学习我国传统文化的热情,增进了学生对非物质文化遗产的认识。"以赛代考"大大激发了学生的学习主动性,210名学生参与比赛,其中120人获奖,优秀作品71个,有21个作品在学院"文化与自然遗产日"暨非遗技能传承成果展示活动中展出。在第七届"长安文虎杯"全国谜语创作征集大赛中,学院师生共提交谜语作品500余则,荣获"优秀组织奖";2016级空乘学生张媛媛的谜语作品荣获优秀原创谜语奖;杨洋老师的论文荣获优秀谜语论文三等奖。此外,2016级空乘学生朱金凤的谜语作品入选了"禄福杯"首届中华学生谜语大赛笔猜试题。非遗技能传承大师工作室项目硕果累累。

学院作为"宜昌市非物质文化遗产保护传承示范基地"和"宜昌民间文艺传习基地",为非遗技能的传承和发扬搭建桥梁。湖北职业教育网、宜昌三峡电视台、三峡民协网等也多次报道了学院非遗项目的教学成果,收获了良好的社会反响。

巴山舞大师覃发池到学院授课现场

同学们在课堂上展示剪纸

学院"文化和自然遗产日"活动中
民歌《六口茶》的精彩表现

学院非遗传承学生在第七届中国中部心理学
高峰论坛心理健康风采展演中表演民间故事

（七）信息技术应用逐步推广

1. 校园信息化建设与应用

截至2017学年度，学院已建立完备的信息化教学硬件系统。所有教室安装了多媒体电子白板，实训室安装了多媒体投影系统，实训室教学电脑达664台（套）。每百名学生电脑数36.23台（套），远高于全省平均值26.98台（套）。校园千兆骨干网上已运行监控系统、广播系统、一卡通等系统，部分办公区域覆盖无线网络。学院网络总出口共享300米带宽。学院的信息化管理及教学系统建设逐步发展，学院已采购教务系统、OA办公系统、财务管理系统、档案管理系统、图书管理系统、心理测量系统、会计ERP教学系统、金蝶财务系统、网中网会计考试系统等信息系统，并逐步实施运行，极大地提高了学院管理效率。在2018年至2020年已规划进行数字化校园建设。

2. 课堂教学信息技术的应用

学院积极推动现代信息技术在课堂教学中的应用。通过引进云班课等信息技术，推动课堂教学信息化改革。加强教师信息化教学能力考核，将教师信息化教学能力作为年终综合考核的重要指标。在此基础上，以赛促教，积极组织教师参加省级以上各类信息化教学竞赛，不断强化信息化教学，着力提高教师信息化教学水平。

典型案例

"蓝墨云班课"应用教学案例

蓝墨云班课是蓝墨科技推出的一款移动教学App，可以在线上和线下随时和学生进行互动,从而让学生的移动设备不再只是社交、游戏,而是变成学习工具,充分调动学生的能动性和积极性。学院教师创造性使用该App,取得了良好的教学效果。如在"酒店管理概论"个性化服务章节,教师通过蓝墨云班课的讨论功能,为学生布置一个课前导入案例:王先生要为爱人预订一桌主题宴会,你认为有哪些要素要和王先生沟通?由学生在课堂上现场拿出手机进行讨论。教师可以根据学生在讨论群里的要素进行总结,从而进行接下来的授课。这样可以充分调动学生的参与性,而且参与度能够达到100%。再如在酒店营销章节中,通过蓝墨云班课的作业布置功能,教师线上提前给学生布置任务:请你为圣诞节设计一个简单的酒店餐饮部营销方案。学生在线下完成,教师在线下进行审阅,再在课堂上进行分享,且作业完成提交情况一目了然。在主题餐厅章节中,教师利用蓝墨云班课的头脑风暴功能在课堂上布置任务:请你在网上找一个你感兴趣的主题餐厅和图片。学生即刻可以通过手机在互联网上进行搜索,把图片和名称发到云端,而且教师可以通过教室的多媒体电脑进行投屏,让每一位同学都来进行分享,分享完之后还可以分小组来投票哪一小组完成得最好。教师还可以通过蓝墨云班课每位成员的经验值来查看学生的参与度,以举手、抢答和"摇一摇"选人的方式来激发学生,让疲乏的学生重新将注意力转回到课堂。蓝墨云班课还有很多功能可以使用,将这些功能融入课堂中,就能够很好地发挥教师的主导性及学生的主体性。

四、服务贡献

(一)积极参与扶贫工作

湖北省枝江市安福寺刘家冲村是学院对口开展精准扶贫的工作点,在本学年,全院干部积极参与扶贫工作,成效显著。学院落实扶贫资金5万元,党员干部筹集资金近3万元,实施结队帮扶措施,常年深入贫困户家中,开展"五送"(送政策、送温暖、送技术、送措施、送资金)活动,对口帮扶的9个贫困户2016年年底全部脱贫销号。根据全省2017—2020年脱贫攻坚滚动计划,按照"脱贫不脱政策""扶上马、送一程"的工作要求,学院对口帮扶对象增加到23户,精准脱贫成果不断巩固。除了经济帮扶以外,学院还积极开展文化扶贫活动,组织了5名学生志愿者义务帮助刘家冲村排练歌舞,参加安福寺镇玛瑙河红歌会,荣获优秀节目奖和组织奖;与扶贫工作队、刘家冲村共同举办了第二届农民趣味运动会,丰富了村民文化体育生活,该次活动深受刘家冲村民的喜爱。学院还积极推进产业脱贫致富,派出学院旅游规划专家帮助刘家冲村编制完成了乡村旅游发展规划方案——《枝江市刘家冲村"花谷果海"田园综合体项目策划》。

2017年,学院扶贫任务有了新的重担。为深入贯彻落实《中共湖北省委 湖北省人民政府关于全力推进精准扶贫精准脱贫的决定》(鄂发〔2015〕19号)精神,按照《湖北省教育精准扶贫行动计划(2015—2019年)》工作部署和总体要求,充分发挥自身优势以及针对性的项目驱动,学院对口帮扶远安职教中心,帮助其实施职业学校标准化建设和特色专业建设,提升远安职教中心办学质量,提高远安职业教育发展水平。

2017年以来,学院与远安职教中心签订了"3+2"中高职衔接合作协议,开展了多次专业双向交流活动:一是学院专门为其旅游专业、农艺专业开办了师资队伍培训班;二是邀请远安职教中心相关专业教师先后三次共20人次来学院参加技能大赛赛前指导观摩学习活动;三是派学院旅游专业3名骨干教师、酒店管理专业2名骨干教师、农林农艺专业1名教师到远安去做技能大赛赛前指导,相关教研室帮助建设专业实训室和审核专业人才培养方案;四是利用学院普通话测试站的技术优势,辅助其建成普通话测试专用机房并通过湖北省测试中心验收,2017年年底投入使用。选送孙巧茹老师参加第32期省级普通话测试员的培训并获得省级普通话测试员资格,为开展远安的普通话培训测试工作储备人才。

学院编制刘家冲村旅游发展
规划工作专班实地调研

学院送教上门为远安职教中心
旅游专业教师培训开班现场

典型案例

三峡旅游职院帮助刘家冲村编制乡村旅游发展项目规划方案

2017年1月至2017年8月,根据宜昌市委常委、统战部部长王均成年初在刘家冲村专题调研会议工作部署,学院承担了刘家冲村乡村旅游发展项目策划专项任务。学院组建工作专班,开展专题调研,与驻村扶贫工作队员和村委班子成员深入交流刘家冲村乡村旅游发展的政策、方向、定位、原则、布局与措施,历时半年时间编制了《刘家冲村"花谷果海"田园综合体项目策划》方案。该方案以"田园综合体"为载体,以"花谷果海"为主题,以"荆楚田园生活体验地"为定位,以"三生同步""三产融合""三位一体""三共驱动"为理念,以"一带、两翼、三极"为构架,以生产体系、产业体系、经营体系、生态体系、服务体系和运行体系为支撑,以"家富、业兴、村美、共享"的田园综合体为目标,受到驻村扶贫工作队和刘家冲村干部群众的好评。

三峡旅游职院派专业教师到远安职教中心结对帮扶指导技能大赛

2017年3月28日,学院教务处处长梁正义带领导游、酒店、会计、电子商务等专业的教师到远安职教中心开展技能大赛指导活动。

此项活动是根据湖北省教育厅关于精准扶贫工作的有关精神和学院与远安职教中心达成结对帮扶的内容而实施的一个重要项目,主要针对远安职教中心即将参加的宜昌市中职技能大赛的五个赛项进行赛前指导。

活动期间,学院专业教师对五个赛项进行了一对一的精准指导,并将自己多年来积累的大赛经验毫无保留地传授给了远安职教中心的师生们,师生们一致表示受益匪浅。此项活动是学院与远安职教中心结对帮扶的开端,随后,学院还在专业建设、师资建设、生源地建设、普通话测试点建设等方面对远安职教中心进行长期帮扶指导。

(二)学生志愿者服务社会活动多姿多彩

学院积极组织青年志愿者参与校内外各类志愿服务活动,2016—2017学年先后开展

学院酒店管理专业教师指导远安学生进行中餐摆台训练

了清明烈士陵园扫墓、雷锋月"我们的价值观"主题教育实践活动、关爱困境青少年志愿服务项目(联合宜昌团市委)、2017年第八届中国长江三峡国际旅游节开幕式志愿服务、2017年湖北省青少年校园足球中学生锦标赛(宜昌赛区)志愿服务、"文明宜昌 有你有我"助力宜昌创文明城市"三连冠"宜昌东站志愿服务、2017年国家扶贫日枝江志愿服务、迎新生志愿服务、无偿献血等志愿活动。学院志愿者还定期慰问关爱宜昌市伍家岗区福利院老人、宜昌市阳光驿站自闭症儿童,并于2017年3月分别在这两个单位挂牌成立志愿服务基地,建立长期志愿服务关系。青年志愿者服务成为展示学院学子精神风貌和青春风采的一张名片。

学院学生踊跃参与献血活动

学院学生志愿者慰问关爱
宜昌市伍家岗区福利院老人

(三)承办多项大型活动

1. 成功承办第七届中部心理学高峰论坛

2017年6月22日至25日,学院联合宜昌市心理学会和三峡大学心理健康指导中心顺利承办了第七届中部心理学高峰论坛。本次论坛有来自中部六省(湖北省、湖南省、安徽省、江西省、河南省、山西省)的心理学会会员以及海内外心理学工作者、相关学科学者、社会各界人士共360多人参会。开幕式于6月23日上午进行,高峰论坛执行主席、湖北省心理学会理事长佐斌教授致开幕词,湖北省科协副巡视员李莹和宜昌市科协副主席曾勇分别代表省市科协出席并做了重要讲话,论坛主席董圣鸿为大会致辞,河南大学朱湘茹作为与会人员代表发言,湖北省人大常委会副主任周洪宇专门发来贺信。本届高峰论坛主题是"社会中人:心理健康与社会心态建设"。本次论坛进行了3场专家特邀报告,还有10位中部六省学者进行了大会重点报告;开设了中小学心理健康教育、青年心理学人、护理心理、教育心理、文化与社会心态、应用与社区服务、理论与方法7个分论坛,124位心理学工作者进行了学术交流和讨论;还开设了"个体生涯辅导技术""'心音悦'音乐团体体验",以及"客体关系视野下的学习心理辅导实操"三类4场工作坊。论坛还进行心理健康教育示范(优秀)学校、十佳(优秀)青年心理学人评选表彰活动和"社会中人"心理健康风采展演。本次论坛取得圆满成功。宜昌市美丽的景色、独具特色的饮食、舒适的环境、热情的服务以及本次论坛丰富的特色活动和严密的组织让大家享受到学术的盛宴与身心的愉悦,给与会代表留下了深刻而难忘的记忆。这也是学院在2009年顺利承办了湖北省心理学会学术年会后的又一次大型成功活动,是学院高度重视社会服务的又一成果。

第七届中部心理学高峰论坛开幕式

第七届中部心理学高峰论坛代表合影

2. 承办湖北省青少年校园足球高中联赛

2017年暑期,学院成功承办湖北省青少年校园足球高中联赛和湖北省青少年校园足球中学生联赛分区赛。湖北省青少年校园足球中学生联赛是湖北省贯彻落实全国校园足球工作会议,由湖北省教育厅主办的全省规模最大的校园足球联赛活动,联赛规模达到1000余人。学院为联赛的成功举办提供了优良的比赛场地,优质的餐饮、住宿、医疗保障等各项后勤服务和志愿者服务,为大赛做出了充分的贡献,得到了湖北省教育厅的充分肯定,学院先后获得了承办贡献奖、优秀赛场等多项荣誉奖励。

学院承办的2017年湖北省青少年校园足球中学生联赛分区赛比赛场景

(四)积极为宜昌经济社会发展建言献策

每年宜昌市科协和社科联都面向全市征集自然科学和社会科学研究课题,开展建言献策活动,学院教师积极参与并且成果显著。在2016年,学院获市科协"专题建言献策"课题项目立项6项,结题5项;其中二等奖2项、三等奖3项;2017年"专题建言献策"课题项目立项2项。2016年全市社会科学研究课题项目立项8项,结题7项,获资助3项;2017年全市社会科学研究课题项目立项14项。2016年学院6项成果被收录进《宜昌市科技人员为宜昌经济社会发展建言献策专辑》,见下表。

2016年三峡旅游职业学院宜昌市科协专题建言献策项目奖补名单

序号	专题建言献策题目	课题主持人	等次
1	"互联网+"思维与宜昌旅游发展研究	张耀武	二等奖
2	三峡旅游地产开发模式初探——以旅游城市宜昌为例	刘涛涛	三等奖
3	宜昌市幼儿园教师队伍建设现状、问题及对策研究	杨邦秀	三等奖
4	宜昌市绿色饭店评价指标体系构建及实证研究	易红燕	三等奖
5	五年一贯制学前教育专业人才培养工作现状调查报告	陈启新	二等奖

2016 年三峡旅游职业学院全市社会科学研究课题项目结项名单

课题编号	课题名称	课题组成员	资助
ysk16kt103	民族地区农民专业合作社供应链建设研究——以长阳土家族自治县为例	邓月、蔡铭、王林、刘魁	是
ysk16kt104	创建全国旅游标准化示范城市背景下的宜昌市公示语英译问题研究	张丽利、田绪军、曹金平、王安琪、关武敏	是
ysk16kt228	文化视野下的宜昌红茶产业发展研究	张耀武	是
ysk16kt098	宜昌市绿色酒店创建研究	易红燕、熊红成、丁双江、朱露	否
ysk16kt099	公益广告与培育社会主义核心价值观研究	路婷	否
ysk16kt100	宜昌旅游地产开发研究初探	刘涛涛、刘雪梅、樊友银、杜先宁	否
ysk16kt101	高尔夫运动对宜昌旅游业的发展分析	覃远楷、张明洪、谢兵	否

(五)面向社会广泛开展科技咨询

学院利用旅游类专业人才优势,面向社会广泛开展科技咨询。特别是旅游管理专业在省级高等职业教育品牌专业建设过程中,以服务区域经济社会发展为宗旨,不断深化产教融合、校企合作,深度参与鄂西旅游行业技术创新和研发推广,成效显著,2016—2017学年度完成了 10 多项旅游技术服务项目,受到社会好评。

2016 年 10 月至 2017 年 3 月,学院旅游管理专业团队受神农架林区旅游委员会委托,主持编制了《神农架旅游标准化手册》,从食、住、行、游、购、娱等方面,系统制定了神农架旅游服务标准与管理规程,该手册已下发神农架全区旅游企业和旅游从业人员,成为神农架旅游服务与管理的重要技术规程。

2017 年 1 月至 2017 年 8 月,旅游管理专业团队根据宜昌市委统战部要求,主持策划了宜昌市重点贫困村——枝江市刘家冲村旅游扶贫项目。专业团队以"田园综合体"为载体,以"花谷果海"为主题,以"荆楚田园生活体验地"为定位,以"三生同步""三产融合""三位一体""三共驱动"为理念,以"一带、两翼、三极"为构架,以生产体系、产业体系、经营体系、生态体系、服务体系和运行体系为支撑,编制完成了《枝江市刘家冲村"花谷果海"田园综合体项目策划》方案,受到驻村扶贫工作队和刘家冲村干部群众的好评。

2017 年 7 月至 2017 年 8 月,受神农架林区木鱼镇政府委托,旅游管理专业团队主持完成了《神农架木鱼国际健康旅游城发展战略研究》。专业团队在深入调研基础上,根据木鱼镇战略优势、发展机遇、面临的风险与挑战,提出以绿水青山为基础,以神农文化为灵魂,以健康旅游产业为核心,以中医养生、生态养老、康复疗养、健康食品和健康管理为特色,以"一轴舞动、两翼齐飞、三极支撑、多点突破"为布局,着力打造产业"特而强"、功能"聚而合"、形态"小而美"、机制"活而新"的木鱼国际健康旅游城,受到神农架林区木鱼镇政府好评。

(六)开展多种社会培训

1.普通话培训测试工作成效显著

为充分发挥宜昌市普通话培训测试中心的作用,学院与各县市区职教中心合作,利用各职教中心的场地及设备条件建立测试站点,既方便中职学生的普通话等级考试,也为县市区社会考生提供了便利,更好地推广了普通话的运用及普及。同时配合各级语委推进语言文字的验收及示范评估工作,为五峰土家族自治县(以下简称五峰县)、夷陵区、西陵区开展公务员的培训及测试工作,培训人次达到7500人次。培训测试学生22场4605人次、社会考生36场7855人次,共培训人数达12460人次。

学院到五峰县开展普通话培训工作现场

2.教育类专业培训如火如荼

学院前身为宜昌教育学院,长期承担宜昌市基础教育干部教师继续教育工作,学前教育类专业师资力量雄厚。受宜昌市教育局委托,学院承接了宜昌市教师培训工作三年行动计划的学前教育师资培训工作,从2015年开始,每年培养50名骨干园长和骨干教师,截至2017年共培养150名乡镇及以上中心幼儿园骨干园长和骨干教师。2017年是三年行动计划最后一年,合作交流处精心安排课程,聘请专家教师,细心周到服务,圆满完成了50名幼儿园骨干园长和50名骨干教师培训任务,受到学员及上级部门的一致好评。

受宜昌市教育局职教研究室委托,学院举办了50人的宜昌市2017年中职学校新进青年教师培训班。为满足社会上幼儿园教师资格考证需求,学院还开办了两期幼儿园教师资格证考前培训班。

3.旅游类专业培训取得新成效

2017年年初,合作交流处在分管领导吴尊华的带领下取得宜昌市旅游委、宜昌市导游协会等相关单位的支持,在学院的品牌旅游类专业上下功夫,寻找合作契机,与秭归县移民局合作,开展乡村旅游创业培训。为期10天的2017年秭归县三峡库区乡村旅游培训班于2017年4月19日在学院圆满结束,本期培训班由秭归县移民局、秭归县旅游局联合主办,学院承办,参训学员共100人,分别来自秭归县12个乡镇,其目的是为秭归县培

第二部分　继往开来谋发展　砥砺奋进促跨越(2016—2017学年)

幼儿园骨干教师培训班学员科学领域技能比赛现场

学院2017年宜昌市幼儿园骨干园长、　　　学院陈启新教授为中职
骨干教师培训班结业典礼现场　　　　　青年教师培训班授课

学院承办的中职青年　　　　　　　2017年暑期幼师资格证
教师培训开班典礼　　　　　　　　考前培训班学员合影

养一批乡村旅游的带头人和骨干力量。培训工作在主承办双方的高度重视和精心组织下,经过全体培训教师和参训学员的共同努力,取得了圆满成功,更好地服务宜昌旅游经济的发展。

秭归县三峡库区乡村旅游培训班结业典礼

4. 专业教师充分发挥自身优势，为社会提供多种其他培训

学院专业教师还发挥自身专业优势积极为社会各界开展丰富多彩的其他培训活动。如依托学院礼仪、茶艺师资优势，学院分别为五峰县茶业局、宜昌市中职教师、本校教职员工、秭归县移民局、夷陵区机关事务局等多家企事业员工开展了礼仪茶艺培训，共计培训学员近500人次。陈江美老师为五峰、兴山、远安、点军等多地开展乡村旅游培训，鲁建平老师为神农架等多地开展旅游方面专业培训，黄兴芹老师为各中学开展心理咨询辅导，刘雪梅、刘艳两位老师承接多个企事业单位礼仪培训，张敏老师为农民工及民营企业提供法律咨询及法律援助，陈红老师为地方文化馆开展非遗项目培训，陈启新老师为各幼儿园开展科研方法培训，王安琪、朱晓婷两位老师为各企事业单位开展茶艺培训，高小芹、易红燕两位老师为企业开展酒店管理方面的培训。

学院刘艳副教授为中国葛洲坝集团第六工程有限公司员工开展礼仪培训

(七)学生就业适应社会人才需求

学院作为湖北唯一一所旅游院校,结合自身师范教育优势,整合自身和社会资源,在发展并做强做大旅游专业,为鄂西生态旅游文化圈做好人才培养和输送的同时,结合师范类学前教育专业的良好政策和社会发展资源,学院专业建设紧贴地方经济建设需求,以旅游类和学前教育两大专业群为主体,以计算机应用技术、市场营销、会计电算化等适合经济建设广泛需求的传统专业为补充,学院特色和专业发展特色与地区产业和经济社会发展高度匹配。

学院学生在本地生源较少的情况下,在2017年的500余名毕业生中,留在宜昌本市就业的比例约为25.58%,留在本省就业的比例约为71.67%,专业相关度也较高。其中,旅游管理、旅游英语、导游专业毕业生在宜昌本地就业率达到28%以上。学前教育专业2017届毕业生本省就业率约为78.67%,其他毕业生则主要集中在沿海经济发达的大城市。学前教育毕业生就业岗位的专业相关度高,其主要集中在幼儿园和早教机构。以上数据反映学院毕业生就业的高起点、高质量和高专业相关度,充分说明了学院毕业生专业与产业匹配度高,学生就业去向广泛。

五、政策保障

(一)政策支持

1. 多项职业教育政策推进宜昌市职教发展

近几年,宜昌市突出强调高等职业教育的发展,先后制定了《关于加快建设"宜学"之城的意见》《宜昌市人民政府关于加快发展现代职业教育的实施意见》《宜昌市教育事业发展"十三五"规划》等一系列文件,强调加快发展宜昌职业教育,构建现代职业教育体系,深入推进产教融合、校企合作,全面提高人才培养质量,推动高等教育突破性发展,着力打造区域性高教中心。为推进宜昌高教事业发展,2017年宜昌市还专门设立了市委高校工委。

2. 学院发展得到省市领导高度重视

宜昌市"十三五"事业发展规划明确了"办好三峡旅游职业技术学院,努力把三峡旅游职业技术学院建设成鄂西生态文化旅游圈和三峡区域的旅游人才培养基地、湖北省新型旅游人才摇篮和鄂西旅游圈科学研究中心"。2017年,湖北省政协主席张昌尔,省委常委、宜昌市委书记周霁,市委常委、市长张家胜,市政协主席宋文豹,市委常委、市委宣传部部长王国斌等领导率领宜昌市各部门领导多次来学院视察。宜昌市委、市政府领导多次来学院现场办公,研究和解决学院建设和发展问题。近年来,宜昌市委、市政府高度重视学院发展,学院办学基础设施和师资队伍等各方面不断得到改善。

(二)专项实施

1. 湖北省教育厅对省级以上技能大赛奖项进行奖励

学院不断强化技能培养,突出实践技能教学,坚持"以赛促教,以赛促学",深入推进职业技能竞赛专业、学生全覆盖,与此同时进一步完善"以赛代考"的学生考核机制。2016—

2017学年学院组织学生参加省级以上各类职业技能大赛10项次,获得奖项19项次,获奖学生32人次。湖北省教育厅、财政厅结合技能大赛获奖情况,下拨高等职业教育质量提升计划奖补资金131万元,支持学院发展。

2. 湖北省教育厅对省级特色品牌专业建设进行资助

学院深入贯彻落实国家、湖北省中长期教育改革和发展规划纲要和《湖北省人民政府关于加快建设高等教育强省提升高校创新与服务能力的意见》(鄂政发〔2012〕77号)的精神,加强省级特色专业建设,全面提高教育质量和水平。2014年,湖北省教育厅认定学院学前教育专业为省级特色专业;2016年,湖北省教育厅认定学院旅游管理专业为省级特色专业。本学年,学院共有省级特色专业2个,省级重点专业3个。2017年湖北省教育厅、湖北省财政厅下拨品牌特色专业建设补助资金435万元。

3. 宜昌市财政局对学院建设进行专项支持

宜昌市人民政府高度重视职业教育发展,投资12.50亿元建成宜昌职业教育园区。2013年1月,学院整体迁入职业教育园区后,宜昌市财政局加大对学院建设的投入,共拨付搬迁经费2887万元、4号学生公寓建设资金1950万元、休闲与服务专业实训基地和空中乘务专业实训中心建设资金400万元。2017年下拨图书馆建设和重点专业建设资金410万元。学院基础教育教学设施得到根本改善,教育教学软实力大幅提升。截至2017年,学院占地653亩,建筑面积12.84万平方米,现有固定资产约6.13亿元。

(三)质量保障

1. 强化学院质量主体意识,积极实施教学诊断与改进

根据教育部和湖北省教育厅教学诊断与改进的有关文件精神,学院以完善标准和制度,提高利益相关方对学院人才培养工作的满意度为目标,按照"需求导向、自我保证、多元诊断、重在改进"的工作方针,建立完善常态化的内部质量保证体系和可持续的诊断与改进工作机制,提升学院内部管理水平和人才培养质量。学院设立了学院质量管理工作委员会,全面领导学院教学诊改工作,各部门不断强化质量主体意识,采取多种措施实施教学诊改工作,促进教学质量的不断提高。在管理体系上,学院建立了院、系二级教学管理体系,设立科研与督导处,并有专兼职教学督导员注重日常听评课督导工作并定期印发督导简报;制定了《三峡旅游职业技术学院教务处与各系(部)联席会议制度》《三峡旅游职业技术学院教师教学管理规范》等多个管理制度,从教学组织、教学计划、教学运行管理、教学改革、教学控制、教学评价等方面做出具体规定。在实际工作中,执行教学计划的运行程序,加强教学过程各环节的质量标准控制,严密组织课堂教学。严格实施院、系两级教学常规管理和专项检查机制,每学期定期公布检查结果。教务处联合科研与督导处,在每学期末组织各系部积极开展多主体、全客体的评教工作。其中,评教客体(教师)覆盖面100%;评教主体中,学生评教参与比例100%,同行评教参与比例100%,校领导评教参与比例100%,社会评教参与比例100%。2016—2017学年度,学院教学工作从以下几个方面开展了诊改工作:一是不断梳理更新教育教学制度;二是从实际出发,探索专业建设目标和标准的动态调整机制;三是结合职业能力、行业标准和岗位规范重新拟定课程目标和课程标准;四是以各系专业群建设为基础,重新规划师资队伍建设,注重长效机制;五是形成学院、市、省、国家四级技能大赛学生参赛选拔机制并严格规范"以赛代学、以赛代训、以赛代考"制度。

2. 做好平台数据采集和质量报告撰写工作，注重分析，改进人才培养工作

学院高度重视高等职业院校人才培养工作状态数据采集工作和高等职业教育质量年度报告的撰写工作，由教务处牵头实施数据采集，科研院督导处负责质量报告撰写。数据采集方面，教务处组织全院各相关部门和人员按照平台部署、业务培训、数据采集、审核整理的工作流程，认真学习和研究数据表格的各项内容和填报要求，并将数据填报工作纳入部门干部履职尽责考核工作之中，切实履行提高教育教学质量的主体责任，确保平台数据及时准确上报。其中，核心指标达标率为91.7%，平台数据置信度为100%，平台数据发散度为19.5%，平台数据支持度为74.3%，案例分析数据值为0的数据项有56项，超出置信区间范围的数据有1项，与上学年比较起伏大于一倍的数据有0项，与全国中位数比较，数值发散超80%的数据有6项，空表数量有2项。质量报告首先由行政办公会审核撰写目录大纲，然后各相关部门分头结合工作实际进行撰写，科研院督导处进行统稿，最后进行两次行政办公会的审核，每次审核后进行修改完善。同时，要求各相关部门撰写《人才培养工作状态数据分析报告》查找问题，注重分析平台数据来改进人才培养工作。

(四)经费保证

1. 高职生均财政拨款政策落实到位

根据《财政部 教育部关于建立完善以改革和绩效为导向的生均拨款制度加快发展现代高等职业教育的意见》，宜昌市建立了职业教育生均财政拨款制度，力争到2017年高职院校年生均拨款不低于12000元。2016年学院生均财政拨款8052.72元，2017年学院生均财政拨款15957.46元，超过生均拨款12000元标准。

2. 财政投入有效保障学院发展，学院建设成效显著

学院是宜昌市人民政府主办的全日制普通高等职业技术学院、公益二类事业单位。近年来，宜昌市财政局按照高等学校生均经费政策规定，每年安排日常公用经费1800万元，同时根据学院管理和发展需要安排专项资金用于学院建设。2017年，湖北省财政厅、湖北省教育厅已累计下拨高等职业教育质量提升计划专项资金566万元；宜昌市财政局、宜昌市教育局共拨付职业教育重点专业建设资金410万元。学院教育教学设施日趋完善。

六、国际合作

近几年，学院积极联系国际合作事宜，但是进展不大，国际合作出现瓶颈。与新西兰国际高尔夫学院的合作办学的请示于2015年11月19日获得湖北省教育厅正式批准（湖北省教育厅鄂教审批函〔2015〕8号）后，双方也就教育项目的实施进行了磋商，对办学项目实施协调人、商谈项目实施时间表和任务清单，以及教学设施设备、专业教师培训与提升、教学任务分担方案等事项都进行了深入洽谈，并制定了详细的人才培养方案。2015年以来学院虽在全日制招生期间作了大量宣传，但因学费昂贵，国际合作班招生不理想，每年都仅招5人，开不了班，所以此项国际合作项目未能真正启动。

2017年下半年，韩国全州大学国际交流学院招生办主任来学院洽谈合作办学事宜，初步尝试从将毕业生作为交换生找切入点，从而寻找国际合作新的突破口，再进行实质性的国际合作办学。

七、面临挑战

(一)问题与挑战

1. 办学体制机制不够高效

学院内部治理体系还有待进一步完善。依据学院章程,建设现代大学制度、优化学院内设机构工作推进较慢,学院岗位设置还需进一步优化,行政管理效率还需进一步提高。

2. 混合生源教育管理难度大

本学年,学院生源主要有四类:一是通过普通高考招收的学生;二是通过技能高考招收的中职学生;三是"3+2"转段进入学院的学生;四是五年一贯制就读的学生。高中录取的学生,经过高中三年的系统学习,有一定的理论知识基础和学习方法,但大多自控能力较差、学习目标不明确、信心动力不足、竞争意识不强、视野不够开阔;中职录取的学生具有一定的专业技能基础和实践能力,但文化基础知识十分薄弱,知识结构不完整,普遍学习方法不当,态度不明,自觉性不够;初中毕业直接录取的五年一贯制学生,年龄小,基础差,学习习惯尚未养成,缺乏自律自控能力,心智尚未成熟,厌学情况较突出。

3. 校园信息化建设有些滞后

虽然学院信息化基础设施已经建设,但几年来并没有进行扩展更新,在 2017 年度仅有省赛用交换、路由设备,会计 ERP 系统升级两个信息化建设项目。学院网络出口共享 300M 带宽,在大学中已非常落后。上网课程数、数字资源量不变,管理信息系统数量不变,显示信息化教学、信息化管理水平相对落后。一卡通系统只能作为餐卡使用,已采购的教务系统、办公 OA 系统都多年没有实践,基本的学生管理系统、后勤管理系统等都还未建设,距离智慧校园建设目标相距较远。本学年学院的信息化水平仅处于基本联网、文档化管理的初级阶段。

4. 国际合作推进困难

本学年,学院由于此前没有开展国际合作的经验和合适项目,所以此项工作推进确实较为困难。

5. 学生心理健康工作难度较大

在当前社会发展形势越来越复杂的情况下,少数学生心理健康状况堪忧。心理健康教育工作面临着前所未有的挑战,一是各种疑难杂症呈增多趋势;二是一对一心理咨询辅导面太广、人数太多;三是心理辅导的周期本身较长;四是学院专业的心理辅导教师队伍力量不够。

(二)对策与展望

1. 深化体制机制改革,不断增强办学活力

不断深化学院内部管理体制改革,加强对学院章程的学习宣传和研究,完善内部治理体系,建立与现代大学制度相适应的管理体制,进一步优化内部机构设置,进一步明确岗位及工作职责,提高行政管理效能。

2. 进一步深化教育教学改革,对混合生源做好衔接融合和因材施教工作

高等职业教育应以立德树人为根本任务,以服务发展为宗旨,以促进就业为导向,根据高职混合生源教育管理难度大的情况特点,秉承"以人为本""因材施教"的教学思想,进一步深化教育教学改革。具体举措包括:一是分班设置、分层教学,尊重学生的差异性以及不同的目标需求;二是对不同生源要创建不同的再深造途径和职业发展通道;三是推进"互联网+"翻转课堂,利用信息化手段,调动学生学习的积极性和主动性,将学习的决定权从教师转移给学生,不断削弱个体差异壁垒。

3. 多方筹措资源,推进校园信息化建设

本学年学院领导高度重视信息化工作,已开始推动办公OA系统实施应用,这将极大改善学院信息化管理状况,并以此为契机,陆续推动其他信息系统的调研及建设。根据学院2018—2020年滚动发展规划,学院将以完整智慧校园为建设目标,陆续建设实施教务系统、学生管理系统、后勤管理系统等,并保证资金投入。

4. 寻求国际合作新机遇,力争突破

国际合作是提升学院发展实力,促进学院内涵发展和办学质量提升的重要举措。学院将继续探索新的途径,比如从将毕业生作为交换生找切入点等,从而寻找国际合作新的突破口,再进行实质性的国际合作办学。未来学院要继续探索国际合作新途径,拓展合作新项目,从而真正迈开国际合作的步伐。

5. 加强心理健康教育和问题预防,确保学生正常发展

学院将通过心理普查等摸底调查手段,及时发现各类异常行为学生并进行登记,对长期旷课、网瘾严重、网贷、恋爱异常、消费异常、人格异常、性格缺陷等问题分门别类,及时采取有效的心理干预,及时预防心理危机事件的发生,确保学生健康成长、和谐发展。

第三部分

坚定信心 真抓实干
奋力开创高质量发展新局面

(2017—2018 学年)

三峡旅游职业技术学院 2017—2018 学年发展概述

2017—2018学年度,学院党委认真学习贯彻党的十九大精神和习近平新时代中国特色社会主义思想,在宜昌市委、市政府、湖北省委高校工委、宜昌市委高校工委及局党组的正确领导下,团结带领教职工攻坚克难,砥砺奋进,阔步迈入了创新发展、特色发展、内涵发展新时代,各项事业取得可喜成绩。学院党委被评为"红旗党委",学院荣获全国餐饮职业教育优秀院校、市级文明单位、全市平安校园、社会治安综合管理优胜单位等称号;学院团委被评为全省优秀社会实践团队、全市五四红旗团委;学院食堂被评为"省级餐饮服务食堂安全示范店",被宜昌市烹饪酒店行业协会评为"厨房标准化管理先进单位";学生宿舍被评为宜昌市2017至2018年度"文明宿舍"。学院成功承办了湖北省青少年校园足球中学生联赛分区赛(并获评优秀赛场)、宜昌市第四届"技能状元"大赛茶艺师项目决赛等大型活动,受到省市领导和参与人员的一致好评。

学生发展方面,一是学生活动亮点纷呈,促学生素质全面发展;二是强化专业技能竞赛,促人才质量不断提高;三是落实减、奖、助、贷,解学生发展后顾之忧;四是加强心理健康服务,促学生身心健康发展;五是扎实推进就业工作,就业质量不断提升,用人单位满意度保持高水平;六是推进校内创新创业基地建设,搭建创新创业平台,加强培训引导,组建自主创业实践团队,充分利用校内条件大力扶持自主创业,创新创业工作开创新局面。

教育教学改革方面,一是加强思政建设,包括深入开展十九大精神及习近平总书记系列重要讲话学习宣传和贯彻落实,开展"学英雄、颂英雄、做英雄"系列活动,提高思政课堂实效性,建立学生实践社团引领学生全面成长;二是推进专业建设,包括开展说专业大赛,有效推进专业内涵建设,继续完善省级特色品牌专业建设,全面迎检成效显著;三是产教融合取得新进展;四是加强培训,提升教师业务素质,推进师德培育活动,形成良好师风教风,完善教师队伍建设;五是扎实推进校内实训室建设,进一步优化校外实习基地建设,完善实习实训条件,深化校企协同育人;六是健全学院教学质量保障体系,进行质量监控和内部整改工作;七是开展多种活动,实施文化育人。

社会服务与贡献方面,一是通过物质捐赠、教育扶贫、咨询建言等方式开展精准扶贫和服务乡村振兴;二是面向社会开展普通话、幼儿园园长、旅游业务等多种社会培训;三是通过课题研究开展建言献策;四是大力开展、参与学雷锋、第七届军人运动会等志愿服务。

政策保障方面,一是湖北省、宜昌市领导高度重视职教工作和学院发展,宜昌市积极营造职教发展氛围;二是学院继续获得湖北省教育厅对省级以上技能大赛奖项和省级特色品牌专业建设资助,湖北省教育厅、宜昌市财政局对学院建设进行了专项支持,高职生均财政拨款不仅达标而且高于全国示范高职院校,财政投入保障充分。

问题与对策方面,本学年面临的挑战,一是办学条件尚有薄弱环节;二是专业群建设尚处于初级阶段;三是产教融合难以形成合力;四是学生管理面临新挑战。展望未来,一是积极争取上级政策扶持与资金投入;二是进一步优化专业群设置,更好服务区域经济发展;三是深化改革,主动对接积极服务行业企业发展;四是进一步创新学生管理工作机制,提高育人质量。

第三部分　坚定信心　真抓实干　奋力开创高质量发展新局面(2017—2018学年)

一、办学条件与成果

(一)基本办学条件

三峡旅游职业技术学院是2008年2月经湖北省政府批准,以宜昌教育学院为基础,合并湖北三峡科技学校组建而成。是宜昌市委、市政府主办的全省唯一一所独立设置的旅游类高校。2009年4月获教育部批准备案为全日制综合类普通高职院校。

办学条件优良。学院位于宜昌市高新区汉宜大道205号宜昌职教园内,地处宜昌火车东站和宜昌客运中心附近,属宜昌城东新区建设核心区域。学院占地面积32.33万平方米,校舍建筑面积12.13万平方米,教学科研仪器设备值2637.97万元,图书数量21.51万册。学院拥有先进的教学设施设备,建有现代化的多媒体教学系统、校园网络系统、远程教育系统和网络办公系统;建有"四基地":大学生创新创业基地、学前教育实习基地、宜昌市旅游人才培训基地、鄂西非物质文化遗产传承基地;建有"十中心":旅游管理实训中心、烹饪实训中心、酒店管理实训中心、乘务实训中心、学前教育实训中心、现代信息技术实训中心、临空产业实训中心、大学生思想政治教育实训中心、大学生心理健康教育辅导中心、宜昌市普通话培训测试中心,其中旅游管理专业实训中心是中央财政支持建设的重点实训基地;共有60余个理实一体化实训室;建设有近100个校外实训实习及就业基地,其中长江三峡旅游发展有限责任公司(三峡大坝旅游区)是学院牵头建设的省级旅游管理校外实训基地。

师资力量较强。学院现有在校生近4000人,教职工213人,其中专任教师103人,校内兼职教师56人,校外兼职教师49人。学院有享受国务院特殊津贴专家1人,全国优秀科技工作者1人,教育部全国行业职业教育教学指导委员会(专委会)委员2人,国家级职业技能大赛专家评委7人,省市学科带头人、市管优秀专家10人,国家、省级普通话测试员12人,楚天技能名师10人,湖北省技能名师1人,"双师型"教师100多人,"双师型"教

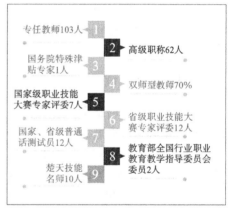

学院基本办学条件

师比例达到70%以上。学院聘请50多位校外专家、学者、能工巧匠为学院客座教授。一支规模适当、结构合理、师德高尚、业务精湛的"双师型航母编队"已然形成,见下表。

学院2017—2018学年度主要办学条件

办学条件	数据	办学条件	数据
占地面积/万平方米	32.33	专任教师数/人	103
校舍建筑面积/万平方米	12.13	兼职教师数/人	116
专业数/个	22	图书/万册	22.03
高职在校生数/人	2243	教学、科研仪器设备总值/万元	2904.7

专业特色鲜明。学院以旅游管理类专业群和学前教育专业群建设为重点,以航空服

务类、商务管理类、计算机类、园林类等专业为补充,开设了22个专业及专业方向,涵盖了高职教育、成人教育及中职教育各个层次。其中导游、酒店管理专业是中央财政建设的重点专业;旅游管理专业是湖北省职业教育品牌专业,烹调工艺与营养、旅游管理、酒店管理专业是国家第二批现代学徒制宜昌区域试点专业;学前教育专业是与中华职教社合作共建专业、湖北省职业教育特色专业;烹饪工艺与营养专业是湖北省现代学徒制试点专业。2017年学院被评为全国餐饮职业教育优秀院校,见下表。

学院2017—2018学年度主要办学监测指标一览表

序号	基本监测指标	本院数据	国家骨干及省示范位数	合格指标
1	生师比	17.39	15.27	18
2	具有硕士学位教师占专任教师的比例/(%)	42.72	60.69	15
3	生均教学行政用房/(平方米/生)	27.06	17.53	14
4	生均教学科研仪器设备值/(元/生)	11851	10918	4000
5	生均图书/(册/生)	89.88	75.14	80
6	具有高级职务教师占专任教师的比例/(%)	27.18	32.53	20
7	生均占地面积/(平方米/生)	132.35	63.44	54
8	生均宿舍面积/(平方米/生)	19.41	7.93	6.5
9	生均实践场所/(平方米/生)	16.64	8.61	5.3
10	百名学生配教学用计算机数/台	29.84	27.8	8
11	新增科研仪器设备所占比例/(%)	16.39	11.93	10
12	生均年进书量/册	2.12	3	3

(二)学院发展定位

面对职业教育发展的新要求,学院明确提出了未来五年发展规划:建设"一馆、二校园、四基地、十中心",打造魅力校园。规划中的"一馆"即三峡旅游博物馆;"二校园"即数字校园、书香校园;"四基地"即大学生创新创业基地、学前教育实习基地、市旅游人才培训基地、鄂西非遗传承基地;"十中心"则包括旅游管理、烹饪、酒店管理、乘务、学前教育、现代信息技术、临空产业、思想政治教育、心理健康教育和普通话培训测试等中心。经过五年的发展,把三峡旅游职业技术学院建成国内一流的优质旅游院校,成为湖北旅游人才和宜昌学前教育师资培养的摇篮,成为宜昌的重要形象代表。

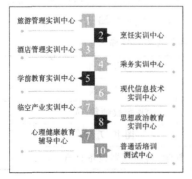

学院发展定位

第三部分　坚定信心　真抓实干　奋力开创高质量发展新局面(2017—2018学年)

(三)重大办学成果

1. 综合类

- 2017年杜先宁荣获全国职业院校技能大赛"优秀工作者";
- 2017年高小芹被全国餐饮行指委表彰为"全国餐饮职业教育优秀教师";
- 2017年学院当选中国旅游协会旅游教育分会第三届理事单位;
- 2017年学院被评为全国餐饮职业教育优秀院校;
- 2017年度学院被评为宜昌市教育微改革先进学校;
- 2017年叶永鹏被授予宜昌市"十佳师德标兵"荣誉称号;
- 2017年度宜昌市文明校园;
- 2017年度宜昌市平安校园;
- 2017年度宜昌高新区文明单位;
- 2017年度宜昌高新区社会治安综合治理优胜单位;
- 2018年梅继开荣获"第六届黄炎培职业教育奖杰出校长奖";
- 2018年杨德芹荣获"第六届黄炎培职业教育奖杰出教师奖";
- 2018年烹调工艺与营养专业被确定为立项建设的省级特色专业。

2. 技能竞赛

- 2017年全国职业院校技能大赛(高职组)中餐主题宴会设计比赛二等奖;
- 2017年第四届"长江钢琴杯"青少年钢琴比赛乙C组别三等奖;
- 2017年第四届"长江钢琴杯"青少年钢琴比赛乙C组别优秀奖;
- 2017年第七届"长安文虎杯"全国谜语创作征集大赛"优秀组织奖";
- 2017年高小芹荣获首批湖北省"职业教育技能名师工作室"主持人(烹调工艺与营养专业);
- 2017年湖北省第六届大学生艺术节优秀美术作品评选——《祖国一家亲》荣获一等奖;
- 2017年湖北省第六届大学生艺术节优秀美术作品评选——《金鸡报晓》荣获二等奖;
- 2017年湖北省第九届茶业职业技能大赛茶艺师个人赛银奖;
- 2017年湖北省第九届茶业职业技能大赛茶艺师个人赛铜奖;
- 2017年湖北省职业院校技能大赛(高职组)会计技术比赛推荐组三等奖;
- 2017年湖北省职业院校技能大赛(高职组)会计技术比赛抽选组三等奖;
- 2017年湖北省职业院校旅游管理类专业说课大赛酒店管理专业组三等奖;
- 2017年湖北省职业院校旅游管理类专业说课大赛酒店管理空乘组三等奖;
- 2017年湖北省第六届大学生艺术节优秀美术作品评选——《莲年有鱼》获优秀奖;

- 2017年湖北省第六届大学生艺术节优秀美术作品评选——《合家欢乐》获优秀奖；
- 2017年湖北省第九届茶业职业技能大赛茶艺师团体赛银奖；
- 2017年杨洋在宜昌市职业院校"一师一优课"教学竞赛活动中荣获一等奖；
- 2017年宜昌市职业院校信息化教学大赛专业课课堂教学二等奖；
- 2017年张丽利在宜昌市职业院校"一师一优课"教学竞赛活动中荣获三等奖；
- 2017年王玥在宜昌市职业院校"一师一优课"教学竞赛活动中荣获三等奖；
- 2017年山歌对唱《六口茶》节目在宜昌市第四届"技能状元"大赛中获团体表演奖；
- 2017年山歌对唱《茶意境》节目在宜昌市第四届"技能状元"大赛中荣获团体表演奖；
- 2017—2018年度宜昌市教师信息化教学和微课作品比赛信息化教学设计三等奖；
- 2017—2018年度宜昌市教师信息化教学和微课作品比赛微课比赛三等奖；
- 全国第五届大学生艺术展演活动组织委员会——《祖国一家亲》三等奖；
- 2018年"鼎盛诺蓝杯"第十届全国旅游院校服务技能（导游服务）大赛普通话组一等奖；
- 2018年"鼎盛诺蓝杯"第十届全国旅游院校服务技能（导游服务）大赛普通话组二等奖；
- 2018年"鼎盛诺蓝杯"第十届全国旅游院校服务技能（导游服务）大赛英语组二等奖；
- 2018年"鼎盛诺蓝杯"第十届全国旅游院校服务技能（导游服务）大赛高等院校组团体奖；
- 2018年第三届中国（潍坊）民间艺术博览会金奖——剪纸类《哭嫁》；
- 2018年第三届中国（潍坊）民间艺术博览会金奖——剪纸类《巴山翁》；
- 2018年中国外语微课大赛获湖北省二等奖；
- 2018年湖北省职业院校技能大赛（高职组）中西式宴会服务赛项二等奖；
- 2018湖北省职业院校技能大赛学前教育赛项（高职组）三等奖；
- 2018年湖北省职业院校技能大赛（高职组）中西式宴会服务赛项三等奖；
- 2018年中国技能大赛——第45届世界技能大赛全国选拔赛酒店接待项目湖北省选拔赛三等奖；
- 2018年宜昌市中职学校班主任基本功大赛班会设计一等奖；
- 2018年宜昌市中职学校班主任基本功大赛教育故事演讲一等奖；
- 2018年宜昌市中职学校班主任基本功大赛模拟情景答辩一等奖；
- 2018年宜昌市中职学校班主任基本功大赛个人全能赛项二等奖；

第三部分　坚定信心　真抓实干　奋力开创高质量发展新局面(2017—2018学年)

- 2018年宜昌市中职学校班主任基本功大赛模拟情景答辩二等奖;
- 2018年宜昌市中职学校专业教师技能竞赛学前教育技能组音乐类二等奖;
- 2018年宜昌市中职学校体育教师教学设计大赛二等奖;
- 2018年宜昌市中职学校班主任基本功大赛模拟情景答辩二等奖;
- 2018年宜昌市中职学校专业教师技能竞赛学前教育技能组音乐类三等奖;
- 2018年宜昌市中职学校专业教师技能竞赛学前教育技能组美术类三等奖;
- 2018年宜昌市中职学校专业教师技能竞赛学前教育技能组舞蹈类三等奖;
- 2018年宜昌市中职学校班主任基本功大赛团体三等奖。

3. 教学科研

- 2017年25项申报课题获得宜昌市社会科学研究课题项目立项;
- 《宜昌自贸片区税收政策的思考与建议》获宜昌市科协2017年度"专题建言献策"项目一等奖;
- 《五峰避暑养生型乡村旅游情况调查研究》获宜昌市科协2017年度"专题建言献策"项目三等奖;
- 2018年"一种用于蜜环菌孢子分离、培养的培养基及方法和应用"获国家专利(证书号第3021251号);
- 2018年张耀武荣获"全国社科工作先进个人";
- 《我国开设烹饪专业院校办学现状调研》课题项目获批全国餐饮职业教育教学指导委员会2018年度科研项目重点课题(项目编号:CYHZWZD201806);
- 2018年两项湖北省教育科学"十三五"规划立项课题项目验收结题(项目编号:2016GB294、2016GB293);
- 2018年11项申报课题获得宜昌市社会科学研究课题项目立项;
- 论文《五年一贯制学前教育专业人才培养工作现状调查报告——基于高职院校视角》获第十三届宜昌市自然科学优秀学术论文一等奖;
- "推行房地产税立法对宜昌市房价的影响"获宜昌市科协2018年度"专题建言献策"项目二等奖;
- "研学旅游背景下宜昌导游服务质量提升问题的思考与建议"获宜昌市科协2018年度"专题建言献策"项目二等奖;
- 论文《大数据时代对会计从业人员的新要求》获第十三届宜昌市自然科学优秀学术论文二等奖;
- 论文《文化视野下宜昌红茶产业发展研究》获第十三届宜昌市自然科学优秀学术论文三等奖;
- 论文《宜昌嫘祖信仰在新农村建设中的功能构建——以远安荷花镇嫘祖信仰为例》获第十三届宜昌市自然科学优秀学术论文三等奖;
- 论文《中高职衔接的酒店管理专业课程体系构建研究》获第十三届宜昌市自然科学优秀学术论文三等奖;

论文《旅游房地产开发研究——以旅游城市宜昌为例》获第十三届宜昌市自然科学优秀学术论文优秀奖；

论文《高职拔尖创新人才培养中英语能力培养》获第十三届宜昌市自然科学优秀学术论文优秀奖；

论文《高职院校专兼结合教学团队评价指标体系构建及实证研究——以酒店管理专业为例》获第十三届宜昌市自然科学优秀学术论文优秀奖。

4. 社会服务

学院被评为2017年湖北省"三下乡"活动优秀团队；

2017年全省优秀社会实践团队。

5. 其他类

2017年2015级涉外旅游一班彭鑫同学获得"中国电信奖学金·飞Young奖"；

获2017年QQ智慧校园百校迎新全国示范院校；

获2017年第三届中国"互联网＋"大学生创新创业大赛铜奖；

2017年学院党委被评为宜昌市直教育系统红旗党委；

2017年学院党组织被评为先进基层党组织；

2017年学院团委被宜昌团市委表彰为"全市五四红旗团委"；

2017年学院寝室被评为全市文明寝室；

2017年学院食堂被评为宜昌市食品安全"A级食堂"；

2017年学院被评为宜昌市厨房标准化管理先进单位；

学院荣获2015—2018年宜昌市图书馆学会先进单位；

获2018年第八届全国大学生红色旅游创意策划大赛华中赛区"优秀组织奖"；

2018年2017级旅游管理班刘安琪同学荣获宜昌市第二届讲解员大赛一等奖；

2018年学前教育五年一贯制向雅婷同学荣获宜昌市禁毒演讲大赛冠军；

2018年2016级导游班李慧瑶同学荣获宜昌市第二届讲解员大赛二等奖；

2018年2017级旅游管理班的撒赟同学荣获宜昌市第二届讲解员大赛优秀奖；

2018年学院荣获宜昌市第二届讲解员大赛"最佳组织奖"。

(四)办学理念

学院秉承"砺志明德、笃学躬行"的校训和"以人为本、依法治校、质量为先、特色立校"的办学理念，坚持以高职教育(含五年一贯制、中高职三二分段制)为主体、成人教育为补充，学历教育与职业培训并举的办学格局。立足鄂西圈，服务大三峡，面向中西部，辐射全中国，培养以旅游类、学前教育专业为特色，以航空类、财会类、管理类及计算机类专业为补充的技术技能型人才。

第三部分 坚定信心 真抓实干 奋力开创高质量发展新局面(2017—2018学年)

学院专业结构

二、学生发展

(一)招生基本情况

学院科学谋划招生方案,重点破解招生宣传难题,创新招生宣传方式,突出学院的品牌与优势,引导教职工积极攻坚克难、面向全国全员投入招生。学院2018年共招收新生1626人,在校学生数达3646人,其中湖北省内报到633人,报到率为92%;省外报到201人,报到率为83.75%,创办学院以来历史新高。

(二)在校体验

1. 学生活动亮点纷呈,促学生素质全面发展

坚持每月一次主题升旗仪式,紧紧围绕"学英雄、颂英雄、做英雄""纪念改革开放四十周年""纪念12·9运动83周年"等主题开展国旗下的讲话,培养加深了师生的爱国情怀。高规格、大场面组织开学典礼和新生军事训练,隆重的仪式感传递了学院对新生的重视与关爱。学院承办宜昌市庆祝改革开放40周年演讲比赛,积极参加首届高校篮球赛、新年长跑、文明城市创建志愿服务等活动,精心筹备组织学院社团嘉年华、无偿献血、迎新春文艺晚会等大型活动,有效促进了学生的素质提升和全面发展。积极开展文明校园创建,强化"十星"系列文明创建活动,涌现出一大批"十星"先进集体和先进个人。学院团委连续4年被宜昌团市委表彰为全市"五四红旗团委",5个团支部被评为全市"优秀团支部",16名师生分别被表彰为省市级"优秀团干""优秀团员",1个团队被表彰为湖北省"三下乡"社会实践活动优秀团队。

宜昌市庆祝改革开放40周年演讲比赛

本学年在院团学会社团部登记注册学生社团共 21 个,各社团坚持每周开展 1—2 次活动,参加各类培训 30 次以上。各社团都能够自发组织活动,充分调动成员的积极性。我们的社团活动给校园营造了健康向上的校园文化氛围,传播正能量,极大丰富了学生业余生活,促进了学生全面发展。

典型案例

学院学子获得"中国电信奖学金·飞 Young 奖"

2017 年 9 月 17 日,第二届中国电信奖学金获奖者名单新鲜出炉。三峡旅游职业技术学院新叶学院 2015 级涉外旅游一班彭鑫同学获得"中国电信奖学金·飞 Young 奖"。

中国电信奖学金的评选要求严格,从六月份开始申报,经过宜昌市和湖北省的层层严格筛选,上报至共青团中央学校部,经由团中央的考核审查最终评选出获奖人员。此次评选历时三个月之久,彭鑫同学是宜昌市五大高校中唯一获得电信奖学金的同学。

2. 强化专业技能竞赛,促人才质量不断提高

学院长期重视对学生的实践能力和创新精神的培养,通过以赛促学、以赛促教、以赛促改的形式,深化教育教学改革,促进学院内涵建设和特色发展,人才培养质量不断提高。强化实践技能教学考核、过程督导,扎实开展技能竞赛活动,学生综合素质显著增强。

2017—2018 学年,学院选派学生参加了国家级、省部级等各类职业技能大赛,成绩斐然,充分展示了学院各专业师生的职业素养和技能水平。获奖情况见下表。

2017—2018 学年技能大赛学生获奖情况一览表

序号	选手姓名	参赛项目	获奖等级	赛事等级
1	刘安琪	2018 年"鼎盛诺蓝杯"第十届全国旅游院校服务技能(导游服务)大赛(普通话组)	一等奖	国家级
2	李慧瑶		二等奖	
3	杨韩	2018 年"鼎盛诺蓝杯"第十届全国旅游院校服务技能(导游服务)大赛(英语组)	二等奖	
4	孙佳琳		三等奖	
5	杨莉非	2017 年湖北省职业院校技能大赛(高职组)会计技术比赛推荐组	三等奖	省级
6	王娟			
7	徐敏			
8	徐泓			
9	陈招	2017 年湖北省职业院校技能大赛(高职组)会计技术比赛抽选组	三等奖	
10	陈治宇			
11	杨庆			
12	程思雨			
13	陶林芳	2017 年湖北省职业院校技能大赛(高职组)中西式宴会服务赛项	二等奖	省级
14	黄文琴		三等奖	
15	徐梦蝶	2017 年湖北省第九届茶业职业技能大赛茶艺师团体赛	银奖	省级
16	闫雅琪		银奖	
17	肖志豪	2017 年湖北省第九届茶业职业技能大赛茶艺师个人赛	银奖	
18	向亚玲		铜奖	

第三部分 坚定信心 真抓实干 奋力开创高质量发展新局面(2017—2018学年)

续表

序号	选手姓名	参赛项目	获奖等级	赛事等级
19	高微微	第三届中国"互联网+"大学生创新创业大赛(湖北省复赛)	铜奖	省级
20	朱德梦			
21	杨凯			
22	关迟强			
23	邓诗吟			
24	傅继红			
25	蒋勇	2018年湖北省职业院校技能大赛计算机网络与信息安全赛项	二等奖	省级
26	杨重伟			
27	卢同彬			
28	刘伟涛	2018年湖北省职业院校技能大赛动漫制作赛项	三等奖	省级
29	李婉容	2018年湖北省职业院校技能大赛会计技能赛项	三等奖	省级
30	汪姣			
31	杜秀娟			
32	彭栗			
33	张徐燕			
34	田威			
35	黎雅			
36	苏文双			
37	张开进子	2018年湖北省职业院校技能大赛中西宴会服务赛项	二等奖	省级
38	董晶晶		三等奖	
39	陶林芳			
40	胡文静	2018年湖北省职业院校技能大赛学前教育赛项	三等奖	省级
41	席庆慧			
42	龙琼艳	"劲霸杯"第四届中国厨师职业技能大比武	金奖	国家级
43	熊振威			
44	金春琴		银奖	
45	杜雨薇			
46	李蓝清			
47	钟汶金			

续表

序号	选手姓名	参赛项目	获奖等级	赛事等级
48	刘殊凤	宜昌市中等职业教育学生职业技能（才艺）大赛学前技能项目	一等奖	市级
49	张晴蕴		三等奖	
50	吕华琳		三等奖	
51	潘皇胜		三等奖	
52	闫雅琪	宜昌市中等职业教育学生职业技能（才艺）大赛中华茶艺项目	一等奖	市级
53	刘玮琪		三等奖	
54	张紫灿	"贝蒂杯"湖北省体育舞蹈公开赛暨宜昌市第十三届体育舞蹈锦标赛	成人组女子拉丁舞A组第二名	市级
55	罗梦格		成人组女子拉丁舞B组第三名	
56	罗梦格		大学生女子组单人C组拉丁舞第二名	
57	马欣怡		大学生女子组单人A组拉丁舞第二名	
58	舒婷		成人组女子拉丁舞B组第二名	
59	舒婷		女子单人单项第四名	
60	刘安琪	宜昌市第二届讲解员大赛	一等奖	市级
61	李慧瑶		二等奖	
62	撒赟		优秀奖	
63	向永红	第三届中国（潍坊）民间艺术博览会	剪纸类作品金奖	中国民间文艺家协会
64	黄友蔚			
65	江潮秀子			
66	袁心怡			
67	闵聪	第八届全国大学生红色旅游创意策划大赛	华中赛区三等奖	中国旅游协会旅游教育分会
68	税桂林			
69	王莉			
70	撒赟			
71	段小谍			
72	毛张旭	2017年全国职业院校技能大赛（高职组）中餐主题宴会设计比赛	二等奖	国家级
73	黄家堃			
74	任聪			

第三部分　坚定信心　真抓实干　奋力开创高质量发展新局面(2017—2018学年)

典型案例

酒店技能显身手，宴会服务获佳绩

11月3日至5日，2017年湖北省职业院校技能大赛(高职组)中西式宴会服务赛项在武汉职业技术学院举行，来自全省35所高职院校共计70名选手参加角逐。此次大赛由中式宴会服务、西式宴会服务两大部分组成，中式宴会服务包含中式宴会摆台、中式宴会主题设计、中式宴会服务现场互评、中式宴会服务英语测试；西式宴会服务包含西式宴会摆台、西式宴会菜单设计、西式宴会主题设计及台面英语介绍、调酒。大赛时间安排紧凑、内容丰富、程序复杂，全面考察了选手的中西式宴会综合服务能力，最终学院酒店管理系学生陶林芳获得二等奖，黄文琴获得三等奖。

学生参加 2017 年湖北省职业院校技能大赛

学院学子参加湖北省第九届茶业职业技能大赛获佳绩

11月3日上午，学院代表队在湖北省第九届茶业职业技能大赛上共荣获二银一铜的好成绩。本次大赛共有来自湖北省各地市州的14支代表队、138名选手参加。学院学前教育系闫雅琪、徐梦蝶的参赛作品《梦回清江》荣获茶艺师团体赛银奖(第三名)，酒店管理系肖志豪的参赛作品《一叶知秋》荣获茶艺师个人赛银奖(第二名)，向亚玲的参赛作品《茶乡女于归》荣获茶艺师个人赛铜奖(第五名)。

学生参加湖北省第九届茶业职业技能大赛

导游学子技能强,技能大赛大奖揽

2018年5月10日至13日,由中国旅游协会指导、中国旅游协会和浙江省旅游局联合主办、浙江旅游职业学院承办的"鼎盛诺蓝杯"第十届全国旅游院校服务技能(导游服务)大赛在杭州举办。

本届大赛共有来自全国31个省、自治区、直辖市的371所高等院校和中职学校的1160名选手报名参赛,其中,本科和大专选手989名。比赛设普通话导游服务和英语导游服务(限高等院校组)两个项目,每个赛项分别包括理论考核、导游讲解和才艺展示。

学院普通话导游服务和英语导游服务各派出2名选手参加高等院校组的赛项。经过激烈角逐,学院2017级旅游管理专业的刘安琪获得高等院校组普通话导游服务一等奖,2016级导游专业的李慧瑶获得高等院校组普通话导游服务二等奖,2016级旅游管理专业的杨韩和2016级旅游管理专业的孙佳琳分别获得高等院校组英语导游服务二等奖和三等奖,学院喜获高等院校组团体奖。学院是湖北省唯一获得个人一等奖和团体奖的高职院校。指导教师曹金平创作的导游词《黄鹤楼》,在闭幕式点评中获得好评,将被收录到本届大赛的优秀导游词中。

学院通过参加此次大赛,有效促进了学院"以赛促教,以赛促学"的人才培养模式,完善了学院教育教学改革的内容,提高了人才培养的质量。

学生参加第十届全国旅游院校服务技能(导游服务)大赛

计算机专业学生创意强,闯进国赛主战场

由中国语文现代化学会、国家语言文字工作委员会汉字文化创意研究中心主办的"传承与创造"2017两岸大学生汉字文化创意大会全国评审结果公布。学院商务管理系计算机专业刘俞君老师指导、蒋勇同学创作的平面设计作品《汉字意象》通过学院初赛选拔及湖北省复赛选拔,最终代表湖北省晋级全国赛,并入选2017两岸大学生汉字文化创意大会作品展。据悉,本次入选全国赛的共有452件作品。参赛高校包括清华大学、中央美术学院、厦门大学、"台湾大学"、"台湾师范大学"等海峡两岸著名高校,竞争异常激烈。

自2017年6月本项赛事启动以来,学院积极响应湖北省教育厅号召,继续教育中心(宜昌市普通话培训测试中心)牵头,商务管理系组织专业老师给学生开展宣讲、动员、辅导等工作。老师们秉承"以赛促教,融赛于教"的理念,利用课堂教学及课余时间剖析经典案例,充分地把竞赛项目与课堂教学实践训练结合起来,整合优势资源,通力合作,指导学生完善作品。

第三部分　坚定信心　真抓实干　奋力开创高质量发展新局面(2017—2018学年)

本次大赛为贯彻落实习近平总书记关于促进两岸关系和平发展的讲话精神,厚植两岸同胞的精神纽带,促进心灵契合,增强中华文化自信、中华民族自信,共同弘扬中华文化,共同致力于实现中华民族伟大复兴。此项比赛的开展有助于增强大学生对汉字的亲近感与文化认同感,对传承和弘扬汉字文化、提升中华文化自信有重要意义,同时也充分展示了学院师生良好的中国传统文化底蕴和较强的设计应用能力。

3. 落实减、奖、助、贷,解学生发展后顾之忧

学院从保障和改善民生、办人民满意的教育的高度,全面贯彻落实国家高校奖励和资助政策,构建和完善了以学费减免、奖学金、助学金为主体的学生奖励和资助体系,激励学生追求卓越,支持贫困学生发展,引领学生健康成长和解决学生发展后顾之忧。

2017两岸大学生汉字文化创意大会作品展入选证书

学院本年度享受国家免学费学生1596人次,免学费金额为221.46万元;完成197名学生共计146.5万元的助学贷款;完成13名服兵役学生共计11.5万元学费补偿手续;完成2240人次国家奖学金、励志奖学金、国家助学金的评选工作,涉及资助资金共计462.96万元;完成422名贫困学生建档立卡和1587名家庭经济困难学生建库工作,使学生公平享受到党和政府的惠民政策。对家庭经济困难的见义勇为烈士女儿谭林霞等同学提供学费,住宿费全免,把党和政府以及学院的温暖送到学生心中。

4. 加强心理健康服务,促学生身心健康发展

学院心理中心本着"面向全体大学生、服务全体大学生"的宗旨,遵循"尊重、共情、互助、保密"的原则,构建了"学院-系部-班级-宿舍-朋辈"五级心理健康教育工作网络体系,细化常规管理,关注过程,寓心理健康教育于丰富多彩的活动之中,尤其是在朋辈心理咨询员的选拔培养、校园心理情景剧的创新、重大心理危机的干预等方面凸显了学院心理健康教育的特色和优势。2017—2018学年学院心理中心共接受学生心理咨询600余次。

典型案例

校园心理情景剧演真人说真事诉真情

"做三旅人,讲三旅故事!"作为一年一度大学生心理健康节月活动的重头戏,三峡旅游职业技术学院2017—2018学年的校园心理情景剧从内容到形式都做了创新尝试:以"三旅故事"为主题,采取"讲述＋场景表演＋原型人物亮相＋PPT或视频展示"的表演形式,讲述真实的校园故事。比赛现场,激情讲述与本色表演交替进行,伴以优美的音乐旋律、精致的PPT、简洁生动的视频、原型人物的精彩亮相,高潮迭起。观众们在观看中会心地笑、开心地笑,在静听中思考着、感悟着。学院学前教育系1651班表演的《托起明天的太阳》的原型人物是三旅优秀毕业生朱咏絮,现任夷陵区中心幼儿园栗子坪分园园长。

她2009年进入学院学习,毕业后选择了去山区幼儿园支教。她热爱幼教,立足岗位做奉献,在坚持中不断成长,用自己的行动赢得了孩子们的爱戴、家长的尊重,多次获得"五四青年新秀""优秀教师""优秀教育管理者"等荣誉称号。"学姐,我们来了!"全体演员激情表达追逐朱咏絮的步伐、毕业后投身山区幼儿园教育的职业理想。

2017级空中乘务、酒店管理班表演的《爱心接力》讲述的是2016级酒店管理班学生、学院团委青年志愿者指导中心副主任张国辉的故事。他是一位有爱心、乐于助人、甘于奉献的阳光男孩,他热心帮助同学、积极参加志愿者活动,用自己的善行感染身边每一个人。在张国辉的带领下,更多学弟学妹加入志愿者活动,将爱心传递下去。

校园心理情景剧

(三)就业质量

1.就业率

学院2018届毕业生就业率为93.88%,其中,协议就业率约79.32%,灵活就业率约10.29%,自主创业率约0.24%,升学率约0.74%,其他途径就业率3.29%。整体就业状况上升,毕业生主要毕业去向为协议就业,其次是灵活就业,占比分别约为79.32%和10.29%。学院毕业生就业形势年年向好,毕业生就业质量和就业层次的提高幅度更大,见下表。

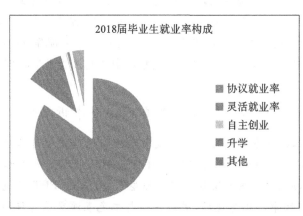

第三部分 坚定信心 真抓实干 奋力开创高质量发展新局面(2017—2018学年)

应届毕业生就业率分专业构成统计表

院系	专业	就业率(就业数/毕业生数)	学历
			专科就业率(就业数/毕业生数)
合计		93.88%(890/948)	93.88%(890/948)
商务管理系		97.22%(35/36)	97.22%(35/36)
	园林技术	100.00%(6/6)	100.00%(6/6)
	会计电算化	96.67%(29/30)	96.67%(29/30)
酒店管理系		95.05%(96/101)	95.05%(96/101)
	民航运输	100.00%(8/8)	100.00%(8/8)
	空中乘务	100.00%(21/21)	100.00%(21/21)
	酒店管理	100.00%(25/25)	100.00%(25/25)
	休闲服务与管理	100.00%(8/8)	100.00%(8/8)
	烹饪工艺与营养	87.18%(34/39)	87.18%(34/39)
旅游管理系		98.63%(72/73)	98.63%(72/73)
	旅游管理	97.96%(48/49)	97.96%(48/49)
	导游	100.00%(24/24)	100.00%(24/24)
学前教育系	学前教育	96.53%(195/202)	96.53%(195/202)
新叶学院		91.79%(492/536)	91.79%(492/536)
	计算机应用技术	91.54%(119/130)	91.54%(119/130)
	会计电算化	100.00%(17/17)	100.00%(17/17)
	市场营销	75.68%(28/37)	75.68%(28/37)
	涉外旅游	87.39%(97/111)	87.39%(97/111)
	旅行社经营管理	95.24%(100/105)	95.24%(100/105)
	学前教育	96.32%(131/136)	96.32%(131/136)

2. 就业流向

从就业地域来看,学院2018届毕业生主要就业地为湖北省,共819人,占就业总人数的92.02%。到北上广深等城市就业112人,比例为12.58%。省外就业排在前三位的分别为广东省(75人,8.43%)、上海市(26人,2.92%)、浙江省(18人,2.02%)。

2018年学院毕业生就业率达93.88%,毕业后留在本市(宜昌)就业的比例为23.62%,本省(湖北省)就业率86.75%,对口就业率(就业单位和岗位与所学专业方向一致)为59.2%,人均月收入3260元。

在宜昌本地生源较少的情况下,学院毕业生在宜昌市就业的比例也在逐年增长,2018年达到了110人;宜昌本地就业学生比例为11.60%,主要集中在旅游公司、旅行社和旅游景区、高档酒店以及教育培训机构和幼儿园等用人单位,为宜昌旅游城市和地方经济社会发展提供了大量的人才资源。还有大量毕业生就业单位集中在重庆、神农架等地,为长江三峡和鄂西生态旅游的发展做出了贡献。

3. 毕业生薪资水平

2018届毕业生转正后月收入在4000元以上的学生比例为19.52%；3001—4000元的有37.81%；2001—3000元的有38.47%；还有4.20%的学生在刚毕业时月收入低于2000元。毕业生月收入状况较往年有一定的提高，与社会第三产业的发展和企业对人力资源以及社保待遇的提高有一定关系。学院应加大对毕业生技能的培养和职业能力的提升，以及对学生职业发展和个人人生规划方面的教育，促进毕业生就业能力和职业生涯的发展。

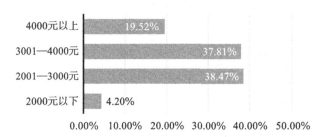

2018届毕业生薪资水平表

4. 毕业生工作与专业相关度

通过对2018届毕业生专业相关度调查发现，毕业生选择"相关"的比例为73.67%，其中对口就业率为59.2%；选择"基本相关"的比例为14.47%。毕业生就业岗位与专业相关度较高，说明学院自身专业设置、人才培养方案与社会需求的相关性更加契合。选择"不相关"的有10.41%，毕业生选择与专业无关工作的最主要原因是"专业工作不符合自己的职业期待"，其次是"迫于现实先就业再择业"。

5. 毕业生就业现状满意度

学院毕业生对找到工作感觉非常满意的比例为17.23%；满意的比例为64.47%；态度一般的比例为13.16%；仅有5.14%的毕业生对就业现状不满意。

2018届毕业生就业现状满意度统计分析表

6. 用人单位满意度

在针对2018届毕业生就业用人单位开展的毕业生质量调查显示，用人单位对学院毕业生的总体评价较高，校友满意度为93%。在各项评价指标中，用人单位对学院学生的专业适应能力、思想道德修养、基本理论与基本技能的实际水平、社会公德与职业道德、实践能力、敬业精神和工作态度、服从工作需要和组织安排等方面的满意和非常满意率高达85%以上，对学生的创新能力、外语能力、计算机能力、文字及口头表达能力、组织管理能力、自我获取知识能力、社会适应能力、心理承受与调适能力、团队意识等方面的满意和非常满意率达到75%及以上。

第三部分　坚定信心　真抓实干　奋力开创高质量发展新局面(2017—2018学年)

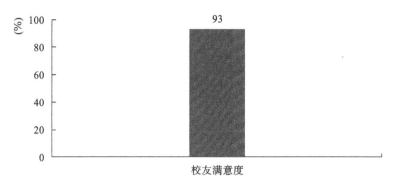

2018届毕业生校友满意度统计表

(四)创新创业

1. 加强培训引导,组建自主创业实践团队

学院高度重视就业创业工作,近三年以来毕业生就业率均在95%以上,每年都有部分毕业生自主创业。

(1)加强创业教育培训,与人社部门合作,通过SIYB创业培训国际劳工组织为帮助小微企业发展和促进就业专门开发的一系列培训课程对每届毕业生进行全员培训,增强毕业生创业意愿,帮助学生熟悉创业流程。学院已经获得宜昌高新区创业培训基地资质,可以在人社局指导下对学生开展自主培训。

(2)积极组织学生参加创新创业大赛,借助大赛项目设计提升创业规划设计能力。2018年学院在全国大学生创业服务网上完成创新创业大赛项目85项,通过校赛的参赛项目23项,推荐参加省赛项目4项。

(3)开展创业活动实践指导,2018年学院先后挖掘创业实践团队3组,安排创业导师4人,对学生创业活动予以支持,帮助学生开展创业活动。

典型案例

学院在第三届中国"互联网+"大学生创新创业大赛
湖北省复赛中荣获铜奖

从第三届中国"互联网+"创新创业大赛湖北省复赛传来佳绩,学院酒店管理系"'楚地锦时'酒店O2O旅游商品销售平台"项目获得铜奖,这是学院第二次获得该项赛事的铜奖。

2017年中国"互联网+"大学生创新创业大赛湖北省复赛全省高校共有1.2万个项目、5万多名大学生报名参赛,参赛项目数和参赛学生人数是上一届的2倍。在各高校校级初赛基础上,有12290个项目参加省级复赛。经过专家网络评审,共遴选出241个获奖项目,其中91个项目进入省级复赛现场赛。

自学院"互联网+"大学生创新创业大赛启动以来,教务处牵头认真组织,全院共有17个项目参加校赛,最终有3个项目通过选拔参加省赛,并在湖北赛区复赛中喜获佳绩。

2. 充分利用校内条件,大力扶持自主创业

学院前几年一直没能投资建设创新创业基地,但学院一直设法多方利用各种可用资源支持大学生创业。2017年,学院烹饪专业毕业生龙琼艳联合几名同学欲开办校园餐饮

学院参加第三届中国"互联网+"大学生创新创业大赛

龙琼艳

店,学院在食堂二楼提供专门窗口、工作间及食堂生产设备,帮助几名学生开起学长店,纳入学院食堂统一管理,经营红火。此外,部分学生走向社会创业,学院创业指导教师均给予热心指导,帮助学生成功创业。

3. 推进校内创新创业基地建设,搭建创新创业平台

校内创新创业基地正在按计划推进。宜昌市财政投资40万元建设创新创业基地,基地房屋改造土建工程已基本完工。下一步将根据文化功能需要进行装修,投入使用,力争通过校内创新创业基地为在校学生搭建创业平台。

校内创新创业基地

三、教育教学改革

(一)学院治理

学院坚持把思想理论建设放在首位,坚持党委中心组学习制度,深入学习贯彻习近平新时代中国特色社会主义思想和党的十九大精神,树牢"四个意识"、坚定"四个自信",坚

第三部分　坚定信心　真抓实干　奋力开创高质量发展新局面(2017—2018学年)

决做到"两个维护",提升了领导班子管党治党、办学治校能力。坚持执行党委领导下的院长负责制,坚持民主集中制和"三重一大"制度,学院领导班子团结一心,凝心聚力,坚定办好学院的信心决心毫不动摇,进一步明确了学院发展的方向和思路、目标和措施,为学院的可持续发展提供了纲领性引导。认真落实党委成员联系支部(系部)制度、谈心谈话制度,深入调研情况、解决问题,加强内涵建设,突破招生困难瓶颈,使学院步入转型升级、内涵提升的快车道。切实履行意识形态主体责任,制定实施《意识形态工作责任"四张清单"制度》和意识形态安全责任制、网络安全责任制,建立健全意识形态风险评估及应急处置机制,严格执行报告会、研讨会、讲座、社团等审核备案制度,强化课堂、论坛、报纸、学刊、橱窗、广播等阵地管理。加强校园网络和"两微一端"等新媒体安全管控。坚持全面从严治党,认真履行党风廉政建设"两个责任"和"一岗双责",切实落实中央"八项规定"精神,持续深入推进"转作风抓落实","四风"问题得到有效治理。坚持把文明创建工作与党政、业务工作同部署、同检查、同落实,齐抓共管,创建成效显著。坚持正确选人用人导向,圆满完成新一届中层干部竞聘工作,建立了一支想干事、能干事,德才兼备、清正廉洁的优秀干部队伍,形成了适应学院发展要求、推动学院发展建设的中坚力量。切实加强基层组织建设,扎实推进"两学一做"学习教育常态化制度化,积极创建"学习型、创新型、服务型"党组织和"五星"党支部。认真开展党支部达标创建、分类定级工作,党支部建设成效显著。在宜昌市教育局属28个单位的党支部达标创建工作中,学院以名列前茅的成绩获得A级;在宜昌市教育局直属教育系统66个在职党支部分类定级工作中,学院6个在职党支部中有5个党支部被确定为先进二级,占宜昌市教育局直属教育系统先进二级党支部的25%。

(二)思政建设

1.深入开展十九大精神及习近平总书记系列讲话学习宣传和贯彻落实

深入开展党的十九大精神及习近平总书记系列重要讲话学习宣传和贯彻落实,把学习宣传贯彻党的十九大精神及习近平总书记系列重要讲话作为学院近期及今后一个时期的重点工作,按照教育部要求,掀起大学习、大研究、大行动热潮。充分认识党的十九大重要意义,准确领会和把握党的十九大精神的思想精髓和核心要义。推动学习宣传党的十九大精神全覆盖,推进十九大精神进教材、进课堂、进头脑,自觉用习近平新时代中国特色社会主义思想武装广大干部师生头脑。用新思想引领学院新发展,从新矛盾来把握新机遇,以新使命开启新征程,以新要求展示新作为,浓墨重彩书写好学院发展"奋进之笔"。

党委理论学习中心组学习党的十九大精神及习近平总书记系列讲话

组织观看全市学习党的十九大精神和党章知识竞赛预赛

2. 以"学英雄、颂英雄、做英雄"系列活动为契机,提高思政课堂实效性

思想政治课程是系统地对大学生进行思想政治教育的主渠道和主阵地,它在培养学院学生成为高素质的技能型人才方面具有不可替代的作用。高职思想政治课程教师应变被动为主动,改变观念,采用多种教学形式,充分发挥高职学生的主体作用,提高学生学习思想政治课程的兴趣,让学生成为课堂教学的主角,活跃课堂气氛,从而达到培养人才的目标。除了深化推行集体备课、学生助教之外,本学年思政课部把"学英雄、颂英雄、做英雄"作为提高课堂实效性的抓手,通过系列活动大力学习身边模范,弘扬英雄精神,用英雄故事感染人,用英雄精神武装人,让英雄精神扎根校园,共同奏响新时代的英雄赞歌。

思政课部组建"学英雄、颂英雄、做英雄"宣讲团,宣传身边楷模、全市师德标兵叶永鹏老师和丁红平老师的先进事迹,宣传全国见义勇为英雄谭帆江先进事迹。通过课堂主渠道将发生在师生身边的故事讲实讲活,感染全院师生,传播正能量。思政课部承办开学第一期道德讲堂,以"学英雄、颂英雄、做英雄"为主题,以专题报告会的形式在全体教职工中宣讲,倡导全院师生向身边的楷模学习。思政课部印发"学英雄、颂英雄、做英雄"学习资料,作为思政教学内容,达到进课堂、进头脑、进教材的目的。

典型案例

为英雄女儿谭林霞建立人生导航图

以"一对一"结对帮扶方式为英雄女儿谭林霞建立人生导航图。由思政课部主任陈旭清老师担任谭林霞的人生导师,李想老师担任谭林霞的生活辅导老师,通过"一对一"结对帮扶,帮助其尽快适应大学生活。一是对人生规划进行指导,制定切合实际的梯级发展规划,指导其每一个上升期的成长要领,遵循人性化、渐进性和发展性原则,开展不定期、经常性、有针对性的教育活动,加强其职业规划,提升职业技能和就业创业能力。二是对学业进行辅导,

学院教师与英雄女儿谭林霞

对薄弱学科进行辅导,关爱其学业成长,加强学业引导,提高学习兴趣和学习能力,力争学业良好。三是对心理进行开导,注重心理疏导,提高其环境适应能力和生活社交能力,帮助其培养健全人格,形成自主、自律、自强的品格,树立正确的世界观、人生观和价值观。四是对生活进行帮扶,关心其日常生活,帮助其克服生活上的困难,养成艰苦朴素、奋发图强的作风。

3.建立学生实践社团,引领学生成长

注重学生实践活动,提升实践育人能力。一方面继续引导三思学会社团开展学习教育活动,通过读书会、社会实践活动等充分发挥其自我教育的榜样作用。另一方面,新建一个学生实践社团"创创青年",以精准扶贫家庭、经济困难家庭学生为中心,培养学生自强自立的能力,解决一批家庭经济暂时困难学生的求学问题。既崇尚创新,也锻炼就业。通过联合企业举办创业沙龙、创业讲座、创业竞赛、勤工助学等社团活动,借力社会企业平台,助力企业生存发展,提升学生就业创业能力,激发青年创业梦想。社团聘请创业导师,根据企业生产需要,提供勤工俭学、暑期实践、顶岗实习机会和就业岗位及相应劳动报酬,为适合创业的青年学生提供创业平台。

"创创青年"感恩分享会

(三)专业建设

1.开展说专业大赛有效推进专业内涵建设

通过开展以提升专业人才培养质量为目的的说专业大赛,进一步明确了学院各专业的建设目标、建设任务、建设方法和建设特色。围绕校企深度合作、工学交替结合的人才培养模式改革,全面推进学院专业内涵建设。

典型案例

内涵发展终结硕果 大赛折桂载誉而归——学院教师省赛创佳绩

2017年由湖北省职业教育学会旅游管理专业教学指导委员会、湖北省酒店教育管理职业教育集团主办,武汉城市职业技术学院承办的湖北省职业院校旅游管理类专业说课大赛于12月2日在武汉举行,学院旅游管理系教师张丽利的《导游词创作与讲解》课程说课喜获大赛旅游管理专业组一等奖,酒店管理系教师朱露的《宴会设计》、许涵雅的《客舱服务》分别荣获酒店管理专业组、空乘组三等奖。

张丽利老师获奖证书

2. 省级特色品牌专业建设成效显著

学院已完成2014年立项的与中华职教社共建学前教育省级特色专业的建设，同时正在进行旅游管理省级品牌专业的建设工作。学院特色品牌专业建设获批立项以来，在建设过程中紧盯人才培养体系创新、教育教学改革研究、专兼职教师队伍建设、实习实训基地提档升级、人才培养质量评价完善5项主要内容，以服务区域经济社会发展和促进学生高质量就业为目标，大力推动专业设置与产业需求对接、课程内容与职业标准对接、教学过程与生产过程对接、毕业证书与职业资格证书对接、职业教育与终身学习对接。通过品牌特色专业建设，学院相关专业的建设机制逐步形成，人才培养的社会适应性越来越高，毕业生在用人单位中得到充分认可，社会美誉度和影响力与日俱增。

典型案例

非遗课程进校园，弘扬传统文化

学前教育系依托学院湖北省高等职业教育创新发展行动——非遗传承技能大师工作室项目，结合学前教育专业特点，推动非物质文化遗产进课堂。2017—2018学年，在2016级学前教育专业五年一贯制7个班级开设"非物质文化遗产（民间故事、谜语、民歌、巴山舞、剪纸）传承与创新"课程，聘请"中国民间文化杰出传承人"刘德芳、省级非物质文化遗产代表性项目青林寺谜语代表性传承人赵兴寿、长阳巴山舞传承人覃发池、长阳山歌传承人王爱华以及宜昌市非遗保护中心"优秀传承人"胡文英5位大师走进课堂，分别担任民间故事、谜语、巴山舞、民歌和剪纸课程的主讲人。由大师进行教学，学院中青年教师跟进辅导，采用以赛代考的方式考核，培养和选拔非遗传承人才，推进了宜昌市非物质文化遗产的传承，提高了学生的专业技能。

2018"奕杰阳光杯"学前教育技能大赛
暨汇报演出活动成功举办

2018年6月5日下午，由教务处主办，学前教育系承办的2018"奕杰阳光杯"学前教育技能大赛暨汇报演出活动成功举办。本次活动到场的领导嘉宾有学院副院长刘晚香、学院院长助理吴尊华、学院组宣部部长叶永鹏、学院合作交流处处长刘艳、学前教育系副主任覃守茂以及学院教师，学前教育系2015级五年制全体学生也积极参加了此次活动。

第三部分　坚定信心　真抓实干　奋力开创高质量发展新局面（2017—2018学年）

大专组6名选手进行了故事讲述、歌曲弹唱和歌唱表演决赛展示，中专组4名获得过市级比赛奖项的选手进行了汇报演出。

《倾杯》开场舞拉开了本次活动的帷幕。首先出场的是大专组决赛一号选手胡文静同学，表演故事讲述《小鹿上当》和歌曲弹唱《小青蛙你唱吧》，她生动形象的语言感染了在场观众。紧接着是中职技能大赛获奖选手刘妹凤同学表演《书简舞》舞蹈，优美而有力的舞步令人享受。还有中职技能大赛获奖选手潘黄胜同学带来的吉他演奏《未闻花名》、吕华琳演唱的《国家》、刘妹凤和张晴蕴的绘画作品PPT展示等一系列精彩节目，展示了学前教育专业学生多才多艺的风采。最后，学院副院长刘晚香和学院合作交流处处长刘艳老师分别对本次活动进行了专业的点评。此次大赛暨汇报演出不仅展现了学前教育专业学生的基本功和专业技能，也让同学们对湖北省学前教育专业技能比赛项目有了更加深入的理解，并且激励了大家对本专业的认可与追求，本次技能大赛暨汇报演出在大家的赞扬与掌声中圆满结束。

特色培养结硕果，剪纸作品获金奖

2018年4月18日，学院《哭嫁》《巴山舞》两幅剪纸作品代表湖北省参加第三届中国（潍坊）民间艺术博览会暨第十四届山花奖评选活动（全省代表作品仅6件，其余4件分别为湖北大冶石雕、湖北大冶刺绣、湖北黄冈烙画和湖北武汉新洲砚台）。7月10日，喜讯传来，学院选送的两幅剪纸作品均获第三届中国民间艺术博览会金奖，实属难得。

《哭嫁》（作者向永红，辅导老师黄丽）和《巴山舞》（作者黄友蔚、江潮秀子、袁馨怡，辅导老师李轶）两幅剪纸作品的创作和校内评选工作由学院科研与督导处、学前教育系组织实施，陈红主任、张先琼主任亲自落实，非遗技能传承大师工作室剪纸大师胡文英指导。这两幅剪纸作品分别展现的是湖北长阳土家族人民的特殊婚俗和民族舞蹈，它们精巧的细节和流畅的线条将人物刻画得非常传神，体现了学院学子的匠心独运。这次两幅作品全部摘金，不仅是学院非遗大师工作室项目的又一成果，也是学前教育特色专业建设的成绩见证。

在第三届中国（潍坊）民间艺术博览会暨第十四届山花奖评选活动中，除了潍坊的风筝、年画、泥塑等，还有来自全国各地的艺术家带着他们的艺术精品参展。而《哭嫁》《巴山舞》两幅出于"学童"之手的剪纸作品能够在丰富多彩的民间艺术精品中脱颖而出，与全国各地民间艺术家的作品"一较高低"，这跟学院开展了一年多的非遗技能传承课程息息相关。2017年3月起，学院聘请剪纸大师胡文英为学院学子授课。大师授课、跟踪辅导、田野采风、以赛代考、成果展示等活动，大大调动了学生学习非遗文化的热情，激发了学生的剪纸兴趣。学生们通过一幅又一幅的剪纸作品，共同弘扬了我国优秀的民间艺术，有助于推动我国的民间文艺事业繁荣发展。

（四）产教融合

学院从推进产教深度融合、校企紧密合作的角度，结合构建校企双主体协同育人长效机制的要求，以提高人才培养质量为目标，主要从双主体协同育人、推动招生招工一体化、制定人才培养制度和标准、共享专兼职师资队伍、试点相关管理制度等方面，结合宜昌市区域试点要求，将中高职一体化融入试点工作中，在烹调工艺与营养、导游和酒店管理专业开展现代学徒制试点任务工作，并取得了"探索生徒双身份模式，校企研讨招工招生一体化方案;探索育人双主体模式,校企开展协同育人人才培养模式改革;探索互聘共用双导师模式,校企联手打造创新型专业教学团队"的阶段性成果。

典型案例

中国烹饪大师何渊来学院洽谈现代学徒制交流合作

2018年1月11日上午,武汉醉楚天酒楼总经理、中国烹饪大师、中式面点高级技师、学院客座教授何渊来到学院酒店管理系洽谈现代学徒制交流合作事宜。酒店管理系高小芹主任、烹饪专业骨干教师蔡义华和仪珊珊老师等参加了此次交流活动。

在酒店管理系办公室,首先,高主任简要介绍了烹饪专业现代学徒制试点进展和2016级现代学徒制试点班学生实习实训等方面的情况。听了高主任的介绍,何大师表示将会大力支持并配合现代学徒制改革,配合学院做好学生校外实训及实践技能指导等工作。随后,双方就2016级现代学徒制试点班4位学生到武汉醉楚天酒楼工作学习的具体事宜(如实习轮岗、三方协议、实训成绩考核、职业证书考试等)进行了坦诚交谈。最后,何大师、高主任等一起饶有兴致地到烹饪实训室观看2016级现代学徒制试点班面点制作期末考试。在烹饪实训室,何大师身着工装,示范月牙饺制作的四个流程:搓条、揪剂、擀皮、包馅。何大师干净利落、规范的操作引起同学们的阵阵掌声。

何渊大师指导学生

学院举行酒店管理、烹调工艺与营养专业现代学徒
制校企合作签约仪式

2018年6月14日,在学院中心园区行政楼会议室举行酒店管理、烹调工艺与营养专业现代学徒制校企合作签约仪式。宜昌市沙龙宴餐饮有限责任公司伍家岗店经理聂海琴、广场店经理熊华平、行政总厨杨春亚、销售总监杨俊,宜昌市燕沙酒店管理有限公司运营督导刘小琴、人事经理荣秋怡,学院副院长张耀武、酒店管理系主任高小芹、教务处副处长张蕾、招生就业处副处长蔡小红、新叶学院副院长及酒店管理专业带头人易红燕及酒店管理专业骨干教师代表参加了会议,会议由教务处副处长张蕾主持。

副院长张耀武代表学院对各酒店代表莅临学院表示热烈欢迎,对各酒店长期以来对学院工作的大力支持和帮助表示感谢。张院长表示:学院一直高度注重与企业开展全方位的合作,此次的校企合作将进一步推动学院酒店管理、烹调工艺与营养专业更好地发展,希望通过双方共同努力不断将校企合作引向深入,实现互利双赢、共同发展。

随后,酒店管理专业带头人易红燕向代表们介绍了《宜昌市职业院校现代学徒制试点工作实施方案》《现代学徒制宜昌区域试点三峡旅游职业技术学院2018年工作计划》及学院酒店管理专业现代学徒制实施情况。高小芹主任对烹调工艺与营养专业的现代学徒制项目进行了解析,并对校企前期合作充分肯定,希望加强后期的合作。与会人员各抒己见,就推行现代学徒制人才培养模式的背景、意义,以及现代学徒制培养模式下的校企联合招生,企业冠名班确定,人才培养方案制定,课程开发,校企及师徒提前对接,共同培养学生,工学结合实习时的学生管理、培训、考核、待遇及留下就业等方面进行了全面、深入的交流和讨论。

最后,副院长张耀武代表学院与两家酒店分别签订了合作协议。协议内容主要包括合作原则、合作方式与内容、双方权利与义务、合作期限、违约责任等方面的内容。

现代学徒制人才培养通过制定完善的管理制度、形成特有的培养模式,促进学校和企业在深度、广度的融合,可实现学校、企业和学生的多方共赢。

酒店管理系现代学徒制试点班学生赴企业实习

2018年3月28日,阳光明媚,艳阳高照,在这春暖花开的日子,学院酒店管理系2016级烹调工艺与营养专业现代学徒制试点班学生如期奔赴企业实习。

这次与学院进行现代学徒制试点合作的企业是宜昌餐饮龙头企业宜昌桃花岭饭店、宜昌聚翁大酒店、宜昌燕沙大酒店和宜昌稻香阁大酒店。四家企业分别在28日、29日到校接学生,并与学院分管教学的副院长张耀武同志进行了深入的校企合作洽谈。学生出发前,签订了学校—企业—学生三方协议,协议明确了学校、企业、学生三方职责、权利和义务,将充分保护学生利益,并保证实习按计划顺利实施完成。

(五)队伍建设

1.加强培训提升教师业务素质

(1)新老教师结对,促教师互学互助风气形成。

学院坚持新老教师结对的传帮带机制,明确结对目标,约定结对时间,细化结对任务,实施结对评价,达到结对效果。通过发挥老教师的传帮带作用,迅速提升青年教师的业务素质;同时,促进教师之间互学互助良好风气的形成,实现学院师资队伍质量的全方位提升,见下表。

三峡旅游职业技术学院2017年秋季学期新老教师结对情况表

系(部)	专业	新教师	指导老师	结对时间
学前教育系	美术	韦心怡	黄丽	2017年9月20日
	音乐	詹婷	吴晓琴	2017年9月20日
	音乐	邱中慧	朱晓婷	2017年9月20日
	英语	胡学杏	艾军	2017年9月20日
	学前教育	杨烁	陈启新	2017年9月20日
	学前教育	张昕	王思元	2017年9月20日
	舞蹈	倪殊伟	张雯	2017年9月20日
旅游管理系	旅游管理	李季	陈菁华	2017年9月20日
思政课部	思政	许丹	叶永鹏	2017年9月20日

2018年教师"师徒结对"仪式

（2）公开课、示范课引领青年教师教学水平快速提升。

学院坚持新老教师结合的听评课机制。学院教务处组织全院教师，针对青年教师和部分优秀骨干教师分别开展公开课和示范课的听评课活动，达到示范课引领导向、公开课查漏补缺的目的，从正反两个层面帮助青年教师迅速成长。学院一年来选派30多名青年教师参加骨干教师培训；组织青年教师优质课及听评课活动，30名青年教师上公开课，听评课达到1000余人次。

典型案例

学院开展青年骨干教师上示范课活动

2017年12月22日上午1、2节课，学院组织了青年骨干教师上示范课活动，主讲人为酒店管理系青年骨干教师朱露，40余名教师参加了听评课。

示范课是在2017级酒店管理专业进行的，课程为酒店管理专业的核心课程《酒店管理》。在本次课上，朱露老师主要针对酒店管理中出现客户投诉问题，通过对投诉原因、投诉类型与解决方法的分析来阐释如何处理客户投诉的问题，从而提高酒店的服务和管理。其中运用"蓝墨云班课"App的信息化教学和与学生进行的模拟演练让人耳目一新，让所有听课老师受益匪浅。在评课中，各位老师对其教学模式、内容、方法、环节和手段等纷纷点赞并提出了很好的建议。学前教育系主任陈启新、专职督导员余昌俊对本次示范课给予了高度评价，认为上示范课有助于学院优秀教师教学成果的转化和推广。教务处处长梁正义表示，信息化教学是当今时代的需要，要充分发挥优秀教师教学的示范引领作用，并继续将优秀教师、青年骨干教师上示范课活动制度化、常态化。

（3）各项专业培训加快教师综合水平快速成长。

坚持选派中青年教师参加各级各类专业培训。学院根据各专业发展和师资队伍建设情况，积极选派中青年教师参加各级各类专业培训。截至2017年年末，学院共选派中青年教师分赴德国、北京、成都、武汉、鄂州参加各级各类培训共计20余人次。

典型案例

德国职业教育培训考察见闻与启示

2017年11月8日下午，在学院礼堂，酒店管理系主任高小芹向全体教职员工做了题为"德国职业教育培训考察见闻与启示"的报告。

高小芹主任作为宜昌市教育局组织的首个职业教育管理考察培训团成员兼翻译，同

第三部分 坚定信心 真抓实干 奋力开创高质量发展新局面(2017—2018学年)

时也是学院现代学徒制试点专业负责人,赴德国参加培训,为期14天,地点在德国南图林根罗尔培训中心。

报告重点介绍了德国职业教育体系,以及双元制职业教育的运行步骤、优势,并从职业教育的理念和实施两个方面提出对宜昌职业教育的启示。最后,从专业人才培养定位、教学内容、教学模式及方法等方面提出了今后学院教学改革的方向和具体做法。

高小芹作报告

(4)多措并举,参与技能培训,全力打造"双师型"团队。

一年来,学院组织60多名教师参加茶艺师技能培训及鉴定,40多名教师申报认定为"双师型"教师,2名教师入选国家旅游局万名旅游英才计划,1名教师被评为全国职业院校技能大赛"优秀工作者",1名教师被评为"全国餐饮职业教育优秀教师",7名教师被聘为国家和省级各类赛事裁判。学院开展"黄大年式教学团队"创建,旅游管理、思政课部2个团队获此殊荣。

典型案例

学院两名教师入选国家旅游局(现文化和旅游部)
2017年度万名旅游英才计划

2017年,国家旅游局(现文化和旅游部)官网公示,学院两名教师入选国家旅游局2017年度万名旅游英才计划。

按照《国家旅游局办公室关于组织实施2017年度万名旅游英才计划的通知》要求,学院科研与督导处组织了教师申报活动。经教师申报、学院推荐、全国旅游管理专业学位研究生教育指导委员会(MTA教指委)秘书处和全国旅游职业教育教学指导委员会(全国旅游行指委)秘书处专家评审,学院易红燕老师主持的"校地合作背景下旅游类'双师型'教师服务社会评价指标体系研究"课题项目入选2017年度万名旅游英才计划"双师型"教师培养项目;邓月老师指导、新叶学院学生袁秀主持的"宜昌青林寺谜语村非物质文化遗产传承与保护"课题项目入选2017年度万名旅游英才计划实践服务型英才培养项目。

国家旅游局2017年度万名旅游英才计划项目分为三类:研究型英才培养项目、实践服务型英才培养项目及"双师型"教师培养项目。项目旨在贯彻落实旅游业"515战略"、《"十三五"旅游人才发展规划纲要》和《国家旅游局 教育部关于加快发展现代旅游职业教育的指导意见》,支持开展旅游相关基础理论研究或应用研究、旅游行业产业实践和志愿服务活动、校企合作、现代学徒制、实习实训等方面的行动研究或课程、教材开发等。其中,"双师型"教师培养项目湖北省仅4人入选,实践服务型英才培养项目湖北省仅8人入选。

学院60余名教职员工参加高级茶艺师职业技能培训和鉴定

2017年11月17日下午,伴随着意蕴悠长、古典优雅的音乐,学院实训楼茶艺室茶香四溢,这是学院60余名教职员工正在参加高级茶艺师职业技能鉴定实操考试。

为了进一步提升学院"双师型"教师技能水平,提高茶艺专业师资队伍,满足广大爱茶艺、喜品茶教职员工的需求，合作交流处经学院领导同意，向宜昌市职业技能鉴定指导中心申报备案，于11月13日至17日在学院开展了教职员工高级茶艺师职业技能培训和鉴定工作。

培训班邀请了国家高级茶艺师技师、学院茶艺专业教师王安琪授课，培训课程以生活茶艺为侧重点，以茶叶基础知识为铺垫，向学员们讲授茶生活理念。内容包括茶席设计、茶文化历史与发展、六大茶类基础知识、品鉴及冲泡等。通过此次培训，学员们能够从茶中悟文化，从茶道中品生活，从茶科学本质上理解茶、掌握茶。参加培训的教职工热情高涨，为了不耽误白天的日常工作，利用晚上和周末的时间在茶艺室练习。行礼、布具、翻杯、取茶、闻香赏茶、煮水温杯、投茶、润茶、凤凰三点头、奉茶，茶艺室里茶香袅袅。轻轻地端起桌上的小杯，轻轻地吸气，呷一小口，让茶的味道在口中慢慢展开，萧瑟的季节因为茶的香气透着清冽的暖意。学员们在一次次的重复练习中，体会中国茶文化和茶韵之美。学员们的动作由生涩到行云流水、潇洒自如，心境由浮躁到恬静，比起拿到证书，他们更在意学习茶的过程以及浸润茶境的心境。

实操考核中，学院聘请了宜昌草木人茶品文化传播公司总经理、楚天技能名师成岩，国家注册茶艺师考评员、学院酒店管理系主任高小芹，国家注册评茶员考评员、学院科研处副处长陈红三位资深的考评员。考试结束后，考评员们一致感叹：没想到这么短的时间，老师们会有如此上佳的表现，从妆容、服饰、动作到对茶的理解及操作的态度，都达到了考评标准。

院长助理吴尊华视察了茶艺师实操考试情况，对学员们的学习热情和效果给予高度肯定，期望大家再接再厉，展现学院茶艺师的风采。

本次高级茶艺师职业技能培训是第一次在校内举办的茶艺师培训班，获得全院教职员工的高度评价。他们认为这是一个很好的学习交流平台，不仅相互促进学习了知识，更增加了彼此的感情，提高了学院的凝聚力，希望多组织多开展这种校内培训。

教职工参加高级茶艺师职业技能培训和鉴定

(5)信息化水平能力激励机制促教学信息化应用水平逐步提升。

学院将信息技术应用能力纳入教师职称评审管理制度，并保障其计分标准高于其他标准1.5倍，从培训、应用、研修、引领、竞赛、平台、经费、制度等方面鼓励教师应用信息技术改造传统教学。学院教师参加信息化教学大赛水平提升显著，获省赛三等奖3次。三峡旅游职业技术学院校本旅游管理专业教学资源库正在建设，相关运作机制正在探索建立中。学院积极参与三亚航空旅游职业学院主持的空中乘务专业教学资源库共建共享项目建设，积极参与武汉交通职业技术学院国际邮轮专业教学资源库共建共享项目立项。

第三部分 坚定信心 真抓实干 奋力开创高质量发展新局面(2017—2018学年)

典型案例

杨洋老师喜获宜昌市职业院校信息化教学大赛二等奖

在宜昌市教育局举办的2017年职业院校信息化教学大赛中,学院杨洋老师主讲的《图画书的艺术特征及基本形式》荣获专业课课堂教学二等奖。

大赛于2017年6月9日至10日在宜都市职教中心举行,分公共基础课信息化教学设计、专业课信息化教学设计、公共基础课信息化课堂教学、专业课信息化课堂教学4个组别,共有来自全市各职业院校的76名教师参加了现场比赛。按照大赛的规则,根据评委现场评分,共评出一等奖10名,二等奖15名,三等奖30名。

杨洋老师作为学院一名刚入职两年的青年教师,能够在本次大赛中脱颖而出,既体现了我院对青年教师的重视与培养,也反映了学院开展信息化教学改革的成果,同时也展示了学院青年教师的教育教学水平和风采。

学院思政教师在省级思政信息化教学比赛中获奖

学院思政教师团队在湖北省"信息化教学设计作品"及"微课作品"比赛中分别获得三等奖。2018年5月,湖北省高职高专院校思想政治理论课建设联盟举办了2017—2018年度信息化教学和微课作品比赛,学院思政教师钟爱平、闻志强、叶永鹏的参赛作品《在实践中化理想为现实》荣获信息化教学设计三等奖,李想、陈旭清、丁红平、刘俞君、谢兵的参赛作品《解读法治思维,遇事心中有法》荣获微课比赛三等奖。

获奖证书

2. 推进师德培育活动形成良好师风教风

学院成立了书记、院长任组长的师德建设工作领导小组,形成了党委统一领导、党政齐抓共管、院系具体落实、教师自我约束的领导体制和工作机制。学院坚持把师德教育摆在教师培养首位,每年定期开展师德教育月活动,并把师德教育与道德讲堂、"两学一做"学习教育,以及"宜昌好人""宜昌楷模"等评选活动结合起来;深入开展教师廉洁从教承诺等"八个一"系列活动,学习教育部《新时代高校教师职业行为十项准则》,开展高校教师违反职业道德行为专项治理;宣传身边楷模、全市师德标兵叶永鹏老师和丁红平老师的先进事迹,宣传郑宗琼老师到新疆支教事迹,宣传全国见义勇为英雄谭帆江先进事迹,不断拓宽师德教育途径,打造师德教育品牌;坚持师德激励机制和考核制度,把师德考核纳入教师考核评价体系,把师德表现作为教师职务(职称)晋升和岗位聘用、课题申报、评优奖励等关系教师职业发展的首要条件,实行一票否决制。严格学风建设,加强师德监督,杜绝学术造假、学术腐败等行为。重点对新进教师、青年教师集中进行师德培训、岗前培训和入职培训,组织新进教师开展师德宣誓和师徒结对培养,全面提升教师师德修养。学院师德师风表现良好,没有学术不端和师风不良现象。

典型案例

学院召开2018年师德培育月活动动员大会

2018年4月18日,学院在礼堂召开2018年师德培育月活动动员大会,学院全体领导班子成员出席,党委书记蒋含丹出席并讲话,党委副书记熊杰主持会议。

动员会上,首先由副院长张耀武同志解读学院《2018年度师德培育月活动方案》,对学院2018年师德培育月系列活动进行了安排部署,明确了活动主题、目标任务、责任分工,列出了线路图和时间表。接着围绕"以仁爱之心立师德以扎实学识育英才"主题举行了道德讲堂活动,与会者学习了第六届全国道德模范温金娥和方敬的感人故事,分享了道德感悟。之后,举行了青年教师履职宣誓仪式。30多名青年教师着装整洁,仪态端庄,右手举拳,面向国旗,郑重宣读教师履职誓词:"忠于党和人民的教育事业,履行教师神圣职责……"表达了成为有师德好教师的决心。

青年教师宣誓仪式

郑宗琼老师赴新疆博州支教

2017年9月20日下午,在实训大楼会议室,学院举行了郑宗琼老师赴新疆博州支教的欢送会。学院党委书记蒋含丹出席并讲话。组宣部部长叶永鹏、教务处处长梁正义、酒店管理系主任高小芹等参加了欢送会,办公室副主任吴婧主持会议。

郑宗琼老师赴新疆博州支教欢送会

欢送会上,蒋书记勉励郑宗琼老师,希望郑老师首先站位要高,作为支教教师,不仅代表本人,更是代表学院,代表湖北省,要以国家利益、民族团结为重,处理好各方面的关系;勉励郑老师在支教中,要言传身教,努力工作,并注意个人安全。蒋书记的话让郑老师深深感动,郑老师表示,这次新疆支教责任重大,将珍惜机会,牢记嘱托,恪尽职守,圆满完成支教任务!教务处梁处长将自己八年的援藏工作收获同郑老师分享,支教是光荣而艰巨的任务,同时也是人生宝贵的经历。

郑宗琼老师积极响应国家号召,参与教育部实施的万名教师支教计划,即组织内地优秀教师到西藏、新疆支教活动。她此次将赴新疆博州自治区支教半年,传授茶知识和茶艺。

（六）实习实训

1. 扎实推进校内实训室建设，完善实习实训条件

学院结合专业发展，扎实做好专业实训条件建设，在2017—2018学年完成了智慧旅游实训室建设，建成55座智慧旅游网络实训室，采购旅行社网络管理系统和景区O2O系统；完成烹饪实训室升级改造项目，建成50个工位烹饪演示实训室、32个工位中餐实训室、15个工位面点实训室、25个工位西餐实训室、108个工位西点实训室、54个工位刀功实训室、16个工位勺功实训室、24个工位烹饪综合实训室，共新建烹饪专业实训室8个，实训工位数达324个；增购学前教育专业钢琴46台，钢琴练习室工位达64个；建成非遗大师工作室，并采购摄影摄像编辑设备；升级计算机网络实训室硬件设施建设，采购路由交换设备8台，达到参加全省职业院校技能大赛计算机网络技能大赛省赛硬件基本要求，各专业实训条件进一步改善。

完善校内实训室

2. 进一步优化校外实习基地建设，深化校企协同育人

学院与合作企业开展深入合作，共建校外实训基地，有效推进了"校企合作、工学结合"办学改革，增强学院服务地方经济发展效果。校企双方通过在人才培养、师资互派、现代学徒制人才培养模式探索等方面深度合作，实现互利共赢，为区域经济发展贡献力量，把校企合作事业推向新的高度。

典型案例

学院与湖北峡州国旅签订校企合作框架协议

2018年12月27日，学院与湖北峡州国际旅行社校企合作框架协议签订仪式暨实习就业基地揭牌仪式在峡州宾馆会议室举行。宜昌市旅游发展委员会主任饶玉梅，宜昌市教育局职成教科科长、三峡职教集团秘书长石希峰，湖北峡州国际旅行社总经理颜旭东，学院党委副书记、院长梅继开，党委委员、副院长张耀武，教务处处长梁正义，旅游管理系主任杜先宁以及学院招就处副处长景振华等政府、企业和学院代表参加会议。

学院院长梅继开和峡州国旅总经理颜旭东分别代表校企双方签订了校企合作框架协议。院长梅继开为峡州国旅总经理颜旭东颁发客座教授聘书。学院副院长张耀武与湖北峡州国旅副总经理夏晓华共同为"实习就业基地"揭牌，并接受"最佳合作院校"牌。

学院与峡州国旅签约

学院与宜昌三峡龙盘湖体育运动发展有限公司
签订校企合作框架协议

2018年4月17日下午,学院与宜昌三峡龙盘湖体育运动发展有限公司校企合作框架协议签订仪式暨休闲服务与管理专业实习就业基地授牌仪式在宜昌三峡龙盘湖体育运动发展有限公司举行。

宜昌三峡鸿铭旅游地产开发有限公司(宜昌三峡龙盘湖体育运动发展有限公司的母公司)总经理郑进,宜昌三峡龙盘湖体育运动发展有限公司高尔夫球会总经理钱立宏,医养公司总经理汪琴,物业公司总经理陈正华,园林公司总经理周斌等公司高管,学院党委副书记、院长梅继开,党委委员、副院长张耀武,酒店管理系主任高小芹,休闲服务与管理专业带头人张明洪以及2016级休闲服务与管理专业部分实习学生参加了授牌仪式。

学院副院长张耀武与宜昌三峡鸿铭旅游地产开发有限公司总经理郑进分别代表校企双方签订了校企合作框架协议,学院院长梅继开向宜昌三峡鸿铭旅游地产开发有限公司总经理郑进授实习就业基地牌匾。

签约授牌仪式

第三部分 坚定信心 真抓实干 奋力开创高质量发展新局面(2017—2018学年)

学院与宜昌长江观光国际旅行社签订校企合作协议

2018年6月5日下午,学院与宜昌长江观光国际旅行社校企合作框架协议签订暨实习就业基地揭牌仪式在宜昌市亚洲广场B座26楼长江观光国际旅行社会议室举行。宜昌市旅游委党组书记孔磊、监管科科长李宏武,学院党委副书记熊杰、旅游管理系主任杜先宁、导游专业负责人张丽利、旅游管理专业教师蔡铭,宜昌长江观光国际旅行社董事长石春秋、总经理胡运泉、副总经理吴双朋、营运总监覃春雷、党支部书记雷闯华、办公室主任李全等人参加了签约仪式。

学院与伍家岗九安城幼儿园签订框架合作协议

2018年6月5日上午,学院与伍家岗九安城幼儿园签订框架合作协议及揭牌仪式在伍家岗九安城幼儿园会议室举行。出席仪式的双方代表有学院党委书记蒋含丹,学前教育系主任张先琼,伍家岗区教育局党委委员、副主任许水云,以及伍家岗九安城幼儿园园长孙妍等。

学院与长江观光国际旅行社校企合作框架协议签订仪式

(七)质量监督

根据教育部和湖北省教育厅教学诊断与改进的有关文件精神,学院以完善标准和制度,提高利益相关方对学院人才培养工作的满意度为目标,按照"需求导向、自我保证,多元诊断、重在改进"的工作方针,建立完善常态化的内部质量保证体系和可持续的诊断与改进工作机制,提升学院内部管理水平和人才培养质量。学院设立了学院质量管理工作委员会,全面领导学院教学诊改工作,各部门不断强化质量主体意识,采取多种措施实施教学诊改工作,促进教学质量的不断提升。

为建立健全学院教学质量保障体系,发挥教学督导在稳定教学秩序、规范教学活动、培养青年教师、提高教学质量、促进教学改革等方面的重要作用,学院特制定《三峡旅游职业技术学院教学督导员遴选及考核办法(试行)》,对教学督导员的聘任条件、职责、聘期与考核等方面做了明确要求。教学督导员本着对学院高度负责的工作精神和严谨细致的工作作风,认真开展听评课、教学秩序巡查、青年教师教学指导等工作,认真归纳总结,为改进教学工作提出了良好的见解。本学年学院专兼职督导共听评课708节,针对听评课、教学秩序巡查、青年教师教学指导等方面认真归纳总结。学院科研与督导处编写教学督导简报4期并及时反馈至全体教师。

典型案例

省赛绽双花 诊改节节高——省技能大赛会计专业比赛记

2017年11月4日至6日,学院2015级会计专业组队参加了2017年湖北省职业院校技能大赛(高职组)会计技术比赛。按照湖北省教育厅的要求,学院自行组织参赛队伍组成A队、湖北省教育厅按照学生名册随机抽取人员组成B队。

比赛中,学院八名参赛学生不畏强手、冷静沉着,均取得团体三等奖的成绩。获奖等次虽与往年的相同,但参赛队的成绩提高明显,参赛选手的风采正逐渐由宜昌向全省展现,如参赛学生杨莉非在总账会计岗位个人赛中成绩居全省所有参赛选手的第一位。成绩的提高来源于学院领导对会计专业建设的关怀与重视,表明近年来会计教学团队对专业课程改革、会计业务变革发展趋势的判断等是正确的,体现出内部质量诊断与改进工作不断提高,保障学院会计专业教学水平位居全省中上水平,正持续快速向全省最好水平迈进。

2017年湖北省职业院校技能大赛(高职组)会计技术比赛参赛现场

(八)文化育人

学院深入开展校园文化建设,更新了校园标识,凝练了"砺志、明德、笃学、躬行"的校训,"立德、尚美、精业、创新"的校风,确立了"以人为本,依法治校,质量为先,特色立校"的办学理念,"服务为宗旨,就业为导向,敢为人先,追求卓越"的办学目标。校旗、校徽、校训特色鲜明,催人奋进。

学院大力开展"讲文明树新风"宣传教育,让社会主义核心价值观进校园、进教室、进寝室、进头脑、校园文化健康向上;定期开展学生才艺展示、毕业晚会、元旦文艺晚会,常年开展导游、茶艺、英语口语、主持人、校园歌手大赛等富有特色的校园文化主题活动;定期开展中华经典诵读、名导进校园、非遗进课堂等活动;结合各类节日纪念、庆典活动,广泛开展党史国史教育、革命传统教育、优秀传统文化教育,弘扬民族精神和时代精神;广泛开展阳光体育运动,坚持每天一小时校园体育活动,每学期组织开展各类体育竞赛和运动会。其中,中华茶艺表演等活动富有特色,在全市、全省乃至全国有较高的知名度。

四、社会服务与贡献

(一)扶贫攻坚工作

1. 服务精准扶贫

2018年,学院仍是宜昌市委安排驻枝江市安福寺镇刘家冲村扶贫工作队队员单位,仍是湖北省教育厅安排结对帮扶远安职教中心单位、湖北省交通厅牵头组织省直单位定点帮扶远安县的单位之一,同时还在五峰县付家堰乡桥料村有结队帮扶任务。

在扶贫攻坚工作中,学院领导班子成员高度重视,已3次专题研究刘家冲村扶贫工作。党委书记蒋含丹同志已有4次、分管领导已有6次、其他领导均在2次以上进村走访慰问,实地帮扶。学院安排崔平昌老师继续留任驻村工作,党员干部80余人结对帮扶刘家冲村贫困户15户,开展集中走访慰问2次,自筹资金近6000元,资助16000元为贫困户购买生产资料,资助刘家冲村集体发展资金30000元。2017年7月底学院邀请精准扶贫驻村工作队队长、第一书记陈超同志和学院驻村干部崔平昌同志为学院党员干部进行扶贫知识讲座和情况介绍。学院协助刘家冲村开展了2018年春节农民趣味运动会,同时资助运动会经费3000元,指导村民参加枝江市玛瑙河歌咏会并获优秀奖。在第五个全国扶贫日前夕,学院组织50多名师生志愿者与村干部、驻村干部为贫困户进行志愿服务活动。学院党委副书记、院长梅继开,党委副书记熊杰,办公室主任李蕾与五峰县桥料村3个贫困户结对帮扶,承担脱贫帮扶任务。

典型案例

院长梅继开到刘家冲村开展扶贫工作

2017年11月21日,学院院长梅继开带领扶贫帮扶小组成员唐裕武、王思元一行到枝江市安福寺镇刘家冲村开展扶贫工作。他们与学院扶贫驻点干部崔平昌老师一起精心挑选,为精准扶贫对象王昌喜80多岁的老父亲购买了液化气钢瓶、打火灶、电饭煲、炒锅等全套炊具,送到老人家里并看望老人。

在帮扶对象家里,梅院长详细询问了老人身体及生活情况,请老人要保重身体,安心养老。随后,梅院长仔细查看了老人的居住环

学院为扶贫对象送上全套炊具

境,并对后期帮扶措施进行了安排。随行工作人员为老人安装调试好灶具,并耐心细致地教会老人操作使用,提醒老人在使用时注意安全。看着全新的全套炊具,老人心里乐开了

花,激动地说:"这要感谢党的好政策。"

作为一名智障者,王昌喜缺乏生活自理能力。在驻村扶贫工作队和村委会的努力下,王昌喜被镇政府安排到瑶华福利院,其基本生活得到有效保障。驻村扶贫工作队、村委会和学院帮扶小组又经过努力,多方筹集资金,对王昌喜独居的老父亲的住房进行了危房改造,让其搬进了整修一新的新房子。父子二人的生活一天比一天好起来。

2. 服务教育扶贫

学院与远安职教中心签订了旅游专业中高职衔接共建协议,帮助指导旅游专业人才培养方案的制定,并对旅游实训室建设进行了具体的指导。学院指导远安职教中心建成标准化普通话测试点,并为其培训了一名省级普通话测试员。2018年上半年送测服务到校,指导其完成了500多人的普通话测试任务。学院帮助远安职教中心提升大赛备赛能力,安排茶艺、酒店服务、导游服务专业3位教师到远安职教中心进行大赛训练现场指导;同时开展名师进校园活动,由学院专家教师对学生开展专业讲座,提升学生的职业认知度和认同感。学院安排8名优秀的专业教师对远安职教中心旅游专业教师开展一对一帮扶,帮助职教中心建立"专业行业双导师制"教师培养机制。通过培训指导、观摩学习、导师帮扶等措施,远安职教中心教师队伍整体水平得到显著提升。

典型案例

学院支援远安县职教中心技能竞赛备赛工作

2018年4月19日,学院安排酒店管理系茶艺教师郑宗琼、酒店服务教师朱露、旅游管理系导游服务教师邓月3位教师前往三峡旅游职业技术学院对口支援学校——远安县职教中心指导2018年宜昌市中等职业院校技能竞赛备赛训练。

首先,远安县职教中心教学副校长邹官斌和教务实训中心主任周发全对学院教师团队一行的到来表示欢迎,周发全主任向老师们简要介绍了远安县职教中心技能竞赛备赛工作的基本状况。

接着,学院教师团队对该校茶艺、酒店和导游三个专业的竞赛学生分别做出专业指导,远安县职教中心相关专业教师也全程参与了专业指导工作。

最后,学院教师和远安县职教中心技能竞赛指导教师团队针对备赛学生的相关问题进行了探讨,分享和交流了自己的感受和感想,并对备赛学生的培养提出了建议。

支援远安县职教中心技能竞赛备赛工作是学院对口扶贫工作的具体表现,将精准扶贫工作落到了实处,体现了学院扎实的工作作风。

支援远安县职教中心备赛

3. 服务乡村振兴

学院选派3名旅游专业教师免费对远安县旅游从业人员开展分层培训,现已培训5场400多人次,该县旅游从业人员素质得到大幅提升。学院旅游专家陈江美教授等人员组成团队,先后5次深入落星村进行调查、征求意见,已基本完成为远安县河口乡落星村量身定制的乡村振兴发展规划,进入项目征求意见和专家评审论证阶段;同时,对河口乡落星村发展食用菌进行了调研并提出建议。学院邀请国际著名观光农业专家许立言先生与学院旅游专家组一同到远安县考察远安旅游业、观光农业发展现状,提供全域旅游、乡村旅游发展咨询建议与指导。

本年度的帮扶活动,取得一定成效,获得地方政府和村民好评。

典型案例

学院专家团队密集扎堆远安扶贫

2017年11月25日至26日,学院党委书记蒋含丹与学院专家组赴远安县开展定点帮扶工作,远安县委副书记袁正泉带领县旅游委、农办、农业局等部门对接。根据《湖北省委办公厅、省政府办公厅关于进一步做好省直单位定点扶贫工作的通知》精神,及《三峡旅游职业技术学院定点帮扶远安县实施方案》部署安排,应远安县县委县政府要求,此次扶贫之行,学院特邀国际著名观光农业专家许立言先生与学院旅游专家共同就远安县全域旅游重点项目进行考察,提出建设性意见,并对两个旅游企业进行产学研挂牌。学院教务处处长梁正义、旅游管理系主任杜先宁、旅游管理专业带头人陈江美、酒店管理系主任高小芹参加了此次活动,远安县旅游委副主任石鸿斌负责全程组织联络工作。

11月25日上午,在远安县旅游委赵正桥主任等陪同下,蒋书记带领学院同行人员前往远安县洋坪镇,与湖北鑫辰旅游开发有限公司董事长彭天云签订了校企合作框架协议,并在武陵峡口生态旅游度假区挂牌学院"产学研合作教育基地"。

随后,蒋书记偕学院人员与许立言专家一行前往远安河口乡落星村,在县委副书记袁正泉等一行人的陪同下,考察参观了位于落星村的"名家坞·妖怪村"生态旅游项目在建工程,并进行现场座谈。许立言对妖怪村的建设提出了要与农业项目结合、与当前实际结合、与当地实际结合才能使项目落地,更好地长远地发展的建议,远安县领导及投资商周总表示了高度赞同。蒋书记建议将名字改为"三界幻境",将小孩喜欢的魔界、父母喜欢的凡界、老人喜欢的仙界有机组合在一起,集魔界的怪、凡界的美食和仙界的奇于一体,增强对家庭旅客的吸引力。

11月25日下午,蒋书记一行前往远安花林镇龙凤村考察该村龙凤山特色民宿群,并在龙凤山召开现场座谈会。县委副书记袁正泉,农办主任敬顺平,农业局局长张爱军,旅游委主任赵正桥、副主任石鸿斌等相关部门同志参加了座谈。座谈会上,许立言专家提出特色民宿群的发展要牢牢抓住休闲旅游的核心要素做文章,注重内涵及品质建设,充分挖掘远安自然环境的地域特点,将景游、文游、创游相结合,打造精品旅游。蒋书记建言,远安的交通区位偏僻,要发展旅游最好要"众星拱月,五线串珠"。他指出,"月"是一个国家级、至少是省级的示范项目,在当前具有强大的辐射作用,如现代观光农业符合国家发展战略,是新型高端业态。"五线"主要是分东南西北中五条线,把远安的景游、农游、文游、创游等分线路串在一起,形成联动效应。龙凤山民宿发展要做好五个结合,即花与果结合、远与近结合、传统与创新结合、景观与商业结合、时令与反季结合。袁书记等人表示这些建议很好,对龙凤山特色民宿群的发展具有很强的指导意义,开阔了远安发展旅游的思路。尤其是旅游发展与特色农业发展结合的建议将会对远安县全域旅游发展和扶贫工作产生积极的作用,并邀请蒋书记来远安为干部群众讲课。

11月26日上午,蒋书记来到远安国际大酒店,与酒店董事长黄大桥签订了校企合作框架协议,并在酒店挂牌学院"产学研合作教育基地"。此次签约的两个旅游企业将为校企双方在旅游职业培训、教师培养、学生实习实践等多方面搭建合作平台。

考察"名家坞·妖怪村"生态旅游项目

与远安县委副书记及投资商洽谈

(二)社会培训

学院2018年共培训普通话水平测试学生36场6048人次,社会考生7场1724人次,总计培训人数达7772人次;开办了两期幼儿园教师资格证考前培训班;举办了为期6天共53人参加的2018年宜昌市幼儿园骨干园长培训班;承办了2018年秭归县三峡库区精品民宿培训班;举办了22人参加的宜昌市中职学校电子商务骨干教师培训班;鉴定高级育婴员173人,高级保育员123人,总计299人次;组织本院27名教师参加了宜昌市人社局举办的2018年度考评员培训;协助宜昌市教育局教师管理科完成了全市近100人的高级中学教师资格报名、认定、审核等工作,宜昌市近800人的幼儿园、中学、小学教师资格证的复审工作。学院2017年下半年学历提升注册学生116人,2018年上半年学历提升注册学生17人,成人专科高考录取19人。

幼儿园教师资格证考前培训班

第三部分　坚定信心　真抓实干　奋力开创高质量发展新局面(2017—2018学年)

2018年宜昌市幼儿园骨干园长培训上课中

骨干园长、骨干教师结业典礼汇报演出

典型案例

"说好普通话，迈进新时代"普通话推广活动

2018年9月12日是第21届全国推广普通话宣传周。本届宣传周的主题是"说好普通话，迈进新时代"。学院普通话测试中心利用宣传展板宣传普通话相关法律法规，在走廊和教室张贴内容丰富、形式多样、特色鲜明的宣传标语，组织开展了系列普通话推广活动。2018年4月至5月，学院普通话测试中心工作人员到枝江、当阳、长阳等地进行普通话测试。学院普通话测试中心委派国家级测试员刘艳、黄兴芹，省级测试员张丽利、刘俞君、赵晓芸随测试组到场，并进行数十场培训。

2018年10月13日至14日，学院普通话测试中心委派省级骨干测试员李志英，省级测试员张丽利、王安琪、刘俞君、李静等老师为宜昌市近900名普通话社会考生开展了普通话达标与提高培训。两天共培训了7场。

普通话宣传周培训

普通话达标与提高培训

开展民宿培训,服务宜昌旅游经济

学院以党的十九大精神为指导,创新培训工作思路,推进乡村旅游富民工程,培育一批能带动和引领当地民宿发展的创业带头人,提高居民的整体素质和就业技能,促进移民劳动力转移就业,促进移民安稳致富,促进秭归和谐社会建设。

2018年秭归县精品民宿打造培训班结合秭归县文化旅游实际状况、秭归移民实际培训需求、秭归乡村旅游发展趋势,切合实际地开展了培训。此次培训由秭归县移民局、秭归县文化和旅游局联合主办,三峡旅游职业技术学院承办,学员共72人,分别来自秭归县12个乡镇。

本次培训班开设宜昌民宿发展概况、民宿及民宿产业概述、精品民宿改造及经营、接待服务礼仪、民宿相关标准解析、民宿特色餐饮开发、民宿文化创意元素打造、茶文化主题民宿打造、"互联网+"背景下民宿OTO发展对策与现场考察等课程,并实地观摩云上小台、三峡富裕山、利川金宿级民宿。

学院以此次培训为契机,着力打造高水平的旅游培训团队和培训项目,不断拓展培训领域。培训工作在主承办双方的高度重视和精心组织下,经过全体培训教师和参训学员的共同努力,获得了圆满成功。

开展民宿培训

(三)建言献策

学院教师在本年度共发表论文21篇,编撰教材6本,提交决策部门咨询建议3项,承担课题26项,获得国家专利1项。其中,学院张耀武教授荣获"全国社科工作先进个人"称号,高小芹副教授申报的《我国开设烹饪专业院校办学现状调研》课题获批全国餐饮职业教育教学指导委员会2018年度科研项目重点课题,张耀武教授主编的《旅游概论》教材正式由中国旅游出版社出版,入选"全国重点旅游院校'十三五'规划教材";学院教师在宜昌市第十三届自然科学优秀学术论文评选中荣获一等奖等多项奖项。

第三部分　坚定信心　真抓实干　奋力开创高质量发展新局面（2017—2018学年）

"一种用于蜜环菌孢子分离、培养的培养基及方法和应用"专利证书

典型案例

学院教师主持市级"专题建言献策"项目荣获一等奖

根据宜昌市科协下发的《关于2017年度"专题建言献策"项目奖补的通知》，学院两位教师主持完成的2017年度"专题建言献策"项目获奖。其中范英英老师主持的《宜昌自贸片区税收政策的思考与建议》项目荣获一等奖，陈启新老师主持的《五峰避暑养生型乡村旅游情况调查研究》项目荣获三等奖。

全市共向宜昌市科学技术协会报送62篇调研项目申报书，立项31项。经认真评选，严格审定，全市共有7个项目获一等奖、10个项目获二等奖、13个项目获三等奖。

宜昌市科协每年都向市属各学会、协会、研究会，各高校科协及各有关单位开展"专题建言献策"征集活动。学院教师积极参加，建言献策，为本地经济社会发展贡献力量。

非遗技能大师工作室又出新成果
——学院5篇非遗教研文章公开发表

中国陶行知研究会非遗教育研究中心编著的《匠心如歌——非遗教育知行录》于2017年11月出版，该书以一篇名为《神女峰下非遗花　校园传承绽芳华——湖北宜昌·三峡旅游职业技术学院非遗教育举隅》的专题刊登了学院非遗传承教学案例与教学图片。

《匠心如歌——非遗教育知行录》一书由合肥工业大学出版社出版，全书分为非遗教育·法理篇、非遗教育·认知篇、非遗教育·实践篇三大部分。在科研与督导处项目负责人的指导下，学院全体非遗项目组教师积极参与教科研工作，合计完成5个项目6篇文章。其中5篇文章入选"非遗教育·实践篇"，分别是《非遗剪纸与学前教育手工课程融合的探讨》（黄丽）、《国遗三峡下堡坪民间故事进大学传承案例——以三峡旅游职业技术学院为例》（刘涛涛等）、《浅析高职院校非物质文化遗产传承的可持续性发展——以三峡旅游职业技术学院"巴山舞项目传承与创新"为例》（田粟一等）、《下堡坪民间故事教育价值与传承探究——以宜昌市夷陵区下堡坪中小学为例》（吴鹏宇等）、《青林寺谜语进校园的实践教学探索》（杨洋），内容涉及非遗剪纸、民间故事、巴山舞、谜语项目的大师技能传承与教学。

2017年,学院为了做好宜昌本土文化的传承,将非遗文化引入课堂教学,通过大师授课、田野调查、以赛代考、课程融合等多种形式和途径,实现了非遗文化的传承与发扬。非遗传承教学案例是非遗项目组青年教师在实践中勤于思考的体现,展现了学院非遗技能大师工作室在非遗技能传承方面做出的出色教科研业绩,体现了良好的教科研团队协作精神。非遗技能大师工作室的平台培养了一批青年教师的教科研热情与教科研能力,同时也为学院培养了一批优秀的非遗文化传承青年教师队伍。

学院两项省级教育科学课题验收结题

由学院学前教育系陈启新主任和科研与督导处易红燕老师主持的2016年度湖北省教育科学"十三五"规划课题经过专家审核,顺利结题。

陈启新主任主持的课题项目《湖北省幼儿园师资队伍现状研究——以宜昌市为例》(项目编号:2016GB294),围绕学前教育中幼儿园师资队伍建设的现状、问题及对策进行了深入研究,形成了多个研究成果。易红燕老师主持的课题项目《高职课程认证过程化考核研究》(项目编号:2016GB293),研究高职课程认证过程化考核相关内容,解决学历教育与职业资格培训的矛盾,将二者有机结合,促进二者相辅相成地建设与发展。两项课题研究均具有一定的应用与推广价值。

研究成果证书

学院张耀武教授荣获"全国社科工作先进个人"称号

2018年9月18日至20日,全国大中城市社科联第29次工作会议在河北省承德市召开。三峡旅游职业技术学院副院长张耀武教授应邀出席会议,并被授予"全国社科先进个人称号"。

本次会议以"新时代社科群团组织与社会主义核心价值观培育"为主题,来自全国25个省(直辖市、自治区)160个城市社科联330多名代表参加会议。根据全国大中城市社科联工作会议主席团文件〔2018〕2号《关于表彰"全国先进社科组织"和"全国社科工作先进个人"的决定》,会议对252个先进社科组织和个人进行了表彰。

全国大中城市社科联工作会议是在中宣部的指导下,以"交流经验信息、共谋工作发展"为主旨的社科组织,是我国社科工作的全国盛会。全国社科先进是为表彰繁荣发展哲学社会科学事业、服务经济社会发展做出重要贡献的组织和个人而颁发的荣誉称号。

第三部分　坚定信心　真抓实干　奋力开创高质量发展新局面(2017—2018学年)

荣誉证书

天麻专家王绍柏在第五届全国天麻会议上作专题报告

2017年10月21日至23日,2017第五届全国天麻会议暨中国(小草坝)天麻产业发展高峰论坛在"世界天麻原产地"昭通市彝良县小草坝举行。来自内地16个省市、香港特别行政区,以及韩国的近400名专家、学者和天麻产业企业负责人等云集小草坝,"论剑"天麻产业发展。学院天麻专家王绍柏教授应邀参加并在大会上作专题报告。

全国天麻会议是由中国菌物学会主管、易菇网承办的天麻产业界唯一的全国性质的会议,旨在搭建天麻产业界人士沟通交流平台,促进天麻产业有序稳健发展。在"2017第五届全国天麻会议暨中国(小草坝)天麻产业发展高峰论坛"上,王绍柏作《蜜环菌种的分离和选育研究》的报告。大会主持人点评"此报告对于增进天麻产业学术交流、促进我国天麻产业发展起到了积极作用"。

学院天麻专家王绍柏作专题报告

2012年首届全国天麻会议在宜昌召开,在此次大会上王绍柏被授予"全国天麻产业发展突出贡献奖"(全国唯一一个)。在2013年的全国天麻大会上,王绍柏被推选为全国天麻产业联盟副主席。2014年至2016年的全国天麻会议上,王绍柏均应邀在大会上做主题报告。

(四)志愿服务

学院积极组织青年志愿者参与校内外各类志愿服务活动,先后组织开展了植树节、雷锋月"青春志愿行 奉献新时代"主题教育实践活动、"学习雷锋好榜样"宜昌东站志愿服务活动、爱心公益助学万里行活动、关爱困境青少年志愿服务项目(联合宜昌团市委)、2018年第七届世界军人运动会志愿者工作宣讲进宜昌活动、2018年宜昌市第一届高校学生篮球联赛(旅游职院主场)志愿服务活动、2018年全国扶贫日枝江市志愿服务活动、迎新生志愿服务活动、无偿献血等志愿活动,每月定期慰问关爱伍家岗福利院老人、宜昌市阳光驿站自闭症儿童。青年志愿者服务成为展示学院学子精神风貌和青春风采的一张名片。2018年有近790名学生新注册成为青年志愿者,志愿者成为新时期播撒文明、弘扬新风的带头者。

典型案例

精准扶贫,温暖前行

2017年10月15日,在全国扶贫日来临之际,学院纪委书记张鲜艳、组宣部部长叶永鹏、学前教育系副主任唐裕武及系部老师吴鹏宇、唐明敏带领院青年志愿者指导中心及系部志愿者小分队共43名师生,来到枝江市安福寺镇刘家冲村,与当地的扶贫驻村干部及村委会干部,开展了精准扶贫志愿活动。

上午九点半到达刘家冲村后,志愿者们按计划分成了五个组,分头行动。一组4名同学在村委会干部的带领下前往住户家里帮忙拾捡被害虫蛀蚀落地的橘子。二组5人来到住户家里,帮忙洒扫庭院,打扫卫生。剩下的三、四、五组27人则来到了最后的目的地,帮村民修路,撤屋顶的瓦片。志愿者来到需要修补的小路前,又分成两组,一组留下来用小推车装上小石子慢慢地往前铺路,另一组则在老师及驻村干部的带领下搬起盖房的瓦片去往住户家里。他们在前进中发现这条路在雨水的冲刷下已经变得泥泞不堪,凹凸不平,更别说搬着瓦,就是能平稳走路都是一个大问题,但是志愿者及老师们却不怕被泥泞蹭脏了鞋子,毅然搬起瓦片,前往住户家里,如此往返几趟,搬了足够的瓦片后大家又以接力棒的方式排成一排,在老师的带领下帮住户撤起了屋顶的瓦片。期间,志愿者们汗流浃背,有的还不小心摔倒,手掌被磨得泛红,但他们依旧坚持工作,没有放弃。最终,在大家的努力下,这条泥泞不堪的小路被铺上了小石子,虽然没有完全平整,但至少老人们走起来也会安全许多。在学院领导和驻村扶贫干部、村委会干部的带领下,本次活动高效圆满地完成。

扶贫志愿活动不仅推动了精准扶贫的发展,更增加了同学们的社会责任感,提升了同学们的综合素质。用爱心去温暖身边的人,用行动去帮助有困难的人,这也正是志愿服务理念:学习雷锋、奉献他人、提升自己。我们也希望能有更多的志愿者及社会各界爱心人士参与到扶贫济困的各种活动中来,把更多的爱心传递给身边的每一个人。

扶贫志愿活动

开展无偿献血活动,向党的十九大献礼

如果说,撸起袖子加油干是时代赋予我们这一代人的使命。那么,撸起袖子无偿献血,无疑是我们对这个时代温暖的礼赞。

2017年10月24日,适逢党的十九大会议闭幕,学院团委联合宜昌市中心血站面向全体师生组织开展了无偿献血活动,以实际行动向党的十九大献礼。

早晨8时30分,满载爱心与希望的献血车来到学院大学生食堂门口。在青年志愿者指导中心学生干部和血站医护人员的悉心引导下,献血活动有序展开,学院党委书记蒋含丹同志亲临现场指导工作并参与献血活动。采集血液的过程并没有想象中那么紧张,同学们如同家人一样彼此加油打气,气氛轻松愉快。鲜红的血袋里,不仅是血液,更是一种奉献,一种爱心。在红色宣传语的映衬下,仿佛看到了一切关于美好生命的延续。

本次献血活动全院共计 118 名师生参加,累计无偿献血 31600 毫升。在参加无偿献血的师生中,有初次体验的新同学,也有多次参加无偿献血的党员模范。他们用自己的实际行动,表达对公益事业的支持,传播温暖,弘扬正能量,充分展现了学院师生的高尚情操和强烈的社会责任感。

献血活动

情暖重阳节 爱满福利院

2018 年 10 月 17 日上午,学院青年志愿者指导中心组织各系部 38 名志愿者前往伍家岗福利院参加"情暖重阳节 爱满福利院"重阳节活动,与老人们一起欢度重阳。

此次活动,志愿者们精心准备,为老人们带来了异彩缤纷的节目。有表达对长辈思念之情的合唱《外婆的澎湖湾》,有朴实而又真诚的歌曲《成都》,有清爽神怡的湖北名歌《六口茶》,有大展民族风情的彝族歌舞《不要怕》等节目,现场高潮迭起,气氛热烈,老人们看得不亦乐乎。

阳光普照大地,爱心洒满人心。尽管此次活动时间长、强度大,志愿者们仍然任劳任怨、时刻保持微笑,用自己甜美的歌声和优美的舞姿为老人们送去重阳节的祝福与温暖,同时也用实际行动践行着他们最初加入志愿者队伍时宣誓的誓言,展示了学院学生新时代良好风貌,弘扬了中华民族敬老爱老的传统美德,用实际行动践行了"百善孝为先"。

重阳节活动

学院师生参加义务植树活动

又到春回大地、芳草吐绿的植树好时节。2018年3月11日上午,学院30名志愿者在院长梅继开、后勤处处长邓伟的带领下,来到了宜昌市高新区白洋镇参加全市义务植树活动,挥锹培土,栽下新苗,掀起了2018年春季全民义务植树活动的热潮。

新芽吐翠,植树现场一派繁忙景象。志愿者们挥铁锹,堆围堰,浇灌水,道道工序都做得一丝不苟,填土,培土,浇水,干得十分起劲。在林业技术人员的指导下,短短一两个小时,几百余株栾树苗木便挺挺而立。学院志愿者曹贞弥在接受三峡电视台采访中说道:"前人栽树,后人乘凉,作为学生也应该付出一些实际行动。"

此次活动,志愿者们积极参与,劳动热情高涨,不仅为春光明媚的三月增添了一抹盎然的绿意,更种下了希望之春。保护环境,保护家园,把"一人一棵树,人人一片森林"的美好理念永世传承。

植树节活动

五、政策保障

(一)政策支持

1. 湖北省、宜昌市领导高度重视学院发展

近几年来,宜昌市委、市政府高度重视学院的发展,对学院基础设施建设、办学条件建设、师资队伍建设方面提供了大力支持。2018年,湖北省教育厅党组书记、厅长陶宏,宜昌市副市长唐超等领导率领相关部门视察学院,宜昌市各部门领导多次来学院视察,研究和解决学院建设和发展问题,为学院发展提供了良好的支撑和外部环境,促进了学院各项事业的发展。

典型案例

教育部副巡视员葛维威、湖北省教育厅处长邓世民一行考察调研三峡旅游职业技术学院

2018年5月15日,教育部职业教育与成人教育司副巡视员葛维威、湖北省教育厅职成教处处长邓世民等一行,在宜昌市委高校工委书记、市教育局党组书记局长覃照,市职成教科科长石希峰等陪同下,到三峡旅游职业技术学院调研。学院党委副书记、院长梅继开,副院长张耀武等陪同调研。

葛维威、邓世民详细察看了学院校园建设情况、实训室建设情况,在察看过程中,详细了解了学院整体规划和建设情况、实训室建设情况、近几年来办学情况、发展目标及坚定信心决心。考察之后,葛维威、邓世民对学院的办学成果给予了很高评价;尤其是对学院坚持特色办学,旅游管理专业、导游专业学生的全国导游资格证考试通过率远远高于全国平均水平,且居宜昌第一、湖北领先,以及学院荣获全国高等旅游院校导游服务技能大赛团体奖和个人一等奖高度赞扬;认为三峡旅游职业技术学院的品牌形象和知名度、美誉度在稳步提升,师生员工的精神面貌焕然一新,学院发展的信心决心全面提升。他们表示将大力支持学院的改革发展,希望学院努力做强、做精、做特、做优,早日建成"省内一流、国内知名"的旅游高职院校。

领导调研

2. 宜昌市积极营造职教发展氛围

宜昌市委、市政府高度重视职业教育发展,统筹规划,协调推进,改善办学条件,给予政策支持,营造发展氛围,宜昌市职业教育呈现出良好的发展态势。学院开展了"职业教育宣传月"活动,切实开展职业教育政策文件精神宣讲、职业教育改革创新成果宣传、职教优秀学生推介、技能大赛、便民服务、职业体验、家长开放日等系列活动,讲好职教故事、传播职教好声音,进一步落实国家"职业教育活动周"创新举措,引导全社会逐步转变观念,营造"崇尚一技之长、不唯学历凭能力"的社会氛围,让尊重职业教育的观念在全社会深入人心。宜昌市委、市政府不断强调加快发展宜昌职业教育,构建现代职业教育体系。深入推进产教融合,校企合作,全面提高人才培养质量,推动高等教育突破性发展,着力打造区域性高教中心,突出强调高等职业教育的发展。

典型案例

2018年"职业教育活动周"——学院首届形象礼仪大赛暨三峡富裕山形象代言人选拔大赛学院专场成功举办

4月29日上午,2018三峡富裕山农旅融合体验游启动仪式暨形象代言人选拔大赛三峡旅游职业技术学院专场在夷陵区黄花镇杨家河村三峡富裕山成功举办。学院党委副书记熊杰、酒店管理系主任高小芹、学前教育系主任张先琼及部分师生出席了此次活动。

启动仪式后,随即举行了三峡富裕山形象代言人三峡旅游职院专场选拔赛,学院首届形象礼仪大赛复赛胜出的10名选手参加了此次专场选拔赛。选手们通过自我介绍、礼仪展示、才艺表演三个环节展开了激烈的角逐,最终来自学院学前教育系1501班的方晶晶获得一等奖,2017级空中乘务班的安荷露、2016级空中乘务班的梅雪雪获得二等奖,2016级空中乘务班的施琪、学前教育系1656班的何嘉怡、1651班的徐芷仪获得三等奖,其余4名选手获得优秀奖。

大赛合影

学院首届形象礼仪大赛决赛与三峡富裕山形象代言人选拔赛合二为一,比赛场地定在三峡富裕山上。学院师生深入旅游景区,进一步加深了学院与企业的多方位合作,真正体现了职业院校与旅游企业共同培育和选拔人才的理念。

2017年全市旅游与学前教育类专业"3+2"中高职衔接教学交流活动在学院举行

11月15日,秋风和煦,彩旗飘扬,2017年宜昌市旅游与学前教育类专业"3+2"中高职衔接教学交流活动在学院盛大开幕。此次活动由宜昌市教育局、宜昌三峡职教集团主办,学院承办。来自宜昌和神农架10所中职学校的近千名师生相聚一堂,共同探讨旅游与学前教育类专业"3+2"中高职衔接的体制创新、模式创新和思维创新等相关问题。宜昌市教育局、三峡职教集团、宜昌市职教室等负责人参加活动。

上午9点,交流汇报会在宜昌职教园中心园区学术报告厅拉开序幕,市教育局职成科科长石希峰,市职教室主任周欣,学院党委书记蒋含丹,党委副书记、院长梅继开,各中职院校校长出席会议,学院副院长张耀武主持会议。院长梅继开致辞,欢迎各位领导、嘉宾和师生的到来,希望本次活动能与大家共同开启职业教育新时代,共创职业教育新辉煌。长阳职教中心校长崔锐、秭归县职教中心副校长蔡玉平在大会上交流了与学院开展"3+2"中高职衔接教育的经验。来自秭归职教中心中高职衔接的2014级旅游管理专业学生税桂林和长阳职教中心中高职衔接的2015级学前教育专业学生向雅婷代表发言,分别讲述自己来到学院实现了大学梦的感想。

市教育局职成科科长、三峡职教集团秘书长石希峰代表市教育局讲话,强调深入推进"3+2"中高职衔接教育的重要意义,充分肯定了学院与各中职学校在旅游、酒店管理、学前教育类专业"3+2"中高职衔接教育所得到的可喜成绩,对做好新时代中高职衔接教育提出新要求。他指出,党的十九大提出要"完善职业教育和培训体系,深化产教融合、校企合作"。当前,宜昌正在加快建设特色现代职教体系,宜昌市中高职院校要明确中高职衔

第三部分 坚定信心 真抓实干 奋力开创高质量发展新局面(2017—2018学年)

接的重点,认真做实课程衔接,做到"课程有所对应、内容有所区分、知识与技能由浅入深"。学院要和各中职院校贯通、融通、共赢发展,在旅游服务类和教育类专业的中高职人才培养方面取得新突破。

开幕式上,"3+2"中高职衔接教学成果进行了展示,来自各中职学校的非遗故事、民乐合奏、山歌对唱、茶艺表演、舞蹈等14个代表性的教学成果及烹饪工艺与营养专业学生奉上的自制糕点,富有专业特色、地方特色、学校特色,水平高、质量好,展现了中高职衔接教育的可喜成绩和广阔前景。

中午,学院组织各校中职学生参观了学院的校园环境、实训楼、学生公寓,开展了系列大学职业教育体验活动。广大中职学生被学院一流的办学条件、一流的校园环境、模拟职场情景的教学特色及丰硕的教育成果所吸引,纷纷表示不忘初心,坚定来学院继续深造的信心和决心,圆自己的大学梦。

下午,三峡旅游讲坛和宜昌学前教育讲坛举行,湖北省旅游发展咨询专家委员会首批专家、客座教授毛兴华作了《旅游人才的供需与培养》专题报告,宜昌市伍家岗区中心幼儿园园长陈国华作了《用奋斗青春打好底色》的专题报告;中高职衔接院校长联席会、招生工作联席会、全市旅游管理、酒店管理、学前教育类专业"3+2"中高职衔接教学研讨会、现代学徒制试点工作推进会分别召开,并取得新的成果,为深入推进区域性中高职衔接教育,加强中高职院校的沟通与协作,提升五年制高等职业教育教学质量,发挥了积极作用。

近年来,学院同各中职院校、行业企业一起,在人才培养目标、专业内涵建设、课程结构体系、教育教学过程、培养质量评价和职业技能大赛等方面开展交流和探讨,开展学生互动交流和职业体验,有力地促进了中高职衔接工作,推动了各学校的互动双赢和共同发展。梅继开院长表示,将继续丰富中高职衔接的内涵,在行业指导、教师培养、校企合作、基地建设、信息技术和社会服务等方面开展创新性有效衔接,形成人才链、教学链、利益链的融合共同体。

"3+2"中高职衔接院校校长联席会圆满召开

2017年11月15日下午2点,宜昌市职教园中心园区15楼会议室,2017年宜昌市旅游与教育类专业"3+2"中高职衔接院校校长联席会成功召开。三峡旅游职业技术学院院长梅继开与来自宜昌市机电工程学校、三峡中专、各县市职教中心及神农架林区职校校长欢聚一堂,共话中高职衔接一体化办学事宜。会议由三峡旅游职业技术学院院长助理吴尊华主持,宜昌市教育局职成教科科长石希峰出席会议。

会上,梅继开院长作为主办方及高职院校院长首先欢迎各位中职学校校长的到来,对长期以来与学院友好合作、支持学院发展的各中职学校表示感谢,并借此机会请大家针对"3+2"中高职衔接问题畅所欲言,找问题、谈想法、提建议,力争扩大"3+2"影响力,共同做好中高职衔接一体化办学工作,提高办学质量与效益。

与会各中职学校校长结合自身实际就"3+2"中高职衔接办学进行了热烈讨论。长阳职教中心崔锐校长谈到目前遇到的瓶颈是学生转段过程因宣传不到位、学生志愿变化导致生源流失,提出要达到好的效果就得早入手、早准备;秭归职教中心蔡玉平副校长认为要想取得很好的对接效果,需要加强中高职课程对接,多做专业教师间的交流活动,加强对转段学生的教育引导以及对优秀学生的奖励;兴山职教中心校长廖国江建议要以高职教育为主导,协助指导中职学校搞好专业及实训室建设,加强专业教师交流培训,沟通感

中高职衔接教学交流活动

情,提高认识;枝江职教中心副校长黄兆双认为办好中高职衔接需要地方政府支持,教育主管部门要通过合适的方式控制技能高考人数,避免学生、家长盲目报考;三峡中专副校长杨宏认为做好"3+2"工作宣传很重要,但如何做好宣传,如何把"3+2"的真正好处体现出来,让学生、家长信服是个值得思考的问题。参会人员围绕主题,各抒己见,充分探讨,会议取得圆满成功。

最后,石希峰科长就"3+2"中高职衔接一体化办学对校长们提出了几点希望:一是希望中职学校校长要牢牢把握职业教育方向,认清中高职衔接一体化发展是职业教育发展趋势,充分认识中高职衔接职业教育的意义,尤其是对待技能高考要有清醒理性的认识,加强对学生和家长的引导宣传。二是希望在区域职业教育中,高职院校要发挥引领作用,在专业课程中积极主动深入;中职学校要夯实基础,在专业建设上积极配合。三是希望旅游职院要带头将旅游、教育类专业的课程体系、专业标准建立起来,做到中高职无缝对接,层次递进。四是希望旅游职院办出特色和亮点,做好资料整理和宣传工作,帮助中职学校引导学生、家长正确理解中高职一体化发展优势,从而扩大影响力。

本次联席会议是2017年宜昌市旅游与教育类专业"3+2"中高职衔接专题交流系列活动中的一个部分,与会院校长对"3+2"中高职衔接办学模式的探讨及建议意见,将对今后中高职衔接职业教育健康发展,更好地打造职业教育直通车起到重要的指导作用。

(二)专项支持

1. 湖北省教育厅对省级以上技能大赛奖项进行奖励

学院突出实践技能教学,强化技能培养,推行"以赛促教,以赛促学"全覆盖,进一步完善"以赛代考"的学生考核机制。2017—2018学年,湖北省教育厅下拨高等职业教育质量提升计划奖补资金158万元。

2. 湖北省教育厅对省级特色品牌专业建设进行资助

学院深入贯彻落实《国家中长期教育改革和发展规划纲要》和《湖北省人民政府关于加快建设高教强省提升高校创新与服务能力的意见》(鄂政发〔2012〕77号)的精神,加强特色品牌专业建设,全面提高教育教学质量和水平。2014年,湖北省教育厅认定学院学前教育专业为省级特色专业;2016年,湖北省教育厅认定学院旅游管理专业为省级特色专业。本学年,学院共有省级特色专业2个、省级重点专业3个。2018年湖北省教育厅、湖北省财政厅下拨品牌特色专业建设补助资金405万元。

3. 湖北省教育厅、宜昌市财政局对学院建设进行专项支持

宜昌市人民政府高度重视职业教育发展,投资12.5亿元建成宜昌职业教育园区。学院整体迁入职业教育园区后,宜昌市财政局加大对学院建设的投入,累计拨付搬迁经费2887万元用于学院基础能力建设和专业建设。2016年,宜昌市财政局下拨专项资金1950万元用于4号学生公寓建设,已交付使用。2017年,宜昌市财政局下拨图书馆建设和重点专业建设资金410万元。2018年,宜昌市教育局拨付目标考核奖补资金100万元用于课程中心建设。学院基础教育教学设施得到根本改善。本学年,学院占地面积32.33万平方米,校舍建筑面积12.13万平方米,固定资产约6.13亿元。

(三)经费保证

1. 高职生均财政拨款情况

根据《财政部教育部关于建立完善以改革和绩效为导向的生均拨款制度加快发展现代高等职业教育的意见》(财教〔2014〕352号)的要求,宜昌市财政局建立了高等职业教育生均财政拨款制度。2017年学院生均财政拨款1.60万元,2018年学院生均财政拨款达到1.68万元,高于全国示范高职院校0.14万元。

2. 财政投入保障学院发展情况

学院是宜昌市人民政府主办的全日制普通高等职业技术学院、公益二类事业单位。2017年以来,宜昌市财政局按照高等学校生均经费政策规定,每年安排人员和日常公用经费近3000万元,同时根据学院管理和发展需要安排专项资金用于学院建设。2017年,湖北省财政厅、湖北省教育厅下拨高等职业教育质量提升计划专项资金566万元;宜昌市财政局、宜昌市教育局共拨付职业教育重点专业建设资金410万元。2018年,湖北省财政厅、湖北省教育厅下拨高等职业教育质量提升计划专项资金432万元;宜昌市教育局拨付目标考核奖补资金100万元。学院基础能力不断提高,专业建设日趋完善。

(四)《高等职业教育创新发展行动计划(2015—2018年)》落实情况

学院积极贯彻落实《教育部关于印发〈高等职业教育创新发展行动计划(2015—2018年)〉的通知》(教职成〔2015〕9号)和《湖北省教育厅办公室关于做好〈高等职业教育创新

发展行动计划〉有关任务和项目落实工作的通知》(鄂教职成办[2016]3号)要求,申报承担了19项任务和2类项目。其中,在"XM-01骨干专业建设"项目上,学院申报立项了"旅游管理"和"烹调工艺与营养"两个专业;在"XM-17与技艺大师、非物质文化遗产传承人等合作建立技能大师工作室"上,学院申报了故事大师工作室、剪纸大师工作室、民歌大师工作室、谜语大师工作室和巴山舞大师工作室共5个大师工作室。该方案从2016年启动实施,2017年继续推进,2018年稳步进行。

在2018年,经过全院集体努力,学院较好地实现了所承担的高等职业教育创新发展行动计划的各项任务和项目阶段性目标。学院办学实力显著增强,办学目标定位更加合理,专业设置更加适应需求,人才培养结构更加合理、质量持续提高,服务湖北经济社会发展的水平显著提升;形成学院、企业、社会相互融合局面,办学水平不断提升,成为灵活、开放、多元,具有鲜明特色的高职院校。

六、国际合作

学院积极搭建国内外交流平台,推进中外校际交流项目。

典型案例

新加坡波士顿商学院国际交流中心主任
胡晓静做客三峡旅游讲坛

2017年12月14日,新加坡波士顿商学院国际交流中心主任胡晓静一行4人到访三峡旅游职业技术学院,与酒店管理系、合作交流中心座谈并做客三峡旅游讲坛。

交流现场

上午,胡晓静主任和特级讲师邓剑明应邀做客"三峡旅游讲坛"。胡主任作了题为"欢迎来到新加坡"的主题演讲,邓剑明老师作了题为"国际视野和本土情怀兼备是理性的教育选择"的主题演讲。讲坛由酒店管理系主任高小芹主持,酒店管理系师生200余人及部分其他院系老师听取了报告。胡主任介绍了新加坡教育体系、职业教育现状等方面的内容。邓剑明老师采用现场互动方式,极大地调动了与会师生的热情。他阐述了什么是国际视野,什么是本土情怀,以及如何在世界多元文化的碰撞、消长、融合中,培养学生的国际视野、全球意识和宽容心态,实现东西方文化的优势整合。

三峡旅游讲坛结束后,胡晓静一行4人在高主任陪同下参观了学院校区。随后,一行人来到学院行政楼12楼会议室,与学院副院长张耀武、合作交流处处长刘艳等进行了座谈,共同商谈两校国际交流合作事宜。

韩国威德大学、庆北大学教授及三峡大学国际交流与
合作处领导莅临学院洽谈国际合作事宜

近日,韩国威德大学自由专供学系博士、招生处专员、前威德大学国际交流院院长成润淑教授和韩国国立庆北大学人文学院中语中文学科张泰源教授在三峡大学国际交流与

合作处处长席敬一行的陪同下来学院洽谈国际合作事宜。学院院长梅继开、院长助理吴尊华、合作交流处处长刘艳和副处长谢兵代表学院热情接待了来访客人，双方进行了热情友好的沟通交流。

在座谈交流会上，梅继开院长首先对远道而来的客人表示热烈欢迎，简要介绍了学院历史、基本情况与发展形势，重点介绍了学院的优势特色专业和办学业绩，并表达了开展国际交流合作的意愿。成润淑教授详细介绍了韩国威德大学的基本情况及国际交流合作模式。双方就师生互访、学分互认、专本连读等领域合作展开了深入交流，并提出了初步合作意向。双方认可，先从学院学前教育在校学生开始，在学生自愿且符合国家政策的前提下，于第三学年顶岗实习期赴韩国威德大学进行本科深造，实现专本连读，进一步争取中外合作办学深度合作。

交流现场

本次座谈在友好热烈的氛围中结束，此次洽谈为学院开展国际交流与合作探寻新的突破口找到了契合点，进一步促进了学院与韩国大学的相互了解，加深了彼此的友谊，拓展了学院与亚洲国家高校教育合作与交流的新领域，迈出了国际化办学的新步伐，扩大了学院在韩国高校中的影响，对提升学院的国际化办学水平具有重要意义。

七、问题与对策

（一）问题与挑战

1. 办学条件尚有薄弱环节

根据教育部《普通高等学校基本办学条件指标（试行）》的合格标准和相关指标增长要求，按照4000名学生的办学规模，学院已有师资队伍的数量、结构，办学经费的投入，教室（实训室）、学生公寓、食堂等功能性建筑均不能满足正常教育教学和学院发展的实际需要，且与省内同类高职院校相比还有差距，与推进教育现代化、发展更高质量教育的要求还有差距。

2. 专业群建设尚处于初级阶段

本学年，学院围绕旅游管理与服务类、烹饪与餐饮服务类、学前教育类、现代商务类构建了4大专业群，但各类的核心专业还不太强，支撑专业也有待丰富发展。教师对专业群建设的认识和自觉行动还有待提高，专业群负责人的整体把控能力离高要求还有一定差距，核心专业带头人及专业带头人积极性、主动性、创造性有待调动，专业教师数量相对不足和结构性失衡的问题有待解决，教师团队有待深度融合。

3. 产教融合难以形成合力

在专业建设和人才培养过程中以及校企合作中深感产教融合尚存在以下几个方面的问题：一是认识有待进一步深化，社会认同度不高。因为教育招生制度的设计，职业教育常常被大家视为"筛子"底下的教育，形成了广泛的社会偏见。企业愿意参与校企合作，但对如何开展校企合作缺乏系统的思考,政府各部门一提及职业教育,均认为是教育部门的工作,未形成结合产业供给人力资源,探索人力资源培养机制的系统模式。二是合力有待进一步释放。职业教育是"跨界"教育,在推进过程中,涉及政府、学校、企业、行业等方方面面。由于各方关注点不同,利益诉求不同,出现各自为政的局面,发展的合力尚未形成。三是创新有待进一步激发。现阶段企业参与职业教育办学的积极性不高,方式过于传统,往往停留在项目式合作层面的短期性合作和简单地到学校招聘实习生或毕业生的阶段。在学徒培养中创新培养模式,本学年还处于初级阶段。相关行业主管部门和企业只能提人力资源需求,谈需要的人才数量和专业,对于如何破解产业发展人力资源难题,难以从服务产业发展方面对职业教育提出有效的指导,难以形成多方共同推动的人才培养创新模式。

4. 学生管理面临新挑战

学生心理健康工作机制欠完善。极少数学生在初中阶段或是高中阶段已经在医院确诊为严重的心理疾病且并未治愈,但家长和学生刻意隐瞒,不向学校任何人透露信息,等校方通过多种途径发现异常时,家长和学生极不配合,需要花费大量的时间和精力去处置。在心理健康医校合作方面,我们学院虽然与宜昌市优抚医院有密切联系,实际上建立了危机转介与合作机制,学生在校出现异常情况时能及时转介到该医院进行治疗;但未与该医院签订合作协议,没有有效争取有利资源,未能聘请专家坐诊进行日常心理咨询与疾病筛查。

混合生源教育管理不适应。本学年学院多元化的混合生源招生模式下,教学班级和行政班级存在普通高考学生、技能高考学生、单独招生学生和五年制学生混编情况。混编班级学生的学习经历和成果千差万别,学生的综合素质也大相径庭。因为普通教育和职业教育的学习侧重点不同而导致的差异主要体现在:文化基础知识的差异、专业基础知识的差异、实践动手能力的差异、职业文化认同的差异、职业前景规划的差异。

(二)对策与展望

1. 积极争取上级政策扶持与资金投入

尤其要加大在重点品牌专业建设、师资队伍建设和培训、学生实习实训基地建设、人才培养模式改革、保障性办学建筑等方面的专项投入,加强基础设施建设,从而促使学院不断提高办学效益。不断深化学院内部管理体制改革,进一步优化内部机构设置,进一步明确岗位及工作职责,提高行政管理效能。

2. 进一步优化专业群设置,更好服务区域经济发展

学院将重组专业群课程体系,构建核心课程群;整合实训资源,建设面向专业群的实训基地;加强教师队伍培养,优化教师组合,建立高效团队合作机制;构建数字化校园,实现资源共享;确立评价体系与标准,引导专业群建设的方向和效果。逐步加强学院旅游管理与服务类、烹饪与餐饮服务类的建设力度,扩大学前教育类专业群的设置范围,增加现代商务类必要的支撑专业,将学院依托专业培养人才、服务区域经济社会发展、服务产业转型升级和脱贫攻坚的作用更好地发挥出来。

3. 深化改革,主动对接,积极服务行业企业发展

学院将创新教师培养,打造一流师资。促进教师和企业技术人才的双向流动,进一步完善"双师型"教师培养培训体系,着力提升师资水平。采取"走出去"与"引进来"战略,创新教师聘任和管理制度。一方面,出台政策落实教师下企业挂职锻炼的要求,探索教师以兼职方式参与企业经营管理、策划营销等工作,不断提升教师的实践技能;另一方面,聘请合作企业的高级管理人才、技术骨干、能工巧匠进入学院担任专兼职教师,促进学院师资力量的多元化。积极探索整合院校和合作企业的优势,共同制定专业教师定期培训、轮训和跟岗制度,组织学院的教育专家,企业的工程师、高级技师等共同组成教师队伍,培训一线教师,形成共建共享、互惠互利的良性循环。大力推进现代学徒制、产学研一体化、订单式培养、校企共建专业,与行业企业开展多领域、多形态、多层次、立体化的全方位合作。

4. 进一步创新学生管理工作机制,提高育人质量

结合我们学院心理健康教育工作的弱势和不足,从实际出发,解决实际问题。一是启动项目建设,创建达标中心。二是建立医校联动机制,依靠专业力量。与宜昌市优抚医院建立医校合作的联动机制,聘请相关专家定期来校坐诊,充分发挥心理医院的专业优势和力量,解决专业问题,服务学生。三是深入研究学生,既育人又育心。今后要进一步加强对贫困学生、单亲家庭学生、留守学生、行为异常学生、人格障碍学生等各类特殊学生的深入研究工作,真正走进他们的心里,为他们排忧解难,为他们撑起一片心灵的天空。

完善中高职衔接,实施全对接管理;正视多样化差异,实施多元化管理;结合教育教学,实施多维度管理;融合企业文化,实施多元文化管理;构建家校体系,实施多角度管理;借力信息技术,实施全方位管理。

第四部分

聚焦内涵建设
奋力谱写高质量发展新篇章

（2018—2019学年）

三峡旅游职业技术学院 2018—2019 学年发展概述

2018—2019学年是学院"内涵建设年"和"规范管理年"关键时期,是学院砥砺前行、成效卓著的一年。一年来,学院深入学习贯彻习近平新时代中国特色社会主义思想和党的十九届三中全会精神,全面贯彻落实职业教育改革发展政策,全面落实立德树人根本任务,不断提升人才培养质量,办学规模再创历史新高,各项工作取得显著成效。学院荣获全省"培养人才突出贡献单位"、市级文明校园、社会管理综合治理优胜单位等多项殊荣。院长梅继开荣获全省"促进发展突出贡献人物",领衔的劳模创新工作室被宜昌市总工会命名为市级劳模创新工作室。在2018年12月"第六届黄炎培职业教育奖"颁奖仪式中,院长梅继开荣获"黄炎培职业教育杰出校长奖",教师杨德芹荣获"黄炎培职业教育杰出教师奖"。

学生发展方面,一是大力开展立德树人,包括拓展网络宣传渠道发挥思政教育功能,积极开展志愿服务展示三旅青春风采,社团活动丰富多彩,营造健康向上校园氛围;二是不断提高就业质量,协议就业人数攀升,就业比率再创新高,立足湖北岗位需求服务本地区域发展,开展就业跟踪调查,毕业学生广受好评;三是保持学生良好体验,加强新生入学教育,帮助学生快速适应,高度重视心理健康,扎实推进危机干预,赛评活动促进发展推动文化内涵建设,顺利完成奖助评定,扎实做好帮困助学;四是构建技能竞赛体系,搭建专技成长平台;五是继续推进创新创业,打造创业孵化基地,提升创新创业活力,大赛激发创业热情,实现创业带动就业;六是积极推行职业技能证书考证工作和基于课证一体化的"双证书"工作,应届毕业生职业技能证书获得率达100%。

教学改革方面,一是专业建设成果丰硕,品牌特色逐步彰显;二是对接行业岗位需求,校企共建课程资源;三是产教融合供需对接,校企双元协同育人;四是双师教师常态培养,创新团队重点打造;五是现代学徒分类试点,试点成果顺利验收。

服务贡献方面,一是立足湖北辐射全国,学生就业服务本地;二是充分利用专业优势,大力开展行业培训;三是工匠精神渐入人心,技能鉴定稳步推进;四是积极投身扶贫工作,坚持做好脱贫攻坚;五是职教集团引领前沿,实现产教深度融合;六是研学旅行主动作为,发挥学院行业主导;七是传统文化进校园,工匠精神代代传。

政策保障方面,一是重视党建引领,党建和思想政治工作针对性、时效性明显增强;二是加强经费保障,生均财政拨款逐年增加,高于全国示范高职院校;三是专项补助用好用活,学院基础设施和专业建设进一步加强;四是修订完善多项管理制度,继续强化内部治理;五是改革教师评价制度,构建全方位人才培养质量监控体系,深化质量监控。

面临挑战方面,一是不断扩大"双师"队伍,探索校企联合培养机制;二是不断优化实践基地,进一步提高使用成效;三是不断完善课程体系,夯实学院长远发展基础;四是不断深化校企合作,继续推进集团化办学。

第四部分 聚焦内涵建设 奋力谱写高质量发展新篇章(2018—2019 学年)

一、学院概况

三峡旅游职业技术学院是2008年2月经湖北省政府批准,以宜昌教育学院为基础合并湖北三峡科技学校组建而成。是宜昌市委、市政府主办的全省唯一一所独立设置的旅游类高校。2009年4月获教育部批准备案为全日制综合类普通高职院校。2013年1月整体搬迁入宜昌市职教园。学院先后荣获"全国餐饮职业教育优秀院校""中国旅游职业教育优秀院校""全省职教先进单位""全省培养人才突出贡献单位"等多项荣誉,蝉联"市级文明单位""党建工作优秀单位""平安校园""社会管理综合治理优胜单位"。

学院位于宜昌城东新区核心区域,毗邻宜昌东站,交通便利,在校生4645人,教职工193人。学院秉承"砺志明德、笃学躬行"的校训和"以人为本、依法治校、质量为先、特色立校"的办学理念,坚持以高职教育(含五年一贯制、"3+2"(中高职三二分段制))为主体、成人教育为补充,学历教育与职业培训并举的办学格局。学院以旅游管理类专业群和学前教育专业群建设为重点,以航空服务类、商务管理类、计算机类、园林类等专业为补充,开设了33个专业及专业方向,涵盖了高职教育、成人教育及中职教育各个层次。导游、酒店管理专业是国家专业服务产业重点建设专业,烹调工艺与营养、导游、酒店管理专业是教育部现代学徒制试点专业,旅游管理专业是国家示范专业、省级高职教育品牌专业,学前教育专业是与中华职教社合作共建的省级高职教育特色专业。旅游管理实训中心是国家级校内实训中心,三峡大坝是学院省级校外实训基地。

学院拥有先进的教学设施设备,建有现代化的多媒体教学系统、校园网络系统、远程教育系统和网络办公系统;建有"四基地":大学生创新创业基地、学前教育实习基地、宜昌市旅游人才培训基地、鄂西非物质文化遗产传承基地;建有"十中心":旅游管理实训中心、烹饪实训中心、酒店管理实训中心、乘务实训中心、学前教育实训中心、现代信息技术实训中心、临空产业实训中心、大学生思想政治教育实训中心、大学生心理健康教育辅导中心、宜昌市普通话培训测试中心;共有60多个理实一体化实训室,旅游管理专业有中央财政支持建设的重点实训基地;与30多家国内知名企业、130多家省内重点企业签署战略合作协议,建设有近100个校外实训实习及就业基地。

学院积极服务地方经济社会发展,开展职业培训与技术指导、普通话培训与测试、宜昌市旅游标准化城市创建等,为地方经济社会发展做出了积极贡献。学院为宜昌市普通话培训测试中心、未成年人心理健康辅导站,三峡茶文化研究会、宜昌市心理学会、三峡旅游研究所、宜昌市心理研究所等挂靠学院。学院还是宜昌市三峡研学旅行研究中心、三峡研学导师培训基地、宜昌市幼儿园园长培训基地。

二、学生发展

(一)立德树人

1. 拓展网络宣传渠道,发挥思政教育功能

传统与现代融合,增强宣传吸引力,传播正能量,形成主流价值观。抓住"互联网+"机遇,探索搭建移动便捷的思政"互联网+"平台。把青年学生容易接受的自媒体和传统媒体紧密结合,打造宣传新阵地。马克思主义学院以一级支部创建工作为抓手,把支部建到网站上,把党员放在窗口上,与建设马克思主义学院网站同谋划,与学院品牌专业建设同部署,专人负责专人管理,形成政治突出、特色鲜明、内容丰富,时效性强的马克思主义学院特色,"我是党员""一级支部"等特色栏目增强了关注度,让党务从"后台"走向"前台"。

"三旅思政"微信公众号

创建"三旅思政"微信公众号。通过公众号,定期向师生推送时政资讯、传达思政声音、传播正能量。广大师生也可在公众号平台留言,将自己的想法、疑惑告知群友。马克思主义学院再根据实际情况,安排专人为师生解惑释难。"三旅思政"公众号还通过推出"三旅思政匠心榜"等品牌栏目,进一步增强了宣传效果。积极开展"学英雄、颂英雄、做英雄"主题教育,并纳入制度化思政教育体系。积极与贵州省见义勇为办公室联合,以英雄女儿谭林霞为突破口,制定精准帮扶方案,大力弘扬英雄精神,着力引领校园文化。开展系列活动大力学习身边道德楷模,弘扬英雄精神,用英雄故事感染人,用英雄精神武装人,让英雄精神扎根校园,共同奏响新时代的英雄赞歌。

2. 积极开展志愿服务,展示三旅青春风采

学院积极组织青年志愿者参与校内外各类志愿服务活动,先后组织开展了雷锋月"弘扬雷锋精神 发扬传统美德"主题教育实践活动,组织志愿者参加宜昌市纪念五四运动一百周年特别主题团日活动,组织志愿者参加中国宜昌体育舞蹈公开赛志愿活动,组织开展了校园无偿献血活动,组织开展525心理情景剧汇演,组织志愿者参加宜昌高新区创建文明城市誓师大会志愿活动,组织志愿者参加2019年宜昌市足球联赛志愿活动,组织志愿者参加2019年第七届世界军人运动会志愿服务活动、2019年全国扶贫日枝江志愿服务、迎新生等志愿活动,每月定期慰问关爱伍家岗福利院老人、宜昌市阳光驿站自闭症儿童。青年志愿者服务成为展示学院学子精神风貌和青春风采的一张名片。2019年有近1200名学生新注册成为青年志愿者,志愿者成为新时期播撒文明、弘扬新风的带头者。

青年志愿者活动

3. 社团活动丰富多彩,营造健康向上校园

本学年在院团学会社团部登记注册的学生社团有15个,包括汉服社、计算机协会、吉他社、动漫社、礼仪队、茶艺社、搏击健身社团、剪纸社、PE协会(篮球部、羽乒部、足球部、排球部)、书法社、美术社、演讲与辩论社、花屿社、铜管乐队、现代舞社,种类多样,活动丰富多彩。2019年,各社团坚持每周开展1—2次课程,参加各类培训30次以上。各社团都能够自发组织活动,充分调动成员的积极性。社团活动给校园营造了健康向上的文化氛围,传播了正能量,极大丰富了学生业余生活,促进了学生发展。

(二)就业质量

1.协议就业人数攀升,就业比率再创新高

截至 2019 年 9 月 2 日,三峡旅游职业技术学院 2019 届毕业生 802 人,就业 771 人。毕业生初次就业率约 96.13%,其中协议就业 614 人,协议就业率约 76.56%;灵活就业 125 人,灵活就业率约 15.59%;升学 20 人,升学率约 2.49%;自主创业 12 人,自主创业率约 1.50%;待就业 31 人,待就业率约 3.87%。

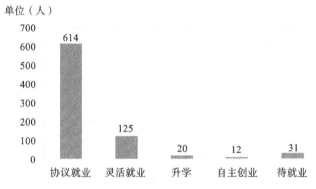

毕业生就业率构成图

2.立足湖北岗位需求,服务本地区域发展

(1)就业区域分布。

三峡旅游职业技术学院 2019 届毕业生主要就业地区为湖北省,协议就业人数为 614 人,占毕业生人数的 76.56%(其中宜昌市就业人数为 371 人,占毕业生人数的 46.26%)。学院为湖北省及地方经济社会发展培养技术技能人才、提高湖北省及地方人力资源素质和技术技能水平做出了积极贡献。省外就业以珠三角、长三角等经济发达地区为主,省外就业排在前三位的分别为广东省(不含深圳市)25 人(占毕业生人数的 3.12%)、上海市 18 人(占毕业生人数的 2.24%)、深圳市 18 人(占毕业生人数的 2.24%)。

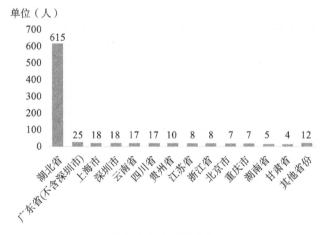

毕业生就业区域分布

(2)就业单位性质分布。

根据湖北省高等学校毕业生就业指导中心统计数据,三峡旅游职业技术学院 2019 届毕业生就业单位主体为企业(非国有企业),其次为初中等教育单位、国有企业等。

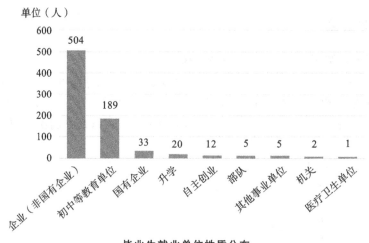

毕业生就业单位性质分布

(3)就业单位行业分布。

根据湖北省高等学校毕业生就业指导中心统计数据,三峡旅游职业技术学院2019届毕业生就业单位行业分布集中在教育,租赁和商务服务业,住宿和餐饮业,信息传输、软件和信息技术服务业,批发和零售业及其他服务业等。其中教育领域和旅游服务领域为毕业生主要的就业行业选择。可见学院人才培养目标与社会需求相契合,充分体现了学院立足旅游品牌、彰显教育特色的培养定位。

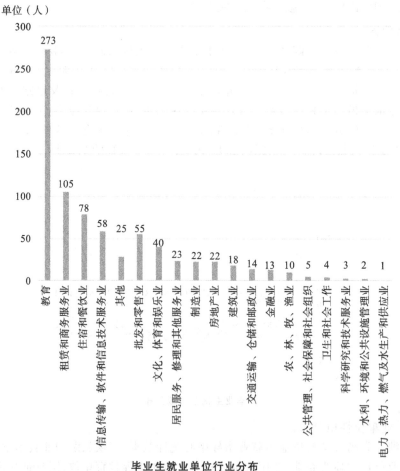

毕业生就业单位行业分布

3. 开展就业跟踪调查,毕业学生广受好评

三峡旅游职业技术学院对2019届毕业生开展了就业跟踪调查。共有527名毕业生及其就业单位参与本次调查,其中男生139人,占总调查对象26.38%;女生388人,占总调查对象的73.62%。学院同时又选取了20家具有代表性的毕业生就业单位开展了"三峡旅游职业技术学院毕业生质量与需求调查"。

(1)总体薪资水平。

毕业生签约后税前月薪平均为3297元(较上年度基本持平)。薪酬区间主要集中在2001—3500元(占46.51%),其次为3501—5000元(占34.30%),2000元以下占17.56%。

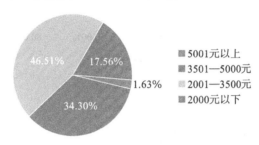

毕业生总体薪资水平

(2)毕业生就业相关度。

毕业生各专业平均对口率为61.73%(较上年度提高2.53%)。其中休闲服务与管理、计算机应用技术、学前教育专业就业相关度较高,酒店管理、园林技术专业就业相关度偏低。

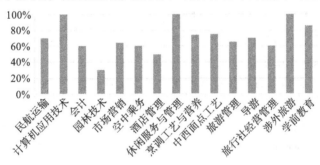

毕业生就业相关度

(3)毕业生就业现状满意度。

2019届毕业生就业现状满意度的调查显示,学院毕业生对找到工作感觉非常满意的比例为22.56%,满意的比例为69.36%,态度一般的比例为6.2%,仅有1.88%的毕业生对就业现状不满意。

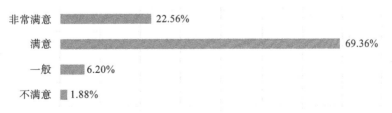

毕业生就业现状满意度

(4)用人单位满意度。

对2019届毕业生就业用人单位调查显示,用人单位对我院毕业生的总体评价满意(含非常满意)率达到93%以上。在各项评价指标中,用人单位对学院学生的专业适应能力、思想道德修养、基本理论与基本技能的实际水平、社会公德与职业道德、实践能力、敬业精神和工作态度、服从工作需要和组织安排等10个方面的评价均高达85%以上。

用人单位满意度

(三)在校体验

1. 加强新生入学教育,帮助学生快速融入

为深入学习贯彻习近平新时代中国特色社会主义思想,进一步提升学院育人质量,提高大学生身心健康水平和安全意识,促进学院教育工作稳步发展,学院组织开展了新生入学教育系列专题讲座。

学院联合中国健康促进与教育协会,特邀宜昌市三峡大学附属仁和医院副院长李志英来校进行《你好,千金——高校女生健康大讲堂》主题讲座。李志英院长主讲了经期常识、妇科炎症、性知识三方面问题,从理论的高度与现实的角度,通过病例分析的形式,为女同学提供了一顿女生健康教育的大餐;有助于提高和增强女大学生的健康观念和防病意识,同时也拓宽了健康教育宣传形式和扩大了受众覆盖面,有利于老师有针对性地加强学生的健康教育,助力学生健康快乐成长。学院心理学副教授黄兴芹为学生带来心理健康知识讲座,为学生提供了一顿心理健康教育的大餐,有助于新生加强自身心理调适,保持积极健康的心态,快速适应大学生活。宜昌市疾控中心传防所副所长、副主任医师张慧琦来给学生做防艾滋病的知识讲座,澄清了学生对艾滋病的误解,让学生全面了解了预防艾滋病的相关知识。远离校园贷、禁毒知识等系列安全教育讲座提升了学生的安全与法治意识,为学生在校安全地生活与学习打下了坚实的基础。

系列入学教育活动的开展,让学生获益匪浅。学生们表示这样的讲座让他们更快地适应了大学生的角色,找到了大学生活学习的方向。

2. 高度重视心理健康,扎实推进危机干预

学院大学生心理健康教育和心理危机干预工作扎实,方法独特,效果突出,在宜昌乃至湖北省有较大影响。大学生心理辅导中心黄兴芹副教授长期致力于心理辅导与咨询、亲子关系、情绪调节、人际交往、有效沟通、旅游心理等方面的心理健康教育工作,主持多项课题研究,主编出版《心理健康教育》教材和多部心理学著作。在她的领导下,学院大学生心理辅导中心以心理健康筛查为基础,以心理情景剧、朋辈心理互助等形式开展心理健康教育,进行心理危机干预,成效显著。通过心理情景剧对学生进行安全教育,也是学院大学生心理健康教育的一大特色。学院大学生心理辅导中心组织排演的心理情景剧多次

第四部分 聚焦内涵建设 奋力谱写高质量发展新篇章(2018—2019学年)

开展系列入学教育活动

在省市获奖。大学生心理辅导及心理危机干预经验多次在市里交流,具有较大的影响力。

3. 赛评活动促进发展,推动文化内涵建设

学院开展学生教室、寝室美化、亮化活动;开展"学雷锋"、争创文明学生活动;开展"3.25"善爱我活动;选派10名第七届世界军人运动会志愿者进行培训及参与服务活动,受到上级部门及领导高度评价;以学院为主办方,开展宜昌市高校"5.25"心理情景剧活动,在宜昌引起强烈反响;举办球类运动会和田径运动会,每年都有创新;参加宜昌市第二届高校篮球赛。各系举办迎国庆晚会及校园10佳歌手大赛;举办演讲比赛、中高职衔接文艺汇演、冬季长跑等活动,提高学生思想道德素养和综合素质。形式多样的学生活动,充分发挥了学生特长,营造了积极向上的校园氛围。

4. 顺利完成奖助评定,扎实做好帮困助学

高质量完成各类奖助学金评定、审核、发放工作;做好各类补助、帮困助学工作。学院全年资助学生89人,资助5万余元;评定大专生国家助学金520人,发放78万元;评定国家奖学金3人,发放2.4万元;评定国家励志奖学金76人,发放38万元;评定国家助学金620人,发放102.3万元;服兵役资助9万元。评定中职生国家免学费学生977人,共计发放金额118.12万元;享受国家助学金337人,共计发放金额33.7万元;享受国家奖学金2人,共计发放金额1.2万元。

(四)技能竞赛

构建技能竞赛体系,搭建专技成长平台。学院形成了"校赛、市赛、省赛、国赛"有效衔接的四级学生技能竞赛体系,持续推进职业技能竞赛专业、学生全覆盖,为学生搭建专业技能成长与展示的平台。全年共有学生102人次在各级各类技能竞赛中获奖,其中获国家级奖励14项、省级奖励27项、市级奖励20项。

技能大赛获奖名单(部分)

项目名称(全称)	获奖等次	级别	学生名单
"劲霸杯"第四届中国厨师职业技能大比武面点	金奖	国家级	龙琼艳
第十一届全国旅游院校服务技能(饭店服务)大赛高职高专院校餐厅服务(鸡尾酒调制)赛项	二等奖	国家级	刘俊
第十一届全国旅游院校服务技能(饭店服务)大赛高职高专院校餐厅服务(客房服务)赛项	二等奖	国家级	王慧慧
第十一届全国旅游院校服务技能(饭店服务)大赛高职高专院校餐厅服务(中餐宴会摆台)赛项	二等奖	国家级	李钰凡
"劲霸杯"第四届中国厨师职业技能大比武面点	银奖	国家级	熊振威
"劲霸杯"第四届中国厨师职业技能大比武面点	银奖	国家级	金春琴
"劲霸杯"第四届中国厨师职业技能大比武面点	银奖	国家级	杜雨薇
"劲霸杯"第四届中国厨师职业技能大比武面点	银奖	国家级	李蓝清
"劲霸杯"第四届中国厨师职业技能大比武面点	银奖	国家级	钟汶金
全国职业院校技能大赛高职组烹饪赛项团体	三等奖	国家级	王宇晨、田谊山、王义鑫、王文龙、杜晨
第八届全国大学生红色旅游创意策划大赛华中赛区	三等奖	国家级	闵聪、税桂林、王莉、撖瓒、段小谍
中国技能大赛——"武夷山大红袍杯"第四届全国茶艺职业技能竞赛总决赛	优秀创意奖	国家级	文少龙、闫雅琪、杨道春、王唯一
第八届全国大学生红色旅游创意策划大赛	优秀奖	国家级	闵聪、税桂林、王莉、撖瓒、段小谍
全国职业院校中华茶艺"赛证融通"邀请赛	优秀奖	国家级	蔡文仪、杨道春、肖志豪、文少龙
湖北省职业院校技能大赛(高职组)导游服务赛项	一等奖	省部级	吴婷
"湖北工匠杯"技能大赛——"黄鹤楼茶杯"湖北省茶艺职业技能竞赛团体组	一等奖	省部级	文少龙、闫雅琪、杨道春、王唯一
第十一届全国旅游院校服务技能(饭店服务)大赛高职高专院校餐厅服务(西餐宴会摆台)赛项	二等奖	省部级	高芳
湖北省职业院校技能大赛(高职组)中西式宴会服务赛项	二等奖	省部级	张开进子

第四部分 聚焦内涵建设 奋力谱写高质量发展新篇章(2018—2019学年)

续表

项目名称(全称)	获奖等次	级别	学生名单
湖北省职业院校技能大赛计算机网络与信息安全技术赛项	二等奖	省部级	杨重伟、蒋勇、卢同彬
湖北省职业院校技能大赛(高职组)导游服务赛项	二等奖	省部级	范文豪
"湖北工匠杯"技能大赛——湖北省第十届茶业职业技能大赛	二等奖	省部级	闫雅琪
"贝蒂杯"湖北省体育舞蹈公开赛暨宜昌市第十三届体育舞蹈锦标赛——大学生女子组单人C组拉丁舞	二等奖	省部级	罗梦格
"贝蒂杯"湖北省体育舞蹈公开赛暨宜昌市第十三届体育舞蹈锦标赛——大学生女子组单人A组拉丁舞	二等奖	省部级	马欣怡
"贝蒂杯"湖北省体育舞蹈公开赛暨宜昌市第十三届体育舞蹈锦标赛——成人组女子拉丁舞B组	二等奖	省部级	舒婷
"贝蒂杯"湖北省体育舞蹈公开赛暨宜昌市第十三届体育舞蹈锦标赛——成人组女子拉丁舞A组	二等奖	省部级	张紫灿
湖北省职业院校技能大赛(高职组)中西式宴会服务(抽测组)赛项	三等奖	省部级	毕宇
湖北省职业院校技能大赛(高职组)中西式宴会服务赛项	三等奖	省部级	董晶晶
湖北省职业院校技能大赛(高职组)中西式宴会服务(抽测组)赛项	三等奖	省部级	陶林芳
湖北省职业院校技能大赛(高职组)会计技能赛项	三等奖	省部级	汪娇、杜秀娟、李婉荣、彭栗
湖北省职业院校技能大赛(高职组)会计技能(抽测组)赛项	三等奖	省部级	张徐燕、田威、黎雅、苏文双
湖北省职业院校技能大赛(高职组)学前教育技能赛项	三等奖	省部级	胡文静
湖北省职业院校技能大赛(高职组)学前教育技能赛项	三等奖	省部级	席庆慧
湖北省职业院校技能大赛(高职组)动漫制作(抽测组)赛项	三等奖	省部级	刘伟涛
"湖北工匠杯"技能大赛——湖北省第十届茶业职业技能大赛	三等奖	省部级	袁心怡
"贝蒂杯"湖北省体育舞蹈公开赛暨宜昌市第十三届体育舞蹈锦标赛——成人组女子拉丁舞B组	三等奖	省部级	罗梦格
中国技能大赛——第45届世界技能大赛湖北省选拔赛酒店接待项目比赛	三等奖	省部级	李钰凡

续表

项目名称(全称)	获奖等次	级别	学生名单
中国技能大赛——第45届世界技能大赛湖北省选拔赛酒店接待项目比赛	三等奖	省部级	毕宇
湖北省第一届管理会计技能大赛	三等奖	省部级	荀雨欣、杜丹、胡慕婷、胡飞
湖北省职业院校技能大赛(高职组)学前教育技能赛项	三等奖	省部级	徐素婷
"贝蒂杯"湖北省体育舞蹈公开赛暨宜昌市第十三届体育舞蹈锦标赛——女子单人单项	第四名	省部级	舒婷
湖北省第十二届导游大赛	优秀奖	省部级	刘安琪
宜昌市第二届讲解员大赛	一等奖	市级	刘安琪
宜昌市中等职业教育学生职业技能(才艺)大赛——学前教育技能	一等奖	市级	刘东娜
宜昌市中等职业教育学生职业技能(才艺)大赛——模特服装表演	一等奖	市级	巫海梅
宜昌市中等职业教育学生职业技能(才艺)大赛——书法	一等奖	市级	李欣然
宜昌市中等职业教育学生职业技能(才艺)大赛——书法	一等奖	市级	曾甜甜
宜昌市第二届讲解员大赛	二等奖	市级	李慧瑶
宜昌市中等职业教育学生职业技能(才艺)大赛——模特服装表演	二等奖	市级	徐芷怡
宜昌市中等职业教育学生职业技能(才艺)大赛——美术	二等奖	市级	韦雪倩
宜昌市中等职业教育学生职业技能(才艺)大赛——美术	二等奖	市级	章文杰
宜昌市中等职业教育学生职业技能(才艺)大赛——礼仪展示(团体)	二等奖	市级	何嘉仪、田雨荷、巫海梅、熊诗琴、徐芷怡、杨宏雨、杨伟荣、曾小琴
宜昌市市级劳动竞赛暨第十届导游大赛	三等奖	市级	刘安琪
宜昌市市级劳动竞赛暨第十届导游大赛	三等奖	市级	范文豪
宜昌市中等职业教育学生职业技能(才艺)大赛——模特服装表演	三等奖	市级	何嘉仪
宜昌市中等职业教育学生职业技能(才艺)大赛——主题演讲	三等奖	市级	丁雨霖

续表

项目名称(全称)	获奖等次	级别	学生名单
宜昌市中等职业教育学生职业技能(才艺)大赛——美术	三等奖	市级	余盼
宜昌市中等职业教育学生职业技能(才艺)大赛——美术	三等奖	市级	葛雨婷
宜昌市中等职业教育学生职业技能(才艺)大赛——歌唱	三等奖	市级	钟子乔
宜昌市第二届讲解员大赛	优秀奖	市级	撒赟
宜昌市市级劳动竞赛暨第十届导游大赛	优秀奖	市级	吴婷
宜昌市市级劳动竞赛暨第十届导游大赛	优秀奖	市级	王莉

(五)创新创业

1.打造创业孵化基地,提升创新创业活力

2019年学院投资100余万元,完成了大学生创新创业孵化器基础环境及内外装修装饰建设,另投资20余万元购置了孵化器各工作室设备及家具,引进企业投资80余万元。创新创业孵化器针对校内大学生创新创业群体开展创新教育和创业辅导,启动政策孵化、场地孵化、项目孵化、运营孵化等措施,为校内大学生创业构建绿色直通车。拥有招聘现场活动场地、图文图像专门场地、集成办公场地、创业交流场地、项目办公场地、宣传展示区,有能力初步满足上述入孵项目的使用,有条件助推学院创新教育,降低创业风险,提升创业活力,拓宽就业形式,开辟学院职业教育新模式。经过全院层层选拔,孵化基地已入驻7个学生创新创业团队。

游宝文创工坊。此项目由学院研学导师专业学生刘泰麟发起组团创业,创业参赛项目《旅游资源地特色文化游宝文创工坊》在学院2019年第一届"思亮杯"创新创业大赛中获二等奖。

大学生甜心时光创业空间。由学院空乘专业学生陈迪传联动中西面点专业学生徐蝶、陈春玲组团创业,结合学院咖啡教学。学院酒店管理系咖啡实训场地也是整个创客孵化器工作交流的一个空间。创业空间集合第一届"思亮杯"创新创业大赛中三等奖项目《黑森林餐厅》、二等奖项目《清风茶苑》合作运营,满足孵化器交流平台搭建及服务功能配套。

创业孵化基地活动

大学生甜心时光创业空间

乡村旅游在线。由学院旅游管理系学生巫炳新发起，4人组创，面向湖北省内乡村旅游业态，提供线上推广与订购的电子商务平台。此项目获得学院大赛一等奖。

V汉服。由学院李思琪、董蕊芯创立，该企业定位于推广中华民族传统礼仪文化，以汉服主题策划植入商业营销活动为核心产品达成盈利目标。

乡村旅游在线平台展示

V汉服创始人

车饰界设计中心。由学院空乘专业学生王俞淇组创，组合学院计算机应用技术专业3名学生共同经营。本项目是加盟经营企业，核心技术为3D技术应用。

好玩意自媒体工作室。此项目由学院计算机应用技术专业学生严彪组创，由刘俞君老师提供指导。此项目旨在深度开发和运用多种类自媒体形式，拓宽推广渠道，以商业企业自媒体运营托管及自媒体广告为商业模式。

车饰界设计中心创始人

好玩意自媒体工作室创始人

爱心天使社会公益服务中心。此项目是由学院思政课部承接辅导，由学前教育专业谭林霞、空乘专业刘佛贵等同学开展实施的公益创业项目。三峡旅院爱心天使致力于汇聚社会正能量，聚焦社会困境青少年弱势群体，开展多种形式的公益活动，启发社会公民尤其是大学生群体的公德意识和社会责任。

2. 大赛激发创业热情，实现创业带动就业

2019年春季，多部门联动共同组织学生参加第五届中国"互联网＋"大学生创新创业大赛。该赛事共有93个项目报名，76个项目正式参赛，经过系部初选、学院复赛，最终有7个项目进入省级复赛。2019年7月，在湖北省第二届"我梦见——楚天创客"大赛中，鲁建平副教授指导的乡旅自在签项目获得优秀创意奖。2019年秋季，学院组织学生参加第一届中华职教社创新创业大赛，共有8个项目进入省级复赛。

(六)双证书

学院在人才培养过程中积极推行职业技能证书考证工作和基于课证一体化的"双证书"工作。一是加强与人社部门和行业协会的沟通合作,组织学生参加国家人社部门认可或行业协会认可的各级各类职业资格培训和考试,考取相关职业技能证书;二是把职业技能证书所要求的岗位技能和内容,纳入学历教学计划中,进行常规的强化训练和考核准备,确保学生在取得学历证书的同时,获得相关的职业技能证书。学院学生在毕业时,可考取校外鉴定颁发的计算机等级证、英语等级证、导游资格证、幼师资格证,也可考取校内鉴定颁发的普通话等级证、公共营养师等级证、中式烹调师等级证、中式面点师等级证、保育员资格证、育婴师资格证、茶艺师等级证等。自实施引导双证书工作以来,应届毕业生参加与专业相关的社会技术培训共 8564 天,职业技能证书获得率 100%,其中高级职业技能证书获得率 25.19%,大大提高了毕业生的就业竞争力。全国导游资格证考试连续三年一次性通过率高出全国平均水平近 40%,全省领先。2019 届毕业生杨崇伟、蒋勇等 3 名同学考取了华为 ICT 高级认证"HICE"证书,全球拥有此项证书者不足 1 万人。

荣誉证书

华为 ICT 高级认证"HICE"证书

三、教学改革

(一)专业建设成果丰硕,品牌特色逐步彰显

学院开设了 33 个专业及专业方向,积极推进旅游管理品牌专业(群)和学前教育特色专业建设工作,专业品牌特色鲜明,服务区域和产业成效显著,人才培养质量显著提高。

旅游管理专业于 2019 年顺利通过教育部、湖北省认定的高等职业教育创新发展行动计划(2015—2018 年)骨干专业验收。旅游管理专业(群)在品牌专业建设中,构建了"工学结合、课证融合、赛训融通"的人才培养模式,开展了"产教深度融合、校企双元育人"的现代学徒制试点工作,进行了"知行合一、工学交替、淡进旺出"的教学组织形式改革,推动了"任务驱动、项目导向、学做一体"的课程教学改革,构建了"内外联动、由浅入深、两维三段"的实践育人体系,构建了"多元化主体参与、多样化评价方式、多维化评价内容"的专业人才培养质量评价体系。旅游管理系作为教育部第二批现代学徒制宜昌区域试点项目子项目开展了试点工作,与长江三峡旅游发展有限责任公司等7家知名企业开展了现代学徒制试点工作,已通过教育部验收。校企共同开发本土化课程12门,主编全国重点旅游院校"十三五规划"教材《旅游概论》《导游词创作讲解》,主编教材《酒店人力资源管理》《酒水知识与调酒技能》,副主编教材8部。旅游管理专业年均初次就业率达98.5%,本省就业率为85.5%,毕业生双证率达100%,毕业生家长满意度为96.5%,用人单位对毕业生的满意度为98.2%。通过政、校、企多方联动,产教深度融合,旅游管理专业培养了"就业有技能、创业有能力、深造有基础、发展有后劲"的高素质技能型人才。

学前教育专业为学院与中华职教社合作共建专业,2015年立项为湖北省高等职业教育特色专业建设项目(鄂教职成〔2015〕4号)。学前教育专业继承了学院前身宜昌教育学院师范教育的传统优势,师范教育底蕴深厚。本专业本学年同时开设三年制与五年一贯制两类普通专科,培养了一大批面向城市社区及乡镇一线下得去、留得住、用得上的大学专科水平的适应现代学前教育改革与发展需要的高素质、技术技能型学前教育教师等幼教工作者。本专业特色鲜明,服务区域和产业成效显著。本专业积极开展了行业企业调研,聘请行业、幼儿园的专家担任客座教授、兼职教师、楚天技能名师,到优秀院校考察交流;制定并不断完善人才培养方案,基于工学结合以及理实一体的理念,逐步构建了"螺旋递进、实境镶嵌"的人才培养模式;大力实施课证融通,将职业资格标准中规定的理论知识与实践技能作为课程教学内容进行教学改革,构建了"岗、证、课"三位一体的全程实践教学体系,毕业生双证书率100%(含幼儿园教师资格证、保育员证、育婴员证等);开展了说课比赛、讲故事比赛、声乐比赛、钢琴比赛、舞蹈表演比赛、课件制作比赛、茶艺比赛、"五四"手工展、文艺汇演等活动,2019年学生在国家、省、市各种技能大赛中累计获奖20多项,其中,获得国家级奖项3项、省级奖项8项;开发了富有地域特点的非遗系列课程,内容包括谜语、民歌、剪纸、民间故事和巴山舞五大传统文化技能,培养了学生精益求精的新时代工匠精神,受益学生达1000余人。为了更好地结合学生的兴趣和专长开设课程,促进学生乐学成才,提高就业质量,本专业共开设了综合教育、双语教育、艺术教育、研学导师、国学与少儿茶艺和教育信息技术6个分类培养专业方向,384名学生参与了个性化分类培养。本专业构建了层次完整的幼教师资继续培训体系,2019年开展幼儿园骨干园长、骨干教师及园长任职资格培训130余人次,面向社会开展普通话培训测试6000余人次;共举办了16期宜昌学前教育讲坛,受众达4000余人,来自宜昌市幼儿园、宜昌市基建幼儿园、宜昌市猇亭区教育幼儿园、宜昌市伍家岗区中心幼儿园、宜昌市直机关桃花岭幼儿园、宜昌市葛洲坝东山幼儿园的近20名幼教专家来到学院,为师生分享丰富的一线工作经验。随着学前教育省级特色专业建设项目的实施,学院学前教育专业取得了极大发展,以其鲜明的办学特色和过硬的人才培养质量赢得了社会广泛认可,已成为宜昌地区幼儿园园长和幼教师资培养培训基地,享有宜昌学前教育界"黄埔军校"的美誉。

(二)对接行业岗位需求,校企共建课程资源

校企合作开发本土化工学结合课程。旅游管理专业群以区域旅游产业真实的旅游资源、旅游产品、业务流程、职业标准和岗位技能要求为依据,以职业素质养成与职业技能培

养为主线,以校企合作为平台,共同开发本土化工学结合课程。在原有的校企合作开发成熟的"鄂西生态文化旅游概论""鄂西旅游文化"等课程基础之上,结合区域行业发展趋势及热点,校企共同开发了"研学旅行在宜昌""模拟导游""导游词创作与讲解""导游微格实训""餐饮服务与管理"等十余门课程。学院按照人才培养模式改革要求,依据岗位实际工作任务、工作过程和工作标准设计学习领域,编制基于工作过程的课程标准与教学方案,开发电子教案、教学课件、案例库、习题库、试题库、实训方案、自主学习包和网上答疑等教学资源。

校企共同开发本土化课程"鄂西旅游文化""鄂西生态文化旅游概论"

政校行企共同开发校本课程"研学旅行在宜昌"

校企共同开发全国重点旅游院校"十三五"规划教材《旅游概论》《导游词创作与讲解》

学前教育专业群对接幼儿园实际岗位需求,探索形成了"岗、证、课"三位一体的教学模式。不仅强化了"综合素质""保教知识与能力""保育员与育婴员操作技能实训"等课程,更是将职业认知、职业道德、教学设计、教学实施、教学评价以及考证能力等教师基本能力素养贯穿于"学前教育学""学前卫生学""幼儿园教育活动设计与指导"等全部的专业课程教学,并且组织本校老师主编或参编了一系列"岗、证、课"相结合的学前教育专业教材,使教学工作更好地服务学生未来工作岗位,帮助学生顺利通过幼儿园教师资格证、保育员证、育婴员证等职业资格证的考试。

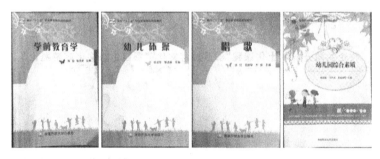

教师编写"岗、证、课"三位一体教材(部分)展示

(三)产教融合供需对接,校企双元协同育人

学院结合行业情况及实际,发挥高职引领作用,积极探索并实施招生招工一体化,打造"双导师"师资队伍,积极探索校企双元育人机制。旅游管理与导游专业与宜昌市本土7家企业签订现代学徒制合作协议,明确校企双方权利和义务,推进校企紧密合作、协同育人。学院在此基础上积极作为,主动向湖北省教育厅申请开展行业单独招生,与兴发集团、神旅集团深度合作,先招工、后招生,实际完成110人的招工、招生任务,于2019年开展校企双主体育人机制探索。学院与合作企业紧密协作,建立健全双导师的选拔、培养、考核、激励制度,出台了《三峡旅游职业技术学院双导师队伍建设指导意见(试行)》,建立了一支由23名专业教师和37名企业导师共同组成的双导师师资队伍。学院与合作企业共同研制人才培养方案,共同制定专业教学标准、课程标准、岗位标准、企业师傅标准、质量监控标准,共同开发课程和教材,设计实施教学,组织考核评价,开展教学研究等,重点探索导游专业人才培养模式改革。

学院与合作企业共建共享实习实训基地和培训基地,搭建贴近生产实际的学习平台,把实践教学、职业技能训练、鉴定考核、职业资格认证等功能集于一体。企业文化与职业院校文化互通互融,探索企业文化与校园文化有效融合的多种形式,将优秀企业文化融入职业教育教学全过程,将校园文化引入企业生产和职工培养培训活动中,实现校企双赢,为区域经济社会发展做出更大贡献。

(四)双师教师常态培养,创新团队重点打造

着力加强师资队伍建设。一方面大力引进和招考全日制研究生学历教师,提升教师学历层次。通过人才引进和公开招考招聘新教师32人,缓解了教师队伍严重不足问题。另一方面深入开展师德培育活动,评选表彰"师德标兵"和"最美教师"。学院选派46名教师参加国家骨干教师培训、30多名教师下企业锻炼,为30多名新进教师指定指导教师进行以老带新结队帮扶,加速中青年教师成长。通过大师工作室、专业带头人、专业教研室建设,打造"黄大年式教师团队"。组织、指导、支持教师参加教学能力、专业技能、信息化教学等大赛,提升其教学能力和技能水平。院长梅继开、副教授杨德芹分获第六届黄炎培职业教育"杰出校长奖""杰出教师奖"。2019年学院教师在全国、省、市教学大赛中获奖20多项次,10多名教师获全国、全省"优秀指导教师"称号。

(五)现代学徒分类试点,试点成果顺利验收

依据《教育部关于开展现代学徒制试点工作的意见》(教职成[2014]9号)和《省教育厅关于印发湖北省职业院校现代学徒制试点工作方案的通知》(鄂教职成[2016]2号)以及《宜昌市职业院校现代学徒制试点工作实施方案》,学院旅游管理专业作为现代学徒制推进试点专业,积极参与宜昌市国家级现代学徒制区域试点。2019年学院与长江三峡旅游发展有限责任公司、桃花岭饭店、湖北峡州国际旅行社有限公司、宜昌燕沙酒店管理公司等合作,在旅游管理、导游、烹调工艺与营养等专业采用现代学徒制的方式实行校企联合招生招工、一体化协同育人的方式共同培养专业人才。试点期间,校企共同成立专业建设委员会,制定专业人才培养方案,构建双导师队伍,在协同育人层面取得了良好成果,已通过教育部验收。校企累计培养学徒52人,聘请企业师傅37人,企业承担教学课时1180学时,学院年投入经费21万元,企业年投入经费16万元。

四、服务贡献

(一)立足湖北辐射全国,学生就业服务本地

2019届毕业生主要就业地区为湖北省,就业人数为769人,占毕业生人数的95.89%(其中宜昌市就业人数为371人,占毕业生人数的46.26%)。学院为湖北省及地方经济社会发展培养技术技能人才、为提高湖北省及地方人力资源素质和技术技能水平做出了积极贡献。

(二)充分利用专业优势,大力开展行业培训

学院充分利用学前、旅游两大专业的优势资源和品牌特色,全年开展教育类培训和旅游类培训,充分发挥高职院校服务地方经济职能,转知识为效益。

圆满完成了两期宜昌市幼儿园园长任职资格培训班的培训工作。学院举办了两期181名幼儿园园长任职资格的培训班,课程设置合理,方法多样灵活,通过听理论讲座、下

基地蹲园、基本功培训、精彩一课设计及讨论交流等形式,学习效果良好;也为学院学前教育赢得了好的口碑,建立了一批成熟的学前教育实习实训基地。

宜昌市幼儿园园长任职资格培训班

完成两期宜昌研学旅行导师培训工作。学院利用设施设备条件及师资优势,争取到宜昌市研学国家基地的培训项目。学院在2019年3月举办了311人的宜昌市研学旅行导师培训工作,继续教育中心以高质量的服务、高效的管理及科学实用的授课内容赢得了主办单位及学员的一致好评。

拓展旅游类培训,树立旅游职院新形象。学院作为全省唯一一所旅游类公办高职院校,旅游专业无论是硬件还是师资都是一流的。学院于2019年4月与秭归县移民局开办一期为期10天的秭归县三峡库区乡村旅游培训班,合理安排了理论学习、参观考察、跟踪服务等培训方式。来自秭归县屈原镇的41名参训学员,为学院专业教师的理论折服,被学院的贴心服务感动。培训取得非常好的效果,给秭归县文化旅游局、移民局交上一份满意答卷,为秭归的乡村旅游培训了骨干和带头人,同时也为学院赢得了良好的社会声誉。

与秭归县移民局开办培训班

规范测试做推普,声誉效益双丰收。宜昌市普通话培训测试中心挂靠学院以来,面向宜昌市大众服务。微信公众号2019年点击率已过万次,测试中心每年的测试人数超过5000人,2019年开展测试14期786场次,总人数8645人。宜昌测试站因过硬的业务、规范的操作、好的测试质量受到湖北省测试中心的多次表彰。团队优质高效的服务赢得所有人的赞许,打出了一张旅游职院的名牌。2019年6月成功举办了第五届湖北省农村中小学教师普通话大赛宜昌赛区的初赛及复赛工作,并组织5名教师代表宜昌市参加省赛,最终取得2个三等奖、3个优秀奖和优秀组织奖的良好成绩。

第五届湖北省农村中小学教师普通话大赛宜昌赛区活动

(三)工匠精神渐入人心,技能鉴定稳步推进

学院职业技能鉴定工作经过几年的运行,已进入稳定阶段,"劳动光荣、技能宝贵、创造伟大"的校园氛围日益浓厚,"工匠精神"渐入人心。一年来学院先后开展了高级育婴师、高级保育员、中级茶艺师、高级茶艺师、高级中式烹调师、高级中式面点师6个工种500多人次的培训鉴定工作。

(四)积极投身扶贫工作,坚持做好脱贫攻坚

1. 就业帮扶

学院制定了困难毕业生专项帮扶审核计划,督促各系部制定了就业困难学生帮扶方案,掌握家庭经济困难毕业生、就业困难毕业生、低保家庭毕业生、残疾毕业生、助学贷款毕业生等各类困难毕业生的基本信息、求职意向和就业进展情况,建立帮扶档案,指定指导教师,精准开展就业指导服务工作。学院2019年通过宜昌市人社部门求职创业补贴帮扶2019届困难毕业生71人,帮扶金额8.52万元。本学年由宜昌市人社局审核通过,学院发放2020届毕业生求职创业补贴,有107人符合条件,帮扶总金额达12.84万元。

2. 精准扶贫

学院2019年召开10次会议研究、布置扶贫工作,党委理论中心组3次学习习近平总书记关于脱贫攻坚重要讲话和批示指示精神,以及上级有关脱贫攻坚的文件、会议精神。学院领导直接担任帮扶小组长,带头开展帮扶工作,带头承担帮扶任务,带头出资出力。党委书记蒋含丹、院长梅继开同志2019年已各5次,分管领导已6次进村走访慰问,实地帮扶,其他领导均达到4次。学院参加了全国职业院校精准扶贫协作联盟并成为会员单位,共同致力帮扶更多贫困人员脱贫致富,积极为打赢脱贫攻坚战做贡献,党委副书记、院长梅继开为联盟常务理事。

2019年学院党员干部80余人结对帮扶刘家冲村和五峰县桥料村贫困户18户,开展集中走访慰问4次,走村入户了解生产、生活情况,制定帮扶计划,落实帮扶措施,巩固提升扶贫成果。党员干部自筹资金近3000元,对生病、病故的扶贫户进行慰问。学院资助

学院开展精准扶贫活动

30000元为贫困户购买生产资料,资助刘家冲村集体发展资金20000元。通过东方公路统筹资金89000余元,协调解决刘家冲村两个贫困户的入户道路硬化387米。

学院资助运动会经费3000元,提供人、财、物支持,协助刘家冲村开展了2019年春节农民趣味运动会(第四届),取得圆满成功。学院选派师生指导村民并一起参加枝江市庆祝中华人民共和国建国70周年歌唱比赛、枝江市玛瑙河歌咏会,并获优秀奖。

为深入开展"不忘初心,牢记使命"主题教育,学院组织思政课部(公共课部)党支部、酒店管理系党支部40名党员与刘家冲村党支部党员联合开展以"消费扶贫"为主题的党日活动。参与党员学习黄文秀扶贫路上"不获全胜,决不收兵"的视频,学习学院驻村扶贫工作队员、枝江市"扶贫之星"崔平昌老师的先进事迹,听取刘家冲村党支部书记刘华为党员上的党课,举行学院"思想政治课实践教学基地"授牌仪式。同时,学院组织50多名师生党员与村干部、驻村干部为贫困户进行志愿服务活动,一起到扶贫户刘祖林的橘园帮忙采摘橘子并现场购买,共采购橘子500多斤,开展了消费扶贫活动。一年来,学院工会及教职工购买远安扶贫产品和扶贫户的鸡鸭、禽蛋、柑橘、红薯等农产品,价值约100000元。

学院"思想政治课实践教学基地"授牌仪式

3. 教育扶贫

(1)发挥专业特色优势,助力远安全域旅游。

2019年2月学院刘艳副教授应远安武陵峡口生态风景区邀请,在开展从业人员及酒店管理方面调研后,对风景区100多名员工开展了16学时服务礼仪及酒店管理知识培训。党委书记蒋含丹、招生就业处处长鲁建平、科研督导处主任易红燕一行,到远安河口乡落星村就乡村旅游业发展、农家乐经营进行现场调研,并为村干部和村民30余人开展了"乡村民宿概述及发展""乡村旅游规划及特色餐饮开发"专题培训。学院开展的2期研学旅行导师培训班,为远安县旅游企业培训研学导师10余名。同时,学院发挥旅游专业特色优势,为远安旅游行业、企业提供全方位全域旅游、乡村旅游发展咨询与指导。

第四部分 聚焦内涵建设 奋力谱写高质量发展新篇章(2018—2019学年)

落星村乡村旅游产业发展培训会

(2)紧扣教育精准扶贫,对口帮扶职教中心。

学院于2019年初与远安职教中心沟通,根据需要制订帮扶计划,扎实有效开展帮扶。2019年,学院继续从旅游专业建设、师资队伍培养、实训中心建设指导、技能大赛指导、名师进校园、语言文字工作与普通话测试等方面开展扶助。师带徒"一对一"互动,"民间"交流频繁。经过双方共同努力,远安职教中心旅游专业实力得到明显提升,各类技能大赛不断取得好成绩。2019年4月,学院教师曹斌、吴倩、蒋洁、王安琪、倪姝伟5名中青年骨干教师到远安职教中心对其教学管理进行指导,尤其是对中职技能大赛前的导游、酒店三项、茶艺、礼仪等赛项进行了操作指导,后期比赛中远安职教中心取得了较好的成绩。学院邀请远安职教中心师生来学院现场观摩学习中高职衔接活动,与职教中心继续建立中高职衔接"3+2"合作办学模式,2019年招收远安籍大专新生16人、中专新生2人。2019年5月,学院继续教育中心谢兵、吴鹏宇、刘子瑜3人到远安职教中心开展普通话培训测试工作,培训测试606人;2019年9月,学院省级骨干测试员李志英到远安为70余名普通话未达标教师开展普通话培训,做好远安推普达标工作。

(五)职教集团引领前沿,实现产教深度融合

为认真贯彻落实国务院印发的《国家职业教育改革实施方案》(国发[2019]4号)、《国务院办公厅关于深化产教融合的若干意见》(国办发[2017]95号)和宜昌市《市人民政府关于进一步推进职业教育发展的意见》(宜府发[2018]26号)等文件精神,学院推进组建行业性职教集团,完善职业教育体系,促进教育链与产业链深度融合。2019年学院承办三峡职教集团文化旅游专委会校企对接活动,并将办会经验在宜昌市推广。学院还承办三峡职教集团学前教育专委会校企对接活动,参会企业达21家,受到教育局领导的高度肯定。

经宜昌市教育局、市文化和旅游局与各职业院校和部分旅游骨干企业充分酝酿沟通,

由三峡旅游职业技术学院牵头,联合各职业院校及旅游骨干企业,组建宜昌文化旅游职业教育联盟。

组建宜昌文化旅游职业教育联盟

2019年,由宜昌市教育局主办,学院承办的"相聚三旅,筑梦职教"——2019宜昌市中高职衔接文化旅游职教成果展示活动在职教园中心体育馆盛大举行。宜昌市委、市政府相关职能部门领导,团市委、市科协、市高新区、生物产业园领导,各中高职院校领导师生、合作企业领导及代表600多人出席,全院师生5000多人欢聚一堂,一起观看演出,共同见证宜昌市中高职衔接、文化旅游业产教融合发展的丰硕成果。

(六)研学旅行主动作为,发挥学院行业主导作用

宜昌作为全国第一批国家级研学实践教育营地所在城市、湖北省首批省级研学旅行试点城市,开展了大胆的实践和尝试,成立全市中小学生研学旅行工作协调小组,创新"1+4"研学旅行工作模式,确认研学旅行基地,规范研学工作流程。宜昌市研学旅行工作,形成了一套特色鲜明、亮点突出的研学旅行工作经验,赢得了湖北省乃至全国教育界同仁的一致好评。学院作为湖北省唯一一所独立设置的旅游高职院校,也在研学旅行行业发展迅速、研学旅行管理与服务人才匮乏的情况下,主动作为,设立宜昌市研学旅行人才培养基地、宜昌市三峡研学旅行研究中心,开展研学导师培训,为鄂西地区直接培养一线研学导师从业人员300余人。2018年,学院在学前教育专业开设研学旅行导师方向,政校行企深度合作,积极探索研学旅行专业人才培养模式。学院与宜昌市知名研学旅行基地及服务提供商开展现代学徒制合作试点,实现招生招工一体化定向培养,并于2019年积极向湖北省教育厅申报设置研学旅行管理与服务专业。同时三峡旅游职业技术学院研学旅行社会服务团队为宜昌市教育局、相关学校、企业在研学旅行地方标准制定、研学旅行课程体系构建及课程开发、研学旅行线路设计、研学旅行课程评价、研学基地(营地)建设等方面提供智力支持,深得教育部门及区域内企业好评。

(七)传统文化进校园,工匠精神代代传

2019年,学院邀请国家一级演奏员、胡琴大师车定祥教授来校讲学,师生受到传统艺术文化熏陶。学院继续开展"非遗"大师进课堂活动,表彰了上学期"非遗"以赛代考的优秀学生,赵兴寿、胡文英两位"非遗"大师分别走进课堂,为400余名学生传授谜语、剪纸艺术,深受学生喜爱。2019年1月,陈红、黄丽老师和两名学生前往长阳龙舟坪郑家榜村参加由湖北省委宣传部、湖北省文联主办的2019湖北省荆楚"红色文艺轻骑兵"送文化下乡

活动,送出近百幅剪纸作品,受到当地文联和村民的高度好评。

开展非遗技能传承大赛

五、政策保障

(一)党建引领

坚持用党的创新理论武装头脑,扎实推进"两学一做"学习教育、"不忘初心 牢记使命"主题教育,把深入学习贯彻习近平新时代中国特色社会主义思想作为重大政治任务,在学懂弄通做实、推动学院发展上下功夫。坚持党委会、中心组理论学习和支部三会一课制度,认真开展支部主题党日活动和支部规范化建设。在局直教育系统党支部达标创建工作中,学院名列 A 级榜首,1 个党支部被确定为先进一级、4 个党支部被确定为先进二级。学院党委被评为"先进基层党组织",年度目标责任考核为优秀等次。学院坚守立德树人根本任务,认真学习贯彻落实习近平总书记在全国教育大会、全国高校思政课教育座谈会上讲话精神,践行"三全育人"理念,推进"五大思政"改革,充实思政队伍,推进思政课改革,推进习近平新时代中国特色社会主义思想进教材、进课堂、进头脑。强化意识形态工作、安全稳定工作。以社会主义核心价值观为抓手,开展丰富多彩形式多样的教育活动。党建和思想政治工作针对性、时效性明显增强。

(二)经费保障

2017 年以来,宜昌市人民政府根据《财政部教育部关于建立完善以改革和绩效为导向的生均拨款制度加快发展现代高等职业教育的意见》(财教〔2014〕352 号)精神,建立了高等职业教育生均财政拨款制度。2017—2019 年,学院生均财政拨款分别约 1.60 万元、1.68 万元、2.15 万元,高于全国示范高职院校约 0.46 万元。宜昌市财政局每年安排人员和日常公用经费近 4000 万元,保障人员经费和正常教学运行经费。

(三)专项补助

2017 年,湖北省财政厅、教育厅建立高等职业教育奖补资金资助制度,专项用于高等职业学校基础设施建设、专业建设和职业技能大赛。2017—2019 年,湖北省财政厅、湖北省教育厅分别下拨高等职业教育质量提升计划专项资金 566 万元、432 万元、452 万元,学院稳步推进"一馆两园四基地十中心"建设,完成 1 个国家高水平专业、2 个省级特色专业、3个省级重点专业建设。

(四)内部治理

为激发广大教师的积极性和学院办学发展活力,学院经过反复调研,结合学院实际,制定了目标责任奖差异化分配方案;修订完善了聘用人员管理制度,实行聘用人员积分考核管理,进一步发挥薪酬激励作用,激发聘用人员立足岗位干事创业的积极性;修订完善了学院公务群管理规定、公务接待管理办法、考勤管理办法等制度,进一步规范了内部治理。

(五)质量监控

改革了教师评价制度。2019年学院建立和完善教师考核评价制度。坚持激励机制,重视教师的个性发展与长期发展目标。实施全面性评价,将教师职业道德修养与业务水平考核结合、工作结果考核与工作过程考核结合。开展多元性评价,建立以教师自评为主,学院领导、同事、家长、学生和企业共同参与,多向沟通的教师评价机制。组织多样化评价,建立以院系为主体、以教研室为基础的教师岗位评价方式,把过程性评价、成果性评价与终结性评价相结合,定性评价与定量评价相结合。项目建设期内,学院建设了教师课程中心,运用现代信息技术,启用了包含学生评价、专家评价和同行评价等功能模块的网上教师教学质量评价系统,改进了教师评价方法和手段。

教师考核评价制度文件

构建了全方位的人才培养质量监控体系。①完善教学质量监控制度。建立健全教师准入制度、教学检查制度、听评课制度、教师考核制度、信息反馈制度、教学事故认定处理制度和毕业生跟踪调查制度。②优化院级监控职能。学术委员会行使教学指导委员会的职能,主要监控各专业人才培养目标定位、重大教学改革方案、人才培养方案、专业建设与发展方向。教学督导室主要监控与评价课堂教学和实践教学质量以及教师职业道德、履行职责等情况,对教学和教学管理部门制度实施及相关教学管理状况实施再监督。教务处主要监控教学管理工作规程、教师教学工作规范等教学规章制度的执行情况、教学计划的实施情况和师资等教学资源的配备利用情况及监控信息反馈。学生处(校团委)针对学生学习态度、学习纪律、学生意见、学生建议和学生活动进行实时跟踪,及时通报与反馈。

第四部分 聚焦内涵建设 奋力谱写高质量发展新篇章(2018—2019学年)

课程中心信息采集大屏图

招生就业办公室主要监控学生生源情况、学生就业质量、毕业生满意度、用人单位满意度和社会满意度。③增强系部二级监控职能。主要监控学院各项教学管理制度在本系的实施落实情况,重点监控专业建设与发展、教学计划实施、教学文件的齐备、产学研结合、素质教育、教学资源配置等运行状况。系党支部重点监控素质教育、创新教育、学生学习状态、毕业生工作状态等。④强化教研室三级监控职能。主要监控学院及系(部)各项教学管理制度在本教研室的实施落实情况。重点是课程建设、教材建设、理论教学和实践教学分学期授课计划的编制和实施、教学手段与方法改革、教师教案及教学水平的改进与提高等。

六、国际合作

学院进一步加强协同创新,构建国际交流新格局。2019年,学院陈红老师出访韩国庆州市开展了学术交流与一系列考察和推介活动。本次活动以"亚州历史城市的现状及未来应对战略"为主题,到场的2000名国内外专家学者和学生聚集一堂,交流了亚州历史城市旅游的发展现状,分享了今后的推动战略,参观考察了大众音乐博物馆、韩国原子力宣传中心、柱状节理、瞻星台、乡校、月精桥、新罗博物馆,加强了庆州与宜昌的相互了解,促进了中、韩、日三国的文化旅游交流与合作。陈红老师代表中国宜昌作了题为《宜昌历史旅游城市发展现状》的学术交流发言,本次交流获得了与会专家、学者的高度评价。其中屈原故里、水上公路、汉服、红茶受到了韩国民众的喜爱,他们表示有机会一定要来中国宜昌旅游,学习中国文化。

七、面临挑战

(一)不断扩大"双师"队伍,探索校企联合培养机制

本学年学院教师队伍在双师素质上需要进一步完善。学院将重视教师"双师"素质的培养,鼓励教师参加国家组织的各类职业资格考试,扩大双师型教师队伍;不断完善教师专业实践制度,在明确教师专业实践要求的基础上,逐步规范专业实践形式,完善专业实践考核措施,改革教师评聘机制;探索与企业联合培养专业教师的长效机制,实现学院与企业在教师培养、使用上的开放互动,实现教师专业实践能力的大幅度提升。

(二)不断优化实践基地,进一步提高使用成效

学院在校内外实践教育基地建设方面具备了一定规模,但还存在重视硬件设施、忽视软件配备等问题。在校内实践基地建设上,除了完善硬件设施,还应进一步加大各类资格证考证系统、技能大赛模拟比赛系统等项目的资金投入,有效促进专业内涵发展,提升学生考证率及大赛获奖率。此外,校内实训室的智能化建设也显得尤为迫切,如 VR 全景教学等现代化教学设备还需进一步完善。还需要加快校企共建机制的运行、管理制度的创新、实践教学的改革、实训实习标准与指导用书的开发,使校内外实践教育基地成为生产性实训基地。

(三)不断完善课程体系,夯实学院长远发展基础

课程质量是人才培养质量的具体体现。本学年学院课程体系建设存在与行业企业对接不紧密的问题,应重点通过深化与行业全方位合作,完善校外兼职教师参与人才培养方案制定、课程体系构建、教学内容选定、实训基地建设、实践教学组织实施等方面的管理、运行和效益评价的长效机制;尤其是要明显提高行业兼职教师参与校内实践教学的比例,进一步激励兼职教师合作编写教材,参与校内课程建设,使兼职教师更好地参与人才培养全过程。学院要牢固树立高等职业教育的人才观和质量观,把发展高端职业人才作为新目标和办学特色;全面推进教育教学改革,专业设置和人才培养标准需要与行业岗位及时对接;进一步细化、优化课程体系,以期不断提高教育教学质量;夯实长远发展基础,提高办学水平,力争在旅游等相关高职领域,办出特色,争创一流。

(四)不断深化校企合作,继续推进集团化办学

校企合作要适应社会与市场需要,通过行业企业反馈,结合市场导向,注重学生实践技能培养,有针对性地培养人才,培养出社会需要的人才。学院将继续探索推进职业教育集团化办学,深入开展现代学徒制试点,积极与企业合作开设订单班,努力推动职业院校专业链深度融入全市产业链,不断提升职业教育服务实体经济和产业发展的能力和水平,为增强产业核心竞争力、汇聚发展新动能提供强力支撑,为宜昌高质量发展贡献职教力量。

八、典型案例

1. 案例:不忘初心跟党走,学院学子在宜昌市第三届大中专院校学生演讲比赛中喜获佳绩

2019 年 12 月 18—19 日,宜昌市第三届大中专院校学生演讲比赛在湖北三峡职业技

术学院大学生活动中心举行,本次比赛由宜昌市委宣传部、市委教育工作领导小组秘书组、市教育局、团市委、宜昌三峡广播电视总台主办,湖北三峡职业技术学院承办。学院旅游管理系、学前教育系2名中职选手、4名高职选手参加比赛,经过二轮激烈角逐,喜获一等奖2名,二、三等奖各1名的好成绩;学院荣获团体优胜奖;2名教师获评"优秀指导教师"。学院党委副书记熊杰出席并作为嘉宾为获奖选手颁奖;刘艳副教授应邀担任比赛评委。学前教育系36名学生现场观摩比赛。此次比赛有来自全市5所高等院校的20名选手、14所中职学校和高职院校中专部的28名选手参加。经过激烈角逐,钟子乔、姚思颖2名选手荣获中职组一等奖,毛媛、吴婷2名选手分获高职组二、三等奖。同时,学院中职组以团体

宜昌市第三届大中专院校学生演讲比赛

双冠军的成绩荣获团体优胜奖;杨洋、王赟老师获评"优秀指导老师"。

参赛选手们通过激情演讲,深情回顾了中华人民共和国成立70年来的光辉历程,热情讴歌了中华人民共和国成立70年来,特别是改革开放以来国家和人民生活发生的翻天覆地变化,更加坚定了青年学子不忘初心跟党走,牢记使命共筑梦的信心和决心。选手们纷纷表示将在今后的学习和工作中坚定"四个自信",争做有理想、有追求、有担当的新时代开拓者、奋进者和践行者。

2. 案例:坚持立德树人,道德讲堂将主题教育与师德培育深入结合

2019年11月20日下午,学院在J12教室举办了2019年第五期(总第30期)道德讲堂。本期道德讲堂以"不忘初心,牢记使命"为主题,学院领导班子成员、全体教职工参加,学前教育系杨洋主持。

道德讲堂

本次道德讲堂共分为唱歌曲、诵经典、学模范、谈感悟、送吉祥5个环节。唱歌曲环节,全体教职工齐唱歌曲《不忘初心》,学前教育系杨宏雷、詹婷领唱。在振奋人心的歌声中,道德讲堂拉开帷幕。

诵经典环节,学前教育系主任张士斌吟诵韩愈经典之作《师说》。他将这篇文章的磅礴气势展现得淋漓尽致,感染了在场的每一个人,带领我们再一次走进经典,回顾经典,传颂经典。

伟大时代呼唤伟大精神,崇高的事业需要模范引领。学模范环节,全体教职工观看了黄文秀和陈立群两位先进模范的感人事迹,他们一位在青春正盛的岁月,放弃繁华,选择泥泞;一位用实际行动谱写了人民教育家的爱与责任。

张士斌吟诵《师说》

谈感悟环节,学前教育系邓凡、李轶结合自身的工作经历,畅谈了学习扶贫书记黄文秀和优秀支教校长陈立群模范事迹的感悟。表示会以黄文秀和陈立群同志为榜样,不忘初心、牢记使命,勇于担当、甘于奉献,以蓬勃的朝气和昂扬的锐气奋斗新时代、展现新作为。

学院教师分享和学生朗诵诗歌

"春播桃李三千圃,秋来硕果满神州"。送吉祥环节,学前教育系学生王晓蕊、钟子乔用一首优美的诗歌表达了他们对老师的不尽感激,并送上了诚挚的祝福。

最后,学院党委委员、副院长覃黎明对本次活动做点评。他认为,在深入推进第二批"不忘初心,牢记使命"主题教育之际,本次道德讲堂活动将主题教育与师德培育深入结合,将"学、思、践、悟"深入结合。如今,学院步入高质量发展的快车道。高质量发展,是体现新发展理念的发展,是从"有没有"转向"好不好"的发展。面对新的机遇与挑战,学院的师生要勇于担当,积极作为,将道德讲堂传递的精神和正能量融入工作,落实到行动,进一步提高爱岗敬业、干事创业的热情。

第二批主题教育开展以来,学院不断丰富主题教育的学习形式,创新教育载体,借助道德讲堂筑牢信仰之基,补足精神之钙,把稳思想之舵。我们将不断把主题教育与诵经典、学模范、谈感悟结合起来,以道德滋养初心、引领使命。扎实推进道德讲堂有特色、上水平、入人心、得实效。

第四部分　聚焦内涵建设　奋力谱写高质量发展新篇章(2018—2019学年)

覃黎明点评

3. 案例:广受企业好评,优秀毕业生返校分享奋斗经历

毕业生代表商务管理系杨重伟在发言中感谢了母校对2019届学生的精心培养,对孜孜不倦地传道、授业、解惑的老师表达了由衷感谢。他回顾了自己美好而充实的三年大学生活,重点讲述了自己跟随三旅团队参加湖北省计算机网络搭建与应用竞赛获得二等奖的优异成绩,后来考下华为ICT高级认证——HCIE证书的奋斗经历,以此勉励同学们,只要辛勤付出就会有所收获。讲到动情处,他数度哽咽,让现场师生纷纷流下感动的泪水。

毕业生代表杨重伟发言

4. 案例:加强爱国教育,学院举行纪念五四运动主题团日活动

2019年5月22日下午,学院在职教园学术报告厅隆重举行纪念五四运动100周年表彰大会暨"青春心向党·建功新时代"主题团日活动。本次活动由学院团委书记助理冯有楠主持,学院党委副书记熊杰出席并讲话;党委委员、纪委书记张鲜艳,党委委员、副院长刘晚香、张耀武,宜昌市团市委学少部部长宋莉出席;学院相关部门负责人及团员代表700余人参加。

会上,学工处处长王勇华宣读了上级团组织和学院团委关于五四表彰的相关文件,莅会领导及嘉宾共同为受到表彰的先进集体及个人颁奖。

伴随着《共青团团歌》,"青春心向党·建功新时代"主题团日——百生讲坛活动拉开帷幕。团委书记陈菁华宣读2019年新团员发展决定,全体新老团员在宜昌市学生联合会副主席、学院团学会主席江士根同学的带领下重温入团誓词。来自长江大学的周扬威同学展开了以《青年强则国强》为主题的演讲,他追溯梁启超先生青年鸿志,阐述了当代青年的责任与担当,激发了全场青年学子勇担时代责任的共鸣。三峡大学的文晓玥同学以《增强对党和政府的信任》为题,通过自身经历生动讲述了新时代青年要坚定对党和政府的信任。他们的演讲发自肺腑、情感真挚,感染了在场所有团员青年,并受到了莅会领导的高度评价。

新团员重温入党誓词　　　　　　　　　　先进个人表彰

熊杰在讲话中首先代表学院党委向受到表彰的先进集体和先进个人表示祝贺,向学院全体团员青年和团组织、团干部、青年工作者致以诚挚的问候和美好的祝愿。他指出,五四运动是划时代的重大事件,五四精神是激励前行的强大动力。习近平总书记在纪念五四运动100周年大会上的重要讲话,深切缅怀了五四先驱崇高的爱国情怀和革命精神,高度评价了五四运动的历史意义,明确提出了新时代发扬五四精神的重要要求,从树立远大理想、热爱伟大祖国、担当时代责任、勇于砥砺奋斗、练就过硬本领、锤炼品德修为6个方面对新时代青年提出了要求和希望。学院师生要认真学习领会,抓好贯彻落实,认真开展"青春心向党·建功新时代"主题团日活动,跑出青年"加速度",奉献更多青春力量。

熊杰强调,新时代的青年要发扬五四精神,传承优良传统,不断书写新时代团员青年的崭新篇章。一是要坚定理想信念,厚植家国情怀。树立与新时代主题同心同向的理想信念,坚定不移听党话、跟党走。以自己的真情投入和顽强奋斗,来实践爱国情、强国志、报国行,让青春年华在为祖国、为人民的奉献中焕发出绚丽光彩。二是要加强品德修养,夯实人生之基。努力打造德才兼备的优良品格,为实现中国梦奉献青春和智慧。三是要刻苦努力学习,练就过硬本领。在培养自己独立思考的定力、训练自己实际操作的能力、锻造自己"大国工匠"的耐力方面下功夫,注重在实践中加强磨砺、增长本领,成就最优、更优的自己。四是要培养奋斗精神,勇担时代重任。在努力奔跑中奋力逐梦,争做新时代的追梦人。

熊杰寄语全院青年学生以习近平新时代中国特色社会主义思想为指导,不忘初心、牢记使命,追梦青春,再立新功,为学院高质量发展贡献青春力量!

第四部分　聚焦内涵建设　奋力谱写高质量发展新篇章(2018—2019学年)

五四运动主题团日活动

5. 案例:增强法纪意识,升旗仪式为学院发展保驾护航

2019年11月4日上午,学院举行了第12周升旗仪式,本次升旗仪式由学前教育系承办。全院学生、班主任辅导员及干部参加了此次升旗仪式,学前1705班学生钟子乔主持。

英姿飒爽的国旗护卫队队员们踏着整齐的步伐,护送鲜艳的五星红旗进场。

伴随着庄严的《中华人民共和国国歌》,五星红旗冉冉升起,迎风飘扬。全体师生向国旗行注目礼,深怀对祖国无限的热爱和崇高的敬意。

学前1704班王晓蕊进行了以《垃圾分类,从我做起》为主题的国旗下发言,她倡议大家行动起来,从身边小事做起,严于律己,遵纪守法,为建设和谐、美丽的校园贡献自己的一分力量。

学院党委副书记、院长梅继开发表国旗下讲话,强调法治教育是学院新时期思想政治教育的一项重要、艰巨的任务。依法治校是实现学院平安、和谐、稳步发展的必然要求,是推动学院内涵发展、提高办学质量的基本保障,事关数千师生的幸福安康。

通过本次升旗仪式,同学们纷纷表示,要树立起对法治校园的真诚信仰,自觉遵纪守法,增强法律意识,理清权利边界,积极履行义务,争做新时代的弄潮儿。

6. 案例:助力学生成长,学院开展主题教育寝室走访活动

2019年9月28日晚,在新中国70周年华诞前夕,学院党委书记蒋含丹,党委副书记、院长梅继开带领全体领导班子成员分别走进学生寝室,深入开展主题教育调研活动,倾听学生心声,助力学生成长。

在走访过程中,学院领导祝同学们节日愉快,分别与寝室的同学进行了亲切交谈,详细询问其学习和生活情况,了解当前面临的问题,帮助解决实际困难。在交谈中,领导们给同学们提出了殷切希望:一要珍惜时光和友谊,将寝室氛围维护好,养成爱读书、读好书、善读书的好习惯,既要读有字之书,也要读无字之书,勤奋学习,养成良好的行为习惯。二要自觉用习近平新时代中国特色社会主义思想武装头脑,坚定理想信念,奋发有为,勇做走在时代前列的奋进者、开拓者、奉献者;增强遵纪守法和遵守校纪校规的意识,提升精

升旗仪式

主题教育寝室走访活动

气神,增强综合素质,锤炼品德修为。三要注意宿舍用电安全和卫生整洁,增强文明意识,注重健康,加强体育锻炼,预防流行性疾病的发生。

在走访中,学院领导还向同学们收集到了不少好的意见建议,并且在现场为同学们解决了4号公寓同学缺少晾衣设施、个别设施需要维修等问题。

普及学生信息搜索技术

学院落实"不忘初心、牢记使命"主题教育要求,通过走访寝室等接地气的举措,走近学生,了解学生所思所想,帮助他们答疑解惑,解决难题,让广大学生感到无比温暖,使思政工作入脑入心,进一步增强了育人工作的针对性和有效性。

7. 案例:有效利用资源,全面普及学生信息搜索技术

2019年,图书信息中心为向学生普及信息搜索技术、全面提升学生在移动阅读时代的信息发现与利用技能,协调相关部门到馆开展教育教学活动并穿插进行信息搜索培训。2019年以来,先后有计算机、会计电算化、园林技术、学前教育、酒店管理、民航等专业师生前来上课,课时量数百节。在每次授课结束前,图书信息中心技术人员抓紧时间组织信息搜索技术讲解,主要内容包括:OPAC系统的运用、网络信息搜索基本方法、常用搜索引擎与自动翻译工具运用、读秀学术搜索技术等,培养了学生在信息化时代挖掘使用信息的基本能力。

8. 案例:放飞职业梦想,学院开展宜昌市初中生职业体验活动

2019年3月13日至19日,来自宜昌市二十七中、二十八中、二十九中,宜昌市东山中学等学校的795名学生先后走进学院,参加初中生职业体验活动。在学院师生的指引下,他们初步了解了学院的专业设置和发展状况,参观了学院先进的实训室,近距离感受到职业教育的魅力。

在学院教师和学生志愿者的指引下,同学们第一站来到学院实训大楼学前教育系非遗展览厅,体验少儿趣味手工DIY,在学院教师讲解示范后,同学们动手尝试剪纸和彩泥制作。在古筝实训室,同学们小心翼翼拨弄琴弦,感受悠扬琴声的韵律之美。在学院形象设计室由学院空乘专业的大哥哥、大姐姐为他们化妆打扮,让他们感受航空服饰礼仪的精致与严谨。最后一站是飞机实训中心,同学们排队与大气美观的飞机合影留念,为自己美好的职业体验之旅画上完满的句号。

据悉,此次宜昌市初中生到学院进行职业体验活动将持续到5月25日,在接下来两个多月的时间里,还将有大批宜昌市初中生来校参观体验,这将进一步拉近学院和宜昌市初中学校的距离,对学生未来的职业选择起到很好的指导作用,为他们埋下未来职业梦想之树的种子。

初中生职业体验活动

9. 案例：筑梦青春三旅，学院举行 2019 年毕业典礼

2019 年 6 月 18 日上午，学院 2019 年毕业典礼在学术报告厅举行，党委书记蒋含丹，党委副书记、院长梅继开，党委副书记熊杰，纪委书记张鲜艳，党委委员、副院长覃黎明、刘晚香、张耀武，院长助理吴尊华，工会主席苟幼松出席，部分教职工代表及 2019 届全体毕业生参加。梅继开深情寄语毕业生，熊杰宣读表彰通报，覃黎明主持。

梅继开致辞

毕业典礼在庄严的国歌声中拉开序幕。梅继开代表学院向完成学业并顺利毕业的同学们表示热烈的祝贺和美好的祝愿，向所有为同学们的成长付出关爱与辛劳的老师们表示由衷的感谢！他深情回忆了同学们在校期间勤奋学习、挥洒青春汗水的一个个美好瞬间，以及同学们在全国、全省职业院校各类专业技能大赛中取得的骄人成绩，并回顾了近几年学院日新月异的建设过程和发展变化。他希望毕业生积极向上，努力奋斗。以越挫越奋的意志、昂扬向上的心智，积极面对生活，迎接挑战，用奋斗为青春涂上最鲜艳的底色。希望毕业生锤炼本领，敢于担当。不断学习，勇于实践，善始善终，善作善成。在工作岗位上锤炼过硬本领，使自己的思维视野、思想观念、认识水平跟上时代步伐，以真才实学服务人民，以创新创造奉献祖国。希望毕业生适应社会，学会感恩，以谦虚的作风、宽容的态度，融入社会，增强团队意识，学会与他人沟通；始终保持"勿以恶小而为之，勿以善小而不为"的自律；始终保持"三人行必有我师"的自谦；始终保持"言必信，信必行，行必果"的自持。常存善心，常怀善念，常行善举，尊敬他人，奉献社会，无愧于祖国和人民的期望，无愧于母校和老师、家长的培养。

梅继开深情寄语毕业生：雄鹰总要翱翔长空，无论你们走多远，母校的心总是和你们连在一起！母校愿意与你们同享成功、分享快乐、共担风雨，母校将永远牵挂你们，关注你们，支持你们，祝福你们！母校永远是你们的心灵故乡！并饱含深情，赋诗一首：

如果你渴求一滴甘露，母校愿倾其无垠碧海；如果你喜欢一片红霞，母校愿摘下整个云彩；如果你期待一个微笑，母校愿敞开火热胸怀；如果你需要有人同行，母校愿陪你走到永远！

毕业典礼上，熊杰宣读《关于表彰 2019 届优秀毕业生的通报》，学院领导为受表彰的 80 名优秀毕业生颁奖，同时还表彰了学院 2019 年"最美教师"。

"最美教师"代表刘艳老师在发言中从"青春,要有梦想""青春,要脚踏实地""青春,要经得起挫折"三个方面,勉励全体毕业生"趁青春、去奋斗",并祝愿即将奔赴天南地北的同学们,海阔天空,自在安宁!

覃黎明在主持毕业典礼时勉励同学们"敢为天下先,脚踏实地干",从三旅出发,携手并肩,昂首阔步走在建功新时代的道路上。

学院领导宣读通报并表彰

刘艳发言

10. 案例:关注心理健康,心协举办拥抱春天户外活动

2019年3月25日中午12点,由学院心理中心、学团会心理部、心理健康协会举办的"放飞梦想,拥抱春天"户外画风筝、放风筝活动拉开序幕,在"3.25善爱我"这个特殊的日子里,吸引同学们走出寝室,走出教室,活动身体,享受春天。

活动在春色满园的校内有序进行,首先是同学们自己动手画风筝,然后5人一组比赛放风筝。活动吸引了很多同学积极踊跃地参加,他们用心装扮风筝,奔跑着放飞风筝。正午的阳光正好,伴随着温暖的春风,五颜六色的风筝越飞越高、越飞越远,各式各样的风筝在空中上下翻滚煞是好看。活动中,还开展了"时光慢递",同学们给未来自己写一封信,由心理健康协会的工作人员负责保管和派送。这次时光慢递为已毕业的学长们寄回了一年前给自己的信,让他们感受到母校的问候牵挂和温暖。

此次活动为美丽的校园增添了更多生机,让更多同学关注心理健康,关怀自我,善待自我。

11. 案例:展现青春风采,学院举办校园心理情景剧大赛

2019年5月15日晚,学院第九届"青春三旅 魅力三旅"校园心理情景剧大赛在J12举行。出席本次大赛的学院领导有学院党委副书记张鲜艳、副院长刘晚香,聘请了学工处处长、各系学工主任担任比赛评委。

本次大赛历时两个月,首先各院系进行了选拔,然后全院对各院系选送的剧目进行初赛,最终确定五个剧目进入决赛。本次大赛以"青春三旅·魅力三旅"为主题,讲述我们身边的人、身边的事。商务管理系表演的《键盘上的青春》讲述的是该系优秀大学生杨重伟的故事;旅游管理系表演的《青春之旅》将导游专业学生实习中的困惑真实再现;酒店管理系表演的《别让梦想蒙尘》讲述了一位追梦男孩做游戏主播误入网贷歧途最终走出迷途的故事;学前教育系表演的《青春不再迷茫》讲述了一位爱慕虚荣的女生重树正确价值观的故事;院团学会、朋辈表演的《春风行动》讲述的是警校携手,成功挽救一位大学生生命的故事。经过两个小时的演出,《春风行动》荣获一等奖,《别让梦想蒙尘》《青春不再迷茫》荣获二等奖,《青春之旅》《键盘上的青春》获得三等奖,秦天、茹莉两名同学获得最佳表演奖。

学院心理协会举办活动

刘晚香副院长对本次比赛作了热情洋溢的点评。他评价了本次比赛的舞台效果与教育意义,同学们演真人,讲真事,诉真情,通过身边的小故事折射出大道理,并呼吁全体同学在生活中遇到问题能够像剧中所展示的那样寻求正确的方式解开心结。

心理情景剧大赛是我院心理健康教育工作的传统活动,表演形式沿用了往年"三旅故事"的形式,在丰富了校园文化生活的同时,有效引导学生以积极的心态对待学习和生活,营造健康和谐的校园氛围。

校园心理情景剧大赛

12. 案例：推进志愿服务，学院志愿者助力世界军运会

2019年10月17日至27日，学院江士根、刘安琪、和慈惠、丁美芳、廖旭阳、冷玉婷、张帧稀、夏馨钰、杨帆、陈龙10名学生志愿者抵达武汉，开展为期10天的武汉军运会志愿服务工作，主要负责江汉大学男子排球赛会场馆内入口迎接、车辆停放、运动员入场等工作。

开展军运会志愿服务期间，不论比赛延迟还是气温骤降，学院志愿者没有丝毫懈怠，始终坚持在工作岗位。休息时间还开展了江汉大学图书馆参观、校史学习等活动。10位志愿者不仅开阔了眼界，收获了知识，还结交了兄弟院校优秀志愿者及外国友人等，收获颇丰。

此次军运会志愿者服务的专业化、精准化和标准化程度前所未有，从着装细节到服务时的肢体语言和专注度都有着极高的要求。尽管面临挑战，学院志愿者们仍然圆满完成了武汉军运会志愿服务任务，充分展现出学院高质量、高标准形象。共青团湖北省委"青春湖北"、共青团宜昌市委"青春宜昌"等媒体均对学院志愿者进行了报道。

不忘初心，牢记使命。学院志愿者将继续秉承"奉献、友爱、互助、进步"的志愿者精神，用热情礼貌的服务展现三旅学子的青春风采！

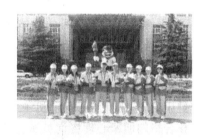

志愿者服务赛会

13. 案例：心理健康教育，扎实开展心理健康月系列活动

为深入学习贯彻习近平新时代中国特色社会主义思想，进一步推进《高等学校学生心理健康教育指导纲要》《教育部思想政治工作司关于举办"'5·25'大学生心理健康教育月"活动的通知》落地落实，进一步提升学院心理育人质量，提高大学生心理健康水平和心理健康素养，促进学院心理健康教育工作稳步发展，三峡旅游职业技术学院组织开展了"八个一"心理健康月系列活动。

心理健康月系列活动

2019年5月,学院心理健康月的具体活动为"八个一":一场心理情景剧、一场大型心理知识讲座(外聘精神科专家为全院师生进行专题讲座)、一场大学生心理健康教育工作座谈会、一月心理健康专题广播、一月心理电影观展、一月心理书籍阅读、一次协议签订(学院与宜昌市精神卫生中心正式签订精神卫生防治合作协议,借助社会力量进一步做好大学生心理健康预防、排查与心理危机干预工作)、一次年度表彰(对换届的心理健康协会的会员和考核合格的朋辈心理咨询员颁发聘书,同时评选优秀心理委员、优秀心理工作者各10—15名,给予奖励,进行心理健康教育工作年度表彰)。

2019年5月心理健康月活动体现了五个特点:一是早准备,从三月份春季开学时就启动了准备工作;二是广宣传,利用学院广播、网站、微博、QQ、微信公众号等进行线上宣传与制作海报,结合心理骨干团队深入班级、宿舍等线下宣传,广泛宣传;三是细谋划,每项活动都制定了具体详细的活动方案和组织流程,如每次专题广播都有详细的播出内容,从《高等学校学生心理健康教育指导纲要》中的相关内容安排到自我心理调适小处方,内容丰富,针对性强;四是全覆盖,"八个一"的活动覆盖了全院教职员工和全体学生;五是重效果,心理情景剧从班级排练、系部选拔到全院初赛、决赛到宜昌市五所高校联谊赛,每演一次学生就受教育一次,一次比一次升华,学院负责承办的"2019年宜昌市高校大学生心理情景剧联谊赛"和"宜昌市大学生心理健康教育工作座谈会"获得圆满成功,得到领导、嘉宾、观众、参会代表和兄弟院校的一致好评。

14. 案例:丰富校园活动,校园十佳歌手比赛落下帷幕

2019年11月14日,由酒店管理系承办的第十一届校园"十佳歌手"大赛总决赛在学院中心园区学术报告厅拉开帷幕。本次"十佳歌手"大赛从新生军训至今经历海选、初赛和多轮复赛最终选出了14名人气歌手进入总决赛。学院党委书记蒋含丹老师以及党办、马克思主义学院等多个部门的领导作为受邀嘉宾出席,学工处和团委以及各系部均有代表出席。

第四部分 聚焦内涵建设 奋力谱写高质量发展新篇章(2018—2019学年)

在本次"十佳歌手"总决赛中,来自学院四个系部的选手们准备充足。他们激情高昂,从整洁大方的着装到积极向上、充满正能量的比赛状态,无不展现着三旅学子作为当代青年的风采,与整个晚会献礼祖国诞辰七十周年的主题不谋而合。

伴随着2018级航空服务班满怀深情的合唱《我和我的祖国》,晚会于下午6:20正式开始,一场绝美的听觉盛宴由此展开。现场座无虚席,气氛热烈。随着音乐声响起,各位选手依照抽签两两组队轮流登场,一展歌喉,让各位到场嘉宾和听众都感到如痴如醉。现场气氛持续高涨,台上台下互动不断,掌声与歌声溢满整个赛场。中场环节可谓晚会高潮,一个个关于七十周年国庆活动的问题引来在场同学的争相抢答,甚至有同学冲到舞台上来回答问题,体现出了大家的爱国情怀和为祖国繁荣发展感到骄傲和自豪。同时,晚会开启了现场直播模式,让因故不能参与晚会的师生们也能身临其境,一同享受这场盛大的晚会。第二轮是进入复赛选手的个人单唱,一首首深受大家喜爱和欢迎的经典爱国歌曲伴随着优美的旋律在会场回荡,掌声喝彩不断。最终来自酒管系2018级空乘二班的黄皓文同学不负所望,获得了决赛的总冠军,一个个嘉宾上台为获得"最佳人气奖""最具潜力奖"等奖项获奖选手颁奖。

本次校园十佳歌手大赛取得圆满成功,正如党委书记蒋含丹老师最后点评的那样:校园里就应该处处有歌声,歌声伴随我们成长,不但可以提高我们的艺术修养和艺术鉴赏能力,还可以作为纽带增加同学们的相互了解。校园十佳歌手这个舞台为广大爱好音乐的同学提供了一个展示自己的舞台,活跃了校园业余文化生活。

校园十佳歌手大赛

15. 案例:推动以赛促改,学院学子在湖北省导游大赛上崭露头角

2019年6月27日至29日,湖北省第十二届导游大赛总决赛在宜昌市均瑶酒店落下帷幕,学院旅游管理2017级学生刘安琪崭露头角,获得"优秀奖"。

为加强导游队伍建设,提升导游服务能力,湖北省文化和旅游厅、湖北省总工会、共青团湖北省委、湖北省妇女联合会共同举办了湖北省第十二届导游大赛。总决赛在宜昌举行,共有来自全省17个市州文化和旅游局以及省直代表队的70名选手参加。参赛选手通过个人形象风采、知识考核、导游讲解和才艺展示4个环节,充分展示了导游员在业务、知识、技能等方面的风采。刘安琪经过紧张的角逐,取得了第 14 名的好成绩,获得"优秀奖"。

学生参赛

荣誉证书

刘安琪作为一名大二的学生,不仅通过了全国导游资格考试,而且在长江三峡旅游发展有限责任公司教学实习期间表现优异,被公司选派参加此次比赛。虽是初生牛犊,但刘安琪初入行业大赛赛场就崭露头角,充分体现了学院"以赛促教、以赛促改"的教学成果,也是学院与长江三峡旅游发展有限责任公司长期校企合作、产教融合的成果。

16. 案例:重视以赛促教,计算机专业省技能大赛出佳绩

2018 年 10 月 26 日至 27 日,学院计算机应用技术专业分别组队参加了 2018 年湖北省职业院校技能大赛(高职组)的计算机网络与信息安全技术赛项和动漫制作赛项。计算机网络与信息安全技术赛项由商务管理系主任陈湘江带队,指导老师游中华、陈亮,A 组推荐队学生(杨重伟、蒋勇、卢同彬)和 B 组抽测队学生(向艳玲、虢红义、陈攀)参赛;动漫制作赛项由刘俞君老师带队,指导老师王改芬、张长晖,A 组推荐队学生(肖洋、陈钊、涂子锐)和 B 组抽测队学生(刘伟涛、鄢伟涛、喻世学)参赛。在竞争激烈的情况下,面对如林强手,经过紧张的技能比拼,依靠稳定的发挥和出色的表现,计算机网络与信息安全技术赛项推荐队荣获团体二等奖,动漫制作赛项抽测队刘伟涛同学荣获三等奖。计算机教研室的杨德芹、胥道强两位老师分别担任本届两个赛项的裁判。

本届大赛是计算机专业第一次在省赛中获奖,计算机专业厉兵秣马、厚积薄发,实现了两个赛项从无到有的重大突破。计算机代表队从去年比赛结束回来后就将备赛作为一项日常化工作、常态化工作进行。为了备战本次大赛,计算机教研室各位老师在院领导和商务管理系的关怀与支持下,倾注了相当多的时间和精力。他们牺牲假期时间,赛前认真地组织和筹划,拟定了详细的赛前培训方案,仿真大赛环境,营造校内备赛氛围。最终参赛学生根据指导老师赛前布置的比赛策略,依靠稳定的发挥取得佳绩。本次获奖为师生参加后续竞赛增强了极大的信心,同时打下了坚实的基础。

学院一直致力于大力推进实践教学改革,不断提升教师的实践教学能力与教学水平,并在结合我院学生实际情况的基础上,尝试探索各种有效的实践教学方法。本次获奖是学院实践教学综合实力的体现,同时也是商务管理系领导对计算机专业的课程改革、专业方向发展趋势的正确指导的结果。我们将再接再厉,以赛促教,进一步提升专业教师的实践教学能力与教学水平,积极推进实践教学改革,不断提高实践教学质量。计算机专业将以本次获奖为契机,继续加强专业建设,努力推进专业更上一个台阶。

17. 案例:匠心铸就梦想,三旅学子"湖北工匠杯"技能大赛展技能

9 月 22 日,2019 年"湖北工匠杯"技能大赛——"黄鹤楼茶杯"湖北省茶艺职业技能竞

第四部分　聚焦内涵建设　奋力谱写高质量发展新篇章(2018—2019学年)

学生参赛并获奖

赛在武汉落下帷幕,学院选派的茶艺表演《寸草心》以理论和现场操作双双最高分荣获团体竞赛一等奖。

学生参赛

本次大赛由湖北省技能鉴定中心、湖北省茶叶协会共同举办,为期共三天。来自全省高、中职院校,社会团体和茶叶企业等单位的18支代表队同台竞技,意在为第四届全国茶艺职业技能竞赛选拔湖北人才。

学院选派的创新茶艺表演《寸草心》由王安琪老师和郑宗琼老师指导,2016级国学与茶艺班闫雅琪,2018级空中乘务2班文少龙,2015级国学与茶艺班杨道春、王唯一,特别客串马语诺小朋友共同演绎,展现了传统的中国式父子关系。中国父亲与孩子之间总是隔着一层严肃的距离感,并非父亲不爱孩子,只是爱得深沉隐忍。儿子褪去年少稚气,逐渐成长,步入社会,组建家庭为人父,这才体会到了父亲深沉的爱,并决定延用这种方式来教育下一代。茶品选用有"茶中之王"美誉的大红袍,来象征父亲在儿子心中正直、伟岸的高大形象。百善孝为先,孝是中华民族传统美德,更是家庭美满和睦、社会发展进步的基石。唐代诗人孟郊"谁言寸草心,报得三春晖"的千古名句,是这一家人对孝敬父母的认知

学生参赛

理解,更是传承优良家风的真实写照。节目朴实但真挚的感情,深深打动了在场的每一位评委和观众。

学院酒店管理系在 2009 年组建中华礼仪与茶艺队,为社会各界提供茶艺表演服务,推广茶文化,获得"湖北省优秀社团"荣誉称号。自 2013 年开始参加茶艺师职业技能大赛以来,学院酒店管理系多次在省市、国家各级茶艺大赛中获得优异成绩,在全国高职院校茶艺教学与技能大赛中处于领先地位,并得到了社会各界的一致认可。2019 年学院首次开设茶艺与茶叶营销专业单独招生,共招收学生 158 名,多家茶企业争相来学院洽谈校企合作相关事宜。此外,为了培养学生的茶艺技能和文化素养,丰富学院的育人载体,学院将茶艺引进大众课堂,在全院相关专业开设茶艺公共课程,并组建茶艺队,推广、传承优秀传统文化,成为学院一张亮丽的名片。

18. 案例:提高职业技能,学院学子成功晋级宜昌市导游大赛决赛

2019 年 5 月 15 日,宜昌市 2019 年市级劳动竞赛暨第十届导游大赛(复赛)在三峡游客中心举行。来自宜昌各大旅行社、景区、高校及宜昌市导游协会等 21 个单位的 51 名选手参加了此次比赛。学院旅游管理系组队选派了 5 名学生选手代表学院参赛,与一线导游同台竞技,喜获佳绩。学院选手刘安琪、范文豪两位同学成功进入决赛,最终获得三等奖,学院是唯一有选手晋级决赛的高等院校。此外,2 名学生获得优秀奖,分别是吴婷、王莉(代表导游协会)。学院往届毕业生有 3 人获得优秀奖,分别是彭鑫、王倩、刘闰。

学生参赛

此次比赛由宜昌市文化和旅游局、宜昌市总工会、宜昌市人力资源和社会保障局主办,旨在推进宜昌市导游队伍精神文明建设和素质提升,激励导游人员不断加强导游技能和专业知识学习。比赛由风采展示、导游讲解和知识问答三个环节组成,全面展示了参赛选手的个人风采、职业能力及素养。

19. 案例:推进赛教融合,长江钢琴音乐奖学金比赛成功落下帷幕

12 月 12 日下午 2:00,"三峡旅游职业技术学院 2019 长江钢琴音乐奖学金比赛"决赛在 3D 实训室举行。学院党委委员、副院长刘晚香,学前教育系主任张士斌,学前教育系副主任李志英及系部老师们参加了本次活动。同时受邀出席的还有柏斯音乐集团总裁助理鲜杰先生、宜昌柏斯琴行有限公司经理刘玉萍以及美国钢琴专家Barnabas。

比赛开始前,学院党委委员、副院长刘晚香进行了开场致辞。他指出,2019年学院同柏斯琴行合作,共同设立了三峡旅游职业技术学院2019长江钢琴音乐奖学金,为同学们提供展示自我的平台与实现音乐梦想的机会。希望各位同学们在此次比赛中,赛出风格,赛出水平。接下来柏斯音乐集团总裁助理鲜杰先生重点讲解了长江钢琴杯的历史,并就比赛规则进行简要介绍和说明。

比赛中,同学们发挥出最佳演奏水平,他们用钢琴演奏一首又一首动听的曲子,给评委和同学们带来了一场丰富的视听盛宴,赢得观众阵阵掌声。紧接着,由美国专家Barnabas先生演奏钢琴曲和学院刘静老师演奏古筝曲。最后,评委老师根据参赛者演奏分数由高到低评出一等奖4名、二等奖8名、三等奖12名、优秀奖30名。

本次比赛充分展现学院学子在钢琴独奏、自弹自唱方面的技能,促进学院学子音乐艺术交流,激励院校学生提升专业学习水平,不断强化实践和技能训练。

学生参赛

20. 案例:课岗证赛融通,积极举办导游服务技能大赛

三峡旅游职业技术学院深入推行"产教深度融合、课岗证赛融通"的人才培养模式改革,高度重视技能竞赛工作。2019年5月,三峡旅游职业技术学院第七届"三峡大坝旅游杯"导游大赛决赛在道德讲堂成功举办。"三峡大坝旅游杯"导游大赛由长江三峡旅游发展有限责任公司赞助冠名,已连续举办七届,由企业优秀人才和旅游管理专业教师共同担任评委,是学院旅游校企合作、产教深度融合的典范。此次大赛为2019年12月湖北省教育厅主办、湖北省教育研究院承办的武汉交通职业学院第十届全国旅游院校服务技能(导游服务)大赛挑选出了优秀的种子选手。

21. 案例:鼓励创新创业,组织师生参加各类创新创业大赛

为响应国家号召,引导大学生了解创业知识,提高创业能力,激发当代大学生的创业热情;同时进一步落实学院实践育人的教育方针,深化就业创业工作,促进大学生走自主

举办导游大赛

创业之路,实现以创业带动就业,以实践深化教学的培育目标,学院积极组织学生和教师参加各类创新创业大赛。

组织学生参赛

2019年春季,学院联动多部门共同组织学生参加第五届中国"互联网+"大学生创新创业大赛。该赛事共有93个项目报名,76个项目正式参赛,经过系部初选、学院复赛,最终有7个项目进入省级复赛。

2019年7月,在湖北省第二届"我梦见——楚天创客"大赛中,鲁建平副教授指导的乡旅自在签项目获得优秀创意奖。

2019年秋季,学院组织学生参加第一届中华职教社创新创业大赛,共有8个项目进入省级复赛。

组织学生参加创新创业大赛

创新创业大赛自启动以来,受到了校内师生广泛关注。广大创业学子积极参与,参赛项目涉及旅游产业、公益服务、文化创意、互联网技术、红色筑梦等众多领域。

大赛的成功举办,不仅引导大学生了解创业知识,提升创业能力,同时体现了选手以及团队成员的团结协作精神,令人鼓舞、催人奋进,三旅校园创新意识、创业能力的教育工作得到了进一步升华,大赛将成为学生素质教育的新载体。

22. 案例:分享管理经验,辅导员工作经验交流大会顺利举行

2019年12月17日下午3:40,学院辅导员(班主任)工作经验交流大会在J12道德讲堂举行。学院党委书记蒋含丹出席并讲话,学院党委委员、副院长覃黎明出席,学院学工处处长王勇华、安保处处长覃守茂、学工处副处长陈云芳以及各系部辅导员(班主任)参加。会议由王勇华主持。

首先,辅导员(班主任)代表朱露、张旭峰、唐明敏、樊友银、艾军5位老师作为代表发言。

朱露老师汇报近期教育管理工作情况,以思想教育不放松、坦诚相待不伪装、讲究艺术不急躁、下放权力不包办、与时俱进不保守5个要点进行班级管理经验的分享。

学院辅导员(班主任)工作经验交流大会

朱露老师发言

张旭峰老师作为思政课教师,将社会主义价值观融入班级教育工作中,用班级"四朵金花"和"四大金刚"的真实案例分享了班级管理的心得。

唐明敏老师就规矩的养成、班会的开展、信心的建立以及危机的处理4个方面作交流发言。他说到,班级管理总结就是一句话:"规矩要严格,班会要扎实,信心要给足,危机不要怕。"

张旭峰老师发言

唐明敏老师发言

樊友银老师在班级管理中始终坚持"以学生为中心"的视角,为学生搭建出彩的平台,促进学生全面发展,从而建立良好的学风和班风。

艾军老师则从真心接纳学生、言传身教出发,告诉学生一定要明确目标和树立更高的人生格局,同时强调作为班主任一定要和学生加强沟通交流,努力培养严格自律、德才兼备的学生干部群体,在班级管理上要奖惩鲜明、令行禁止才能将学生的心拧在一起。

樊友银老师发言

蒋含丹代表学院对老师们这一年的辛苦付出表示衷心的感谢,并结合5位辅导员(班主任)的经验分享给后期学生工作提出了几点要求:一是用先进的理念引导学生,发现学生的闪光点,开发学生的闪光点。二是用热诚的爱心去帮助学生,再冰冷的心也是可以融化的。三是用灵巧的方法教育学生,可以事半功倍,效果更显著。四是用适当的言语感染学生,要求学生的同时自己更要做榜样。

王勇华对老师们的工作表示了肯定,并讲道:"在习近平新时代中国特色社会主义的思想指引下,不忘初心、牢记使命,做一支蜡烛,燃烧自己,点亮学生,让学生管理工作在学院党委的正确领导下,乘势而上,再上新台阶!"

蒋含丹发言

王勇华发言

23. 案例:深化校企合作,共同开发本土化工学结合课程

学院以区域旅游产业真实的旅游资源、旅游产品、业务流程、职业标准和岗位技能要求为依据,以职业素质养成与职业技能培养为主线,以校企合作为平台,共同开发本土化工学结合课程。本学年结合区域行业发展趋势及热点,校企共同开发了"旅游概论""导游词创作与讲解""研学旅行在宜昌"等课程。学院按照人才培养模式改革要求,依据岗位实际工作任务、工作过程和工作标准设计学习领域,编制基于工作过程的课程标准与教学方案,开发电子教案、教学课件、案例库、习题库、试题库、实训方案、自主学习包和网上答疑等教学资源。

24. 案例:推动双元育人,与三峡旅游公司共建产学研合作基地

长江三峡旅游发展有限责任公司是中国长江三峡集团有限公司所属全资子公司,全面负责集团旅游产业的组织运营和投资发展。公司注册资本金1.5亿元人民币,在册员工1380人,是宜昌市最大的龙头旅游企业。学院自导游专业开班之初就与长江三峡旅游发展有限责任公司进行校企合作。校企共建产学研合作基地,在人才培养模式创新、师资队伍建设、教学实践、就业、科研等方面进行深度合作,优势互补,资源共享实现双赢。

在师资队伍方面,学院聘请的长江三峡旅游有限责任公司英语高级导游周利平老师承担了2017级旅游管理班及2015级研学班的"导游词创作与讲解"这门课的教学,企业名师的教学大大提升了学生们的学习兴趣及专业实操能力。在实习实训方面,学院全年

第四部分　聚焦内涵建设　奋力谱写高质量发展新篇章（2018—2019学年）

政校行企共同开发校本课程"研学旅行在宜昌"

校企共同开发全国重点旅游院校"十三五"规划教材《旅游概论》（主编：张耀武）、《导游词创作与讲解》（主编：张丽利）

派出合计100余名旅游管理及导游专业学生在企业进行了顶岗、跟岗实习，提升了学生的专业实践能力。

学生实习实训

在合作育人方面，"三峡大坝旅游杯"导游大赛由长江三峡旅游发展有限责任公司赞助冠名，三峡旅游职业技术学院承办，企业优秀人才和旅游管理专业教师共同担任评委，已连续举办七届，是学院旅游校企合作、产教深度融合的典范。

25. 案例：携手神旅集团，实现优势互补的协同发展

2019年5月17日，学院与湖北神农旅游投资集团有限公司举行了校企融合战略合作签约仪式。校企融合符合新的职业教育发展方向和政策，与国家战略高度契合。学院将从深度、广度上进一步加强与神旅集团的合作，提升合作的满意度，实现优势互补、共同发展。

学院与湖北神农旅游投资集团有限公司签约

此前,学院与神旅集团已经启动了行业企业单独招生、委托培养等相关合作,本次《校企战略合作协议》的签订标志着双方将在人才培养、师资队伍建设、资源共享、旅游科研等领域展开全方位的深度合作,促进双方共同发展。

26. 案例:强化双师素质,教师团队省教学能力竞赛展风采

2019年全省职业院校教学能力大赛由湖北省教育厅主办、湖北省教育科学研究院协办,是全省职业院校最高级别的教师赛事活动。大赛旨在贯彻落实《国家职业教育改革实施方案》,提升职业院校教师教学能力,推动"双师型"教师队伍高素质、专业化、创新型发展,打造高水平、结构化教师创新团队。

全省有来自各职业院校的460多个教学团队参加了本次比赛。比赛分设公共基础课程、课堂讲授型课程、理实一体化课程三个项目。竞赛以教学团队的形式开展,团队成员4小时内在不提供教学素材且没有互联网接入的环境下,借助计算机现场完成教学设计的展示课件和模拟实际教学展示课件的制作以及教案编写等工作任务;其后团队成员分别在8分钟时限内讲解教学设计、模拟实际教学;最后每位选手还要针对评委的随机提问展开答辩。学院教师团队荣获二等奖。

教师参加全省职业院校教学能力大赛　　　　　**荣誉证书**

本次竞赛成绩的获得,是学院一贯注重教师教学能力培养的成果。首先,学院领导非常重视,学院蒋含丹书记多次深入一线指导青年教师成长,梅继开院长始终以品牌特色专业建设和教学团队建设为中心完善顶层设计,张耀武副院长多次亲自为全院教师教学能力提高与教师信息素养提升举行专题讲座培训。其次,在历时2个多月的备赛过程中组织科学。教务处精心设计校内选拔赛和赛前强化训练方案,各系部领导精准落实,多次与比赛团队沟通交流、分析指导。最后,学院教师团队认真钻研、克难奋进、团结协作。各教学团队围绕日常教学实践积极建言献策,把教学诊断与改进落实在备赛中;同时在本次全省教学能力大赛中参赛选手沉着应战,不畏强手,发挥团队优势,展现出三峡旅游职业技术学院的教师日常教学水平与教学风采。

27. 案例:弘扬高尚师德,学院隆重表彰 2019 年"最美教师"

2019 年 6 月 18 日上午,学院在学术报告厅举行 2019 年"最美教师"表彰活动。党委书记蒋含丹,党委副书记、院长梅继开,党委副书记熊杰,党委委员、纪委书记张鲜艳,党委委员、副院长覃黎明、刘晚香、张耀武,院长助理吴尊华,工会主席苟幼松出席,部分教职工代表及 2019 届毕业生参加。蒋含丹宣读颁奖词,熊杰宣读《关于表彰 2019 年"最美教师"的通报》,覃黎明主持。学院领导为 8 名"最美教师"颁奖。

"最美教师"表彰活动

"最美教师"表彰活动在庄严的国歌声中拉开帷幕。为展现学院新时代教师风采,增强教师的荣誉感、使命感和幸福感,引导和激励全院教师弘扬高尚师德,潜心教书育人,经民主推荐、综合评议、资格审查、投票公示、院党委研究,决定授予丁红平、朱露、刘艳、杜先宁、杜玲林、杨德芹、陈云芳、蔡小红 8 名同志 2019 年"最美教师"荣誉称号。

蒋含丹宣读 2019 年"最美教师"颁奖词,逐一介绍受表彰教师的先进事迹。

丁红平简介:中共党员,马克思主义学院讲师,学前教育系五年一贯制班主任。她是 2018 年度全市"师德标兵",先后荣获局直属机关党委和学院党委"优秀共产党员"、学院"先进工作者""优秀教师""优秀班主任"和工会"先进个人"等荣誉称号,所教授的思想政治课多次被评为优质课,所带班级班风班貌好。

颁奖词:春风化雨润心田。

她是学生的"丁妈妈",以痴情于教、甘于奉献的教育情怀,用爱心感化学生心灵、激发学生潜能,在平凡岗位上书写着不平凡的育人篇章,用实际行动诠释着"最美教师"的丰富内涵。

朱露简介:中共党员,酒店管理系专业讲师。她教学有方,教育有度,注重学生职业技能的培养,指导学生参加国家、省市职业技能大赛获奖达 11 次,其中指导学生参加全国职业院校技能大赛中餐主题宴会设计赛项荣获二等奖,参加湖北省"西餐宴会服务"赛项荣获二等奖。

颁奖词:立志奉献,不负芳华。

她是学生的知心朋友,她尊重学生的倔强,但不放纵学生的消极;鼓励学生坚守理想,但不允许学生的偏执。她踏踏实实做事,简简单单做人。她说,将青春奉献于教师岗位,就是不负芳华。

丁红平老师

朱露老师指导学生

刘艳简介:中共党员,学前教育系副教授。她用25年的教书生涯书写了两个词:热爱与勤奋。她爱校如家,乐业奉献;她爱生如子,教书育人。她说:"教师是孩子的镜子,孩子是老师的影子。你敬业,孩子便乐学。"她把教学当成一件快乐的事,在教学过程中始终保持不竭和强劲的动力。教学生懂得爱与美、学识与情怀。

颁奖词:乐学善思育桃李。

三尺讲台,一方黑板,25年芳华。教学管理两相成,语言形体并蒂花。育人、育心、育形。教着,感受着;走着,收获着!

杜先宁简介:中共党员,旅游管理系党支部书记、主任、副教授。她是全省高校"思想政治教育先进工作者",局直教育系统"优秀党支部书记""优秀共产党员"。她重视专业建设和学生技能培养,带领团队打造旅游管理省级品牌专业,冲刺国家级骨干专业,指导学生在各级各类技能大赛中勇创佳绩。

颁奖词:不忘初心,守望师德。

师德是她的终生守望,三尺讲台丈量着她的初心、誓言,承载着她教书育人的梦想实践。艰难困苦未曾动摇她笃定的工作激情,精彩在平凡中演绎,先锋之旅在奋斗中造就,旅院之花在奉献中绽放。

杜玲林简介:学前教育系教师,从教9年来,她尽职尽责完成每一项工作。在教学岗位上,她认真教学,不断改进教学方法,得到广大师生一致好评。担任班主任期间,她积极与学生沟通,所带班级多次获评学院"先进班集体"。她积极指导学生参加各项比赛,多次获奖。

颁奖词:教书育人献青春。

"甘为春蚕吐丝尽,愿作园丁育花红",她始终将教师的崇高使命放在心间,"关爱学生,教书育人",她始终保持一颗炽热的心,把爱的甘霖洒进每一个学生的心田。

杨德芹简介:民进会会员,第十三届全国人大代表,第六届黄炎培职业教育杰出教师,商务管理系副教授。20年青春热血的倾注,在不同的岗位中,她用双手和心谱写着一曲曲敬业奉献之歌。在职业教育这片土地上,她用责任和爱点燃了一个个新的希望。人民大会堂里,她用担当与使命参与了职业教育建设的一项项顶层设计。

颁奖词:立足岗位建新功。

她理想信念坚定,忠诚职教事业。她凭着对高职教育的满腔热忱和培育大国工匠的

刘艳老师　　　　　　　　杜先宁老师　　　　　　　　杜玲林老师

呕心实践，铸就了自己出彩的人生，诠释了一名教师的职业幸福。

陈云芳简介：学前教育系副教授。从教29年，她始终坚持教书育人，长期奋战在教育教学一线。她注重发挥学生的主观能动性，所上体育课深受学生喜爱；指导学生参加各类体育运动比赛，连续几年成功组织学院各种体育比赛，不辞辛劳；指导青年教师，积极参加教研教改；主管学生公寓，文明创建多次受到上级肯定。

颁奖词：和谐奉献永不悔。

如果说辛劳是一种财富，那她就是富有的人。她乐观积极，那爽朗的笑声，将无限的和谐在师生间传递；那满腔的热情，足以填平师生间无形的沟壑。

蔡小红简介：中共党员，酒店管理系副教授。从教28年来，她坚守"干一行，爱一行；干一行，就要干好一行"的理念，默默耕耘在教育一线，以赤诚之心关爱学生、帮助学生、激励学生。

颁奖词：默默坚守，助力发展。

恪尽职守、任劳任怨；无私奉献，无怨无悔。她默默地坚守，为学生的成长倾注心血和汗水，为学院的发展付出辛苦和热忱。

杨德芹老师　　　　　　　　陈云芳老师　　　　　　　　蔡小红老师

学院党委希望受表彰的"最美教师"不忘初心，牢记使命，珍惜荣誉，再接再厉，永葆荣光，发挥示范引领作用，立足新的起点，再创新佳绩；希望广大教职工以"最美教师"为榜样，见贤思齐，创先争优，坚定理想信念，以德立身，以德施教，牢记使命担当，潜心育人、敬业奉献，坚持"四个相统一"，争做"四有好老师"，当好"四个引路人"，为加强学院内涵和品牌建设,提升人才培养质量,推进学院高质量发展做出新的更大贡献。

28. 案例:积极帮扶脱困,崔平昌老师荣获"扶贫之星"

10月18日从枝江市扶贫办获悉,在枝江市举办的"扶贫之星""脱贫之星"宣讲活动中学院驻安福寺镇刘家冲村扶贫工作队队员崔平昌老师荣获2019年度"扶贫之星"称号。

崔平昌老师

2015年8月17日,崔平昌老师驻村后,立刻投入到扶贫工作中,与驻村工作队和村两委班子一起到组入户,走访调查,开展精准识别工作,用半年时间走遍了刘家冲村。四年来,崔平昌老师始终吃住在村里,为村集体发展跑项目、谋划发展,为贫困户解决具体困难,先后从学院筹措25万多元资金,分批帮扶脱困21户。上级对工作队的扶贫取得的成效高度评价,还向外推广他们的工作经验,其他县市区扶贫工作队多次来村交流学习。崔平昌老师用心、用情、用力,扶心、扶志、扶贫,代表学院真抓实干,交出了一份满意的脱贫攻坚答卷。

学院在枝江刘家冲村、五峰桥料村、远安落星村及教育扶贫过程中,结合"不忘初心、牢记使命"主题教育要求,狠下功夫,巩固前期脱贫成效。在推进深度攻坚中守初心,在提升脱贫质量上担使命,在持续深化扶贫领域作风建设上抓落实,推动主题教育在扶贫工作中落细落实。

29. 案例:借助党日活动,思政课部党支部深入扶贫现场

2019年10月30日,为深入开展"不忘初心、牢记使命"主题教育,学院思政课部(公共课部)党支部、酒店管理系党支部走进结对扶贫村枝江市安福寺镇刘家冲村,与刘家冲村党支部联合开展以"消费扶贫"为主题的党日活动。

活动由思政课部(公共课部)党支部书记陈旭清主持。100多名党员重温入党誓词,学习了《习近平关于"不忘初心、牢记使命"论述摘编》和"不忘初心、牢记使命"主题教育"每日三问",观看了黄文秀扶贫路上"不获全胜,决不收兵"的视频。

刘家冲村党支部书记刘华为党员上了党课。他简要介绍了刘家冲村四年来的脱贫工作成效,重点讲述了三峡旅游职院驻村扶贫工作队员、枝江市"扶贫之星"崔平昌老师的先进事迹;号召全体党员学习崔老师严守规矩、恪尽职守、一心为民、身体力行的精神品质。学院黄兴芹、刘艳两位党员在会上做了交流发言。

学院纪委书记张鲜艳给全体党员上了"不忘初心、牢记使命"主题教育专题党课,强调党员要高度重视党的纪律建设,自觉守纪律讲规矩;并用"新""实""情"三个字高度评价了此次主题党日活动,提出"学"有收获,"做"有担当的殷切希望。

学习结束后举行了学院"思想政治课实践教学基地"授牌仪式。

活动最后,全体党员和学生志愿者一起到扶贫户刘祖林的橘园帮忙采摘橘子并现场购买,共购买橘子500多斤,其他农产品,如土鸡、土鸭、土鸡蛋、南瓜和红薯等也抢购一空。到场的党员都认为这种"消费扶贫"的主题党日活动有意义。

第四部分　聚焦内涵建设　奋力谱写高质量发展新篇章(2018—2019学年)

思政课部党支部深入扶贫现场

30.案例:开展帮扶工作,做好五峰桥料村脱贫攻坚

2019年3月21日至22日,学院党委副书记、院长梅继开,党委副书记熊杰,工会主席苟幼松一行赴五峰土家族自治县傅家堰乡桥料村开展脱贫攻坚春季攻势,进村入户宣讲扶贫政策,了解村民生产生活情况,送去慰问物资,开展帮扶工作。

21日晚,在桥料村村委会,梅继开一行参加了2019年宜昌市教育局帮扶桥料村脱贫攻坚专题会议,深入了解桥料村脱贫攻坚工作情况。梅继开表示,将按照市教育局的要求和安排,充分发挥学院人才资源和技术优势,在技能培训、教育扶贫等方面加大对桥料村产业发展、子女入学的帮扶力度。

时任宜昌市教育局局长覃照与院长梅继开商议2019年扶贫攻坚工作

22日上午,梅继开一行逐一走访了贫困户胡绍顶、何生学、张松柏,详细询问他们2019年生产规划情况、生活情况、身体健康状况、子女务工或入学情况,了解产业发展意愿和目前存在的困难,宣讲2019年扶贫政策。通过走访交流,走访人员掌握了贫困户的生产生活需求,有针对性地提出了帮扶措施,春季攻取得了较好的初步成果。

31.案例:共谋脱贫致富,学院积极响应国家扶贫日活动

2019年10月17日是我国第6个扶贫日,也是第27个国际消除贫困日。学院积极行动,认真开展扶贫日活动。10月11日至17日,学院领导带队,帮扶人员积极参与,分批到枝江安福寺镇刘家冲村帮扶对象家中进行走访调研,了解其生产生活情况、目前的困难及今后打算,拉家常、话真情、共谋脱贫致富。

10月16日下午,学院驻刘家冲村扶贫工作队队员崔平昌给教职工开设扶贫知识讲座,宣讲设立国家扶贫日的意义和扶贫方面的知识,以及学院帮扶该村及帮扶贫困户的基本情况;使教职工对打赢脱贫攻坚战有了更深刻认识,进一步增强了决心和信心。

10月18日,蒋含丹一行深入落星村就乡村旅游业发展、农家乐经营等方面进行现场调研,并为村干部、村民进行了"乡村民宿概述及发展""乡村旅游规划及特色餐饮开发"专题讲座。

学院领导送温暖到农户家

32. 案例:"相聚三峡 筑梦职教",学院举行 2019 年宜昌市中高职衔接文化旅游职教成果展示活动

2019 年 12 月 25 日下午,由宜昌市教育局主办,学院承办的"相聚三旅 筑梦职教"——2019 年宜昌市中高职衔接文化旅游职教成果展示活动在职教园中心体育馆盛大举行。宜昌市委、市政府相关职能部门领导,团市委、市科协、市高新区、生物产业园领导,各中高职院校领导,合作企业领导及代表 100 多人出席。全院师生 5000 多人欢聚一堂,一起观看演出,共同见证宜昌市中高职衔接、文化旅游业产教融合发展的丰硕成果,喜迎新年的到来。

"相聚三旅 筑梦职教"——2019 年宜昌市中高职衔接文化旅游职教成果展示活动

市教育局党组成员、副局长鲁劲松出席并讲话。鲁劲松充分肯定了学院抢抓发展机

第四部分　聚焦内涵建设　奋力谱写高质量发展新篇章（2018—2019 学年）

遇，注重内涵建设，扎实开展"3＋2"中高职衔接，深入推进产教融合，在着力构建中高职协同育人机制，提升人才培养质量和办学效益，努力打造全省乃至全国知名优质旅游高职院校方面取得的成绩。鲁劲松认为，学院举办中高职衔接文化旅游业产教融合发展成果展示活动，展示广大师生积极向上的精神风貌和扎实的专业技能，表明职业教育服务产业发展的态度与决心，必将极大地推进我市中高职衔接及校企合作、产教融合的进展。鲁劲松希望各中高职院校、合作企业认真落实立德树人根本任务，加强衔接交流，开展深度合作，不断提高专业、人才与产业需求的契合度，搭建中高职人才培养"立交桥"，为宜昌高质量发展培养更多高素质技能型人才。希望各位同学珍惜青春韶华，练就过硬本领，为实现中国梦奋勇前行，书写人生华章。

学院党委副书记、院长梅继开致辞。梅继开说，2019 年，学院砥砺前行、成效卓著，综合办学实力和人才培养质量显著提升。在校生规模达 4645 人，再创历史新高。旅游管理、学前教育品牌特色专业通过验收，师生在各类大赛中屡获大奖，被评为全省"培养人才突出贡献单位"。学院深入推进中高职衔接，深化产教融合、校企合作，与 30 多家国内知名企业、130 多家省内重点企业签署战略合作协议，与 68 所中职学校开展中高职衔接和单招工作，建成全省一流的普通话测试中心，开展幼儿园园长资格、中小学研学导师等社会培训，共 1 万多人次参与，服务区域经济社会发展能力不断增强。梅继开表示，学院将不断扩大合作共赢的"朋友圈"，与更多中职学校、企业携手共谋院校企业新发展，共创宜昌职教新辉煌。

中心体育馆主会场及学术报告厅、3D 多功能厅、道德讲堂三个分会场内座无虚席，主会场舞台中央，流光溢彩，观众席上悬挂着"推进文旅融合、中高职衔接，培养德智体美劳全面发展的高技能创新人才""立德树人、同心追梦，奋力谱写三峡旅游职院高质量发展新篇章"的横幅标语。

节目展演在欢快热烈、激情澎湃的开场歌舞《我们都是追梦人》中拉开序幕。过去的一年，宜昌职教人抢抓机遇，推进中高职衔接，创新融合发展，着力构建现代职业教育新体系。

宜昌市机电工程学校舞蹈《阳光路上》，纵情歌唱，忘情舞蹈，光辉历程，我们振奋精神，拼搏进取。

开场歌舞《我们都是追梦人》

表演舞蹈《阳光路上》

宜都市职业教育中心现代京剧《红灯记》，展现了李玉和祖孙三代抗日救国，坚贞不屈的英雄事迹，表现了工人阶级崇高的革命品质和大无畏的英雄气概。

兴山县职业教育中心舞蹈《香溪古韵》，融合当地围鼓和地花鼓的舞蹈元素，采用兴山民歌作为音乐背景，击鼓起舞，欢歌盛世，反映了人民对幸福生活的礼赞。

表演京剧《红灯记》

舞蹈《香溪古韵》

三峡旅游职业技术学院舞蹈《这一代》，超越古今、超越传统、超越中西、超越音乐界限，将东方古老的乐曲与西方现代的乐器牵连，发生碰撞出美妙。

远安县职业教育中心歌舞《梨花又开放》，年年梨花放，花雨漫天扬，职教谱新曲，初心永不忘。

舞蹈《这一代》

歌舞《梨花又开放》

学院情景剧《时间的温度》，用现代时尚的艺术手法，激活了古老历史长河中珍贵的文物，将璀璨的文化呈现在观众眼前。

秭归县职业教育中心歌舞《采茶姑娘》，山上新晴映紫霞，无边绿意涌春茶。红裙入画成风景，遥望飘移一树花。她们飞扬的裙摆，已成盛世的美颜。

情景剧《时间的温度》

歌舞《采茶姑娘》

湖北神农旅游投资集团有限公司舞蹈《神农架梆鼓》，千古之音、野性之美、自然之韵，是永不停歇的心跳声。

学院情景配乐诗朗诵《你的祖先名叫炎黄》，礼仪之邦、信义之乡，中华民族优秀的传统文化和民族精神，在实现"中国梦"的征途上，在敞开大门与世界接轨的时代，一刻也不

第四部分 聚焦内涵建设 奋力谱写高质量发展新篇章(2018—2019学年)

能忘。

舞蹈《神农架梆鼓》

诗朗诵《你的祖先叫炎黄》

宜昌市三峡中等专业学校舞蹈《我们的歌》,用肢体语言尽情地阐释着内心情感:或欢快、或激扬、或柔美、或明朗……渴望一曲生命的舞蹈,舞动生命的甜歌。

湖北神农旅游投资集团有限公司歌舞《绿色的奇迹》,神农架犹如镶嵌在华中腹地的一颗璀璨耀眼的绿色明珠,是中国的绿色奇迹,是世界的绿色奇迹。

舞蹈《我们的歌》

歌舞《绿色的奇迹》

学院歌舞《幸福中国一起走》,将"幸福都是奋斗出来的"强音回想,幸福中国离不开我们每个人的奋斗。

长阳土家族自治县职业教育中心舞蹈《纸扇书生》,舞蹈中的"书生"个个"舞"功扎实,英俊洒脱、纸扇飞舞,衣袂涟涟。舞蹈运用纸扇的丰富变化,描绘出一幅雅趣横生、风华正茂、挥斥方遒的景象。

歌舞《幸福中国一起走》

舞蹈《纸扇书生》

三峡旅游职业技术学院歌舞《不忘初心》,踏上寻梦、寻根之旅。不忘初心,就是人生中那一处最耀眼的灯光。

三峡旅游职业技术学院大合唱《我和我的祖国》，唱出无论祖国是什么，我们都与她同命运、共呼吸。只有她，才是我们亿万子孙生命的寄托，只有她才是华夏儿女心灵的浓缩。让我们把赞歌送给祖国。

歌舞《不忘初心》

大合唱《我和我的祖国》

整场展演汇聚了众多职业院校的优秀节目，运用音乐、舞蹈、语言、多媒体等舞台手段，展现了宜昌职教中高职衔接教育的学生朝气蓬勃、昂扬向上的精神风貌和多姿多彩的职教文化，充分表达了在以习近平同志为核心的党中央坚强领导下，学院将改革开放进行到底的决心和信心。

活动还开通全球直播，观看量超30万。同时，首开直播间和大型图文展，全面显示了本次中高职衔接文化旅游职教成果展示活动的时代背景和现场准备，展现了全体宜昌职教人"不忘初心、牢记使命"的昂扬斗志。

中高职衔接文化旅游职教成果展示活动

本次职教成果节目展演颁发了优秀成果奖：《阳光路上》《红灯记》《湘西古韵》《梨花又开放》《采茶姑娘》《我们的歌》《纸扇书生》《神农架梆鼓》和《绿色的奇迹》。

在崭新的2020年中，全体宜昌职教人将不忘初心，牢记使命，抓住机遇，为宜昌高质量发展勇立新功！不忘初心，牢记使命，奋进新时代，筑梦新征程。

学院将以"双高计划"为努力奋斗的方向，不断探索中高职衔接模式，创新高效、融合发展、携手共进，同创职教新辉煌。

33. 案例：弘扬传统文化，学院举办胡琴音乐艺术鉴赏会

2019年10月22日下午，胡琴艺术大师、一级演奏员车定祥教授主讲的"情感与心灵交融——胡琴音乐艺术鉴赏会"在三峡旅游职业技术学院学术报告厅成功举办。本次活

第四部分　聚焦内涵建设　奋力谱写高质量发展新篇章（2018—2019学年）

中高职衔接文化旅游职教成果展示活动

动由三峡旅游职院学前教育系主办，学院党委委员、副院长刘晓香，学前教育系主任张士斌及有关部门负责人出席，2019年宜昌市第一期幼儿园园长任职资格培训班学员及学院师生800余人参与活动，学院党委委员、副院长张耀武主持。现场座无虚席。

鉴赏会上，车定祥教授以精湛的演奏技艺，演奏了《茉莉花》《二泉映月》《小城故事》《葬花吟》《梁祝》《编花篮》等多首二胡、板胡、高胡、京胡、二泉胡、中胡的经典曲目。一串串流畅的音符在他指尖流淌，时而悠扬轻快，时而委婉动人，时而明亮清澈，时而如泣如诉。音乐的情感表达在车定祥教授娴熟自然的手法中表现得淋漓尽致，他精彩的演奏获得了现场师生的热烈赞赏。

胡琴音乐艺术鉴赏会

演奏结束，张耀武副院长代表三峡旅游职业技术学院及到场的800余名师生对车定祥教授举办"情感与心灵交融——胡琴音乐艺术鉴赏会"表示衷心的感谢。他指出，演奏会是学院弘扬中国传统文化和丰富校园文化生活的特色内容。车定祥教授娴熟的胡琴音乐艺术让在场的师生为之震撼和陶醉。这场高水平的音乐盛宴不仅是一场视听上的享受，更是践行中国传统文化进校园，让师生了解民族音乐的高雅艺术，提高艺术鉴赏水平的良好契机。

此次胡琴音乐鉴赏会深受学院师生的喜爱，通过演讲、演示和演奏等方式，师生感受到不同种类胡琴的韵味和独特风格。传统文化进校园，是促进学院内涵式发展，丰富校园文化，提升学院软实力的重要组成部分，是培养广大学生人文素养，增强文化自信和民族自豪感的重要途径。三峡旅游职业技术学院非常重视加强中华优秀传统文化教育，让优秀传统文化进校园、进课堂、进心灵，使文化在校园绽放光彩。

张耀武致辞

鉴赏会现场

34. 案例：传承非遗文化，非遗技能大师走进学生课堂

2019年12月6日上午，学前教育系举办了非遗技能传承大赛颁奖仪式暨非遗大师进课堂活动。出席本次活动的校外嘉宾有国家级非遗保护名录青林寺谜语代表性传承人赵兴寿、宜昌市非物质文化遗产剪纸传承人胡文英；校内领导有学院党委委员、副院长张耀武，学前教育系主任张士斌，教务处处长张蕾，教务处副处长张丽利及非遗技能传承大师工作室项目负责人陈红。学前教育系2018级五年一贯制200余名师生参与活动。

颁奖仪式上，在2018—2019学年非遗技能传承大赛个人赛项（故事）和团体赛项（巴山舞、民歌）中获奖的学生分别得到了表彰。学院党委委员、副院长张耀武讲话，鼓励学生要珍惜荣誉，再接再厉，把中国优秀传统文化发扬光大。

颁奖仪式结束后，谜语大师赵兴寿和剪纸大师胡文英分别在3D实训室和J12教室为2018级五年一贯制的学生授课。

谜语大师赵兴寿围绕谜语、谜歌和谜语故事为同学们讲解了谜语的猜射与创作方法，结合数十个趣味横生的谜语范例，给在场师生带来了别开生面的谜语盛宴。

剪纸大师胡文英对她本人的代表性剪纸作品技艺进行了详细讲解，并教学生现场临摹和创作剪纸作品。同学们表现出了浓厚的兴趣。

本次活动激发了同学们的谜语和剪纸创作热情，也使同学们深刻领略到非遗文化的博大精深。

非遗技能传承大赛

35. 案例：实现资源共享，学院顺利承办校企合作恳谈会

2019年4月16日，宜昌三峡职教集团文化旅游专业委员会校企合作恳谈会在秭归县职教中心举行。此次会议由宜昌市教育局、市文化和旅游局、宜昌三峡职教集团文化旅游专业委员会主办，三峡旅游职业技术学院、秭归县职教中心承办。三峡职教集团秘书长、市教育局职成教科科长石希峰、市文化和旅游局产业发展科科长侯永胜出席并讲话，市职业教育研究室主任周欣出席。学院院长助理吴尊华主持恳谈会并代表学院与宜昌市旅游协会、万达酒店管理集团、宜昌桃花岭饭店股份有限公司签订了合作协议。湖北峡州国旅、中国国旅宜昌分公司、宜昌交运集团文化产业公司等18家本地龙头企业的负责人应邀出席了会议。学院招生就业处处长鲁建平、旅游管理系主任杜先宁及全市各中职学校校长参加了会议。

恳谈会现场

学院与企业代表签署合作协议

上午9时许,与会代表现场观摩了2019年全市中职学生技能大赛导游讲解、西餐摆盘、中餐摆盘、舞蹈表演等精彩比赛,近距离感受职业教育的魅力。

与会代表观摩2019年宜昌市中职教育学生技能大赛舞蹈表演

会上,石希峰重点解读了《国家职业教育改革实施方案》《建设产教融合型企业实施办法(试行)》、"全国深化职业教育改革电视电话会议精神"、《宜昌市人民政府关于进一步推进职业教育发展的意见》等校企合作相关文件精神,并向参会企业通报了全市职业教育发展现状及产教融合情况。他表示市教育局一直致力于广泛搭建各类校企合作平台,努力推进职业院校专业链深度融入全市产业链,助力全市职业院校与本地企业在人才培养、技术创新、就业创业、社会服务、文化传承等方面开展广泛合作,不断提升职业教育服务实体经济和产业发展的能力和水平,为全市高质量发展贡献力量。

会上,宜昌三峡职教集团文化旅游专业委员会发起了成立宜昌市旅游职业教育专业发展联盟的倡议,邀请地方企业和职业院校共同加入联盟,实现资源共享与共同发展。学院招生就业处处长鲁建平宣读了《成立宜昌市旅游职业教育专业发展联盟倡议书》,得到了参会单位的积极响应。同时,他解读了2019年职业教育扩招政策及学院旅游行业企业单招政策及人才培养计划,向全市各大知名企业发出合作招生及联合培养的诚挚邀请。

湖北峡州国旅总经理严旭东、长江观光旅行社董事长石春秋、湖北顺达国旅董事长朱光英分别就旅游职业教育中企业对院校的人才培养的要求及院校对企业如何参与旅游人才培养的建议、全市旅游职业教育专业发展联盟的运作方式和如何有效发挥作用等方面,发表了具有建设性的意见和建议。他们纷纷表示希望市政府及有关主管部门尽快出台和落实激励企业参与职业教育的优惠政策。

  侯永胜在总结讲话中希望全市旅游职业教育专业发展联盟成立以后,各成员企业要做好身份转变。企业负责人在担任职业院校客座教授时,要把一线的商海实战经验传递给学生,也要把企业对学生职业素质的要求传达给学生。各成员企业要积极为职业院校的学生提供更多实训、实操岗位乃至就业岗位,助力学生成长为助推企业发展的生力军。

石希峰　　　　　　　　　　鲁建平　　　　　　　　　　侯永胜

第五部分

新起点 新征程 再攀新高峰

(2019—2020 学年)

三峡旅游职业技术学院 2019—2020 学年发展概述

2019—2020学年是极不平凡的一年。学院以习近平新时代中国特色社会主义思想为指导,认真贯彻落实习近平总书记系列重要讲话指示批示和党的十九大及十九届二中、三中、四中全会精神,科学精准抓疫情防控,用心用情保复工复学,取得了6000多师生"零感染"重大成果。这一年,学院克难攻坚,砥砺前行,办学规模再创历史新高,人才培养质量迈上新台阶,"十三五"圆满收官,"十四五"擘画待启,各项工作取得新成效,事业发展展现新局面。学院荣获"全省职教系统抗疫先进单位""市文明校园""市直教育系统先进基层党组织""社会管理综合治理优胜单位"等多项殊荣。

学院发展方面,一是重视心理健康,呵护学生成长;二是开展主题教育,提升思政素质;三是规范社团活动,丰富业余生活;四是常态志愿服务,弘扬核心价值;五是开展全员竞赛,强化技能培养;六是云上技能大赛,培育家国情怀;七是落实资助政策,拓宽受助渠道;八是加强人文关怀,助力成长就业;九是构建联动机制,孵化创新创业。

教学改革方面,一是创新推行"五个思政""三全育人"落地生根;二是常态开展师德培育,劳模创新示范引领;三是全面打造品牌特色,专业建设成效显著;四是积极开展"1+X"试点,课证融通提质赋能;五是多元联动政校行企,产教供需双向对接;六是着力升级实训基地,产教融合深度推进;七是线上线下优势互补,课堂实效立体提高;八是教师团队协作共研,资源建设卓有成效;九是紧跟产业发展趋势,智慧实训领跑职教。

政策保障方面,一是党建领航,凝聚发展力量,意识形态常抓不懈,党建质量全面提升,党风廉政落实到位;二是科学制定发展规划,强力保障平安校园,全面建设智慧校园,全面推进依法治校,大大提升治理效能;三是政府投入持续有力,生均拨款逐年递增,专项资金绩效显著,发展支撑保障有力;四是建立整改闭环促进质量提升,实行"四元"评价,优化评价体系,完善督导机制加强质量监控,评价整改工作到位确保人才质量。

服务贡献方面,一是落实扩招政策,勇担社会责任;二是探索研学旅行,提供宜昌经验;三是云上技能大赛,代言家乡特产;四是决战脱贫攻坚,巩固脱贫成果;五是发挥人才优势,助推经济发展;六是牵头职教联盟,搭建合作平台;七是统筹多方资源,打赢疫情战役。

面临挑战方面,一是专业群建设发展不平衡,服务产业面临挑战,要进一步优化专业结构动态调整机制,打造与地方产业紧密对接、结构严谨、资源共享、特色鲜明、成效显著的专业群,深入推进"三教"改革;二是生源类型多样复杂,教育教学面临挑战,要探索打破传统的、单一的、刚性的教育教学管理模式,建立与多元生源教育接轨的教育教学管理体系。

第五部分　新起点　新征程　再攀新高峰(2019—2020学年)

一、学院发展

(一)学院概况

基本情况：三峡旅游职业技术学院是经湖北省政府批准、教育部备案的全日制综合类普通高职院校。学院位于宜昌城东新区核心区域，毗邻宜昌东站，交通便利。占地面积43公顷，建筑面积14.73万平方米，固定资产总值10.16亿元。

教师队伍：学院现有教职工216人，教授、副教授105人，硕士研究生占比60%，"双师型"教师占比80%；有十三届全国人大代表1人，黄炎培职业教育杰出校长1人，黄炎培职业教育杰出教师1人，享受国务院特殊津贴专家1人，教育部职业院校教育教学指导委员会(专委会)委员2人，国家级职业技能大赛专家评委7人，省级职业技能大赛专家评委12人；普通话水平测试员国家级2人，省级20人；湖北省技能名师1人，楚天技能名师12人；先后有4名教师获得宜昌市"十佳师德标兵""师德标兵"殊荣。学院现建成"高小芹(烹调工艺与营养专业)省级技能名师工作室""梅继开劳模创新工作室"，建有旅游管理专业和思政课部2个"黄大年式教师团队"。

专业设置：学院紧密结合区域经济发展，主动适应社会对高素质技术技能人才的迫切需求，着力推进改革创新和内涵发展，在历任领导班子的带领下，认真贯彻落实各级政府推进职业教育发展的政策，坚持内涵建设，突出特色品牌与优势，切实提升办学效益，构建了完善的人才培养体系。学院现设有旅游管理系、学前教育系、酒店管理系、商务管理系、马克思主义学院、公共课部、中专部等院、系、部。学院以旅游管理类专业群和学前教育专业群为重点，以航空服务类、商务管理类、计算机类、园林类等专业为补充，开设有54个专业及专业方向，其中导游、酒店管理专业是国家专业服务产业重点建设专业，烹调工艺与营养、导游、酒店管理专业是教育部现代学徒制试点专业，旅游管理专业是国家示范专业、省级高职教育品牌专业，学前教育专业是与中华职教社合作共建的省级高职教育特色专业。

办学条件：学院突出"凝练旅游和学前特色文化"，构建"一馆二园四基地十中心"的思路，建有大学生创新创业基地、学前教育实习基地、宜昌市旅游人才培训基地、鄂西非物质文化遗产传承基地、旅游管理实训中心、烹饪实训中心、酒店管理实训中心、乘务实训中心、学前教育实训中心、现代信息技术实训中心、临空产业实训中心、大学生思想政治教育实践中心、大学生心理健康教育辅导中心、宜昌市普通话培训测试中心，有60余个理实一体化实训室，其中旅游管理专业实训室由中央财政重点支持建设。

(二)目标定位

办学宗旨：牢固树立新发展理念，全面贯彻党的教育方针，落实立德树人根本任务，培养高素质技术技能人才，主动服务区域经济社会发展。

办学定位：创建文化旅游和学前教育专业特色鲜明、行业优势突出的省域高水平优质高职院校。

办学理念：依法治校，立德树人，内涵发展，提质增效。

发展目标：唱响"三峡文化旅游"职教品牌，打造三峡地区文化旅游人才培养基地和幼教人才培养摇篮，为地方文化旅游业和学前教育事业发展提供人才保证、智力支持和技术支撑，成为三峡宜昌重要的职业教育高品质新名片。

(三)办学成果

人才质量:学院坚持以技能提升为核心、以技能竞赛为抓手,不断深化教育教学改革,深入推进产教融合、校企合作,集聚优势资源,与30多家国内知名企业、130多家省内重点企业签署战略合作协议,人才培养质量显著提升。近年来,学生参加省级以上各类职业技能大赛168项次,获奖332项次,获奖学生400余人次,其中获国家级一等奖32项、二等奖26项;获省级一等奖48项、二等奖46项。学院中华礼仪茶艺队多次代表湖北省参加全国职业技能大赛,均取得一、二等奖的优异成绩,并代表湖北省参加国赛;导游大赛无论是行业赛事还是院校技能大赛,常居榜前,引人艳羡。近5年来涌现出马静、朱璋等一批获得国家级、省级金牌导游荣誉的毕业生,成了企业抢手的"香馍馍",毕业生年终就业率保持在95%以上。

学院荣誉:先后荣获"全国餐饮职业教育优秀院校""中国旅游职业教育优秀院校""全省职教先进单位""全省培养人才突出贡献单位""全省职教社系统抗疫先进单位"等多项荣誉,蝉联"市级文明单位""党建工作优秀单位""平安校园""社会管理综合治理优胜单位"。

二、学生发展

(一)重视心理健康,呵护学生成长

学院建设规范化心理健康教育中心,加强对学生心理问题研究,扎实开展《大学生心理健康教育》必修课程教学,坚持开展每日《早安心语》《晚安心语》推送活动,常态开展新生入学心理健康教育讲座、新生心理普测与访谈、老生心理问题筛查、师生心理健康培训;创新"5·25"心理健康月系列活动:一次线上心理班会(心手相牵,并肩战疫)、一次"疫间故事"微视频活动、一次关爱谈心帮扶、一次团体心理辅导(复学班级)、一次心理疏导座谈(复学班级)、一系列线上培训与讲座、一系列心理防疫知识专题推送。

疫情期间,学院特别制定应对疫情心理辅导方案、疫情防控心理危机干预工作方案、疫情防控心理危机事件应急预案等;连续16周推送心理防疫自助手册,并自编心理防疫口袋书。

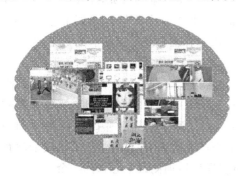

系列心理健康活动

(二)开展主题教育,提升思政素质

以社会主义核心价值观为主线,系统推进学生思政、教师思政、课程思政、学科思政、环境思政教育,强化学生的思想政治教育;精心设计,组织开展爱党爱国教育、励志成才教育、文明诚信教育、感恩责任教育、心理健康教育、法纪安全教育、创新创业教育等系列主题教育,提升学生的思想政治素质。学生总体呈现积极向上、追求进步、奋发有为的精

思政主题教育

神状态,涌现了一大批追求进步的先进积极分子。本学年,4名学生成为中共预备党员,300名入党积极分子参加了业余党校培训学习。

(三)规范社团活动,丰富业余生活

大力开展学生社团活动,培养学生综合素质。为有效加强各学生社团的管理,院团委相继出台了《大学生社团管理条例》《大学生社团活动审批制度》《大学生社团监督管理办法》等文件和制度;组建了大学生社团联合会,建章立制,负责各学生社团日常工作的管理、协调及服务。本学年,在院团学会社团部登记注册的学生社团有15个,包括剪纸社、LK动漫社、礼仪队、演讲与辩论社、昆吾汉服社、计算机协会、MAX现代舞社、花·屿社、茶艺社、吉他社、俊杰搏击健身社、一斛珠书法社、美术社、P.E.协会、管弦乐队,种类多样,活动丰富多彩。

学生社团活动(一)

学生社团活动(二)

(四)常态志愿服务,弘扬核心价值

常态化、项目化开展社会实践活动和志愿服务工作。本学年学校新注册青年志愿者1200多人,青年志愿者服务已成为展示学院学子综合素质与精神风貌的靓丽名片。为美化校园环境,学院先后招募160名志愿者,经常在校园内开展"美化环境,义务除草"的志愿服务活动。由院团委老师组织,学院老师指导志愿者们掌握拔草的技巧。除草现场,志愿者们分工协作,充分发展不怕脏、不怕苦的精神,以实际行动实践了社会主义核心价值观,传递了正能量,为师生提供了舒适的校园环境。为迎接新生入校,帮助新生顺利入学,学院分派志愿者到车站接送学生以及学生家长。1083名志愿者引导新生进入校园,熟悉校园设施设备,让新生尽快熟悉校园,融入新集体。为发扬大学生奉献精神,展现新世纪

志愿服务(一)

志愿服务(二)

大学生高尚的精神风貌,提高大学生自身品德素养,志愿者与宜昌市中心血站共同在校园内完成无偿献血活动。学院开展了关于"光盘行动"的礼品发放和"志愿者联名卡"的活动,号召同学们要坚定决心,反对铺张浪费,用"舌尖上的节俭",展现中华民族勤俭节约的优良品德。

(五)开展全员竞赛,强化技能培养

学院坚持开展"以赛促教,以赛促学",强化专业实践技能培养,实现了技能竞赛专业、学生全覆盖,优化专业人才培养方案。学生在各类职业技能比赛中屡创佳绩。学院选派学生参加第十一届全国旅游院校服务技能大赛餐厅服务和饭店服务赛项获二等奖4个;参加全国职业院校技能大赛(高职组)烹饪赛项获团体第三名;参加第四届全国茶艺职业技能竞赛总决赛获优秀创意奖;参加"湖北工匠杯"技能大赛茶艺技能竞赛获团体一等奖;参加湖北省第十二届导游大赛获优秀奖;参加宜昌市第十届导游大赛获三等奖1项、优秀奖1项;参加宜昌市第三届大中专院校学生演讲比赛获一等奖2项,二、三等奖各1项;参加宜昌市第二届讲解员大赛获新秀组第二名(系宜昌高校选手第一名),黎明同学的视频作品获新秀组"优秀奖"。在全国职业院校"传承的力量"微视频大赛湖北省级复赛中喜获优秀组织奖第一名;参赛的学生作品斩获一等奖2项、二等奖1项、三等奖2项。

全员竞赛(一)

全员竞赛(二)

(六)云上技能大赛,培育家国情怀

疫情期间,学院自2月上旬起通过"职教云"网上平台开展线上教学活动,积极响应"停课不停学"的号召,共推出357门在线课程。学院创新教育形式,开展"红色经典云上诵读""我为家乡代言,助力脱贫攻坚""向英雄致敬,与祖国同行""融美于'云',培根铸魂""共品茶香茶韵""楚凤巧手创意设计"等精彩纷呈的云上技能大赛,展现了学生的创新技能和家国情怀。其中,以"传承克难心,陶冶爱国情"为主题的毛泽东诗词朗诵大赛,收到学生音视频作品200余件。经过预赛、复赛,29件作品通过抖音平台进入决赛,点赞量达1.8万人次。云上技能大赛激发了学生的爱国热情和克难奋进的坚定决心,增强了学生的文化自信和责任担当,受到上级领导和社会各界的高度评价。

云上技能大赛

(七)落实资助政策,拓宽受助渠道

2019学年,学院积极贯彻执行国家资助政策,以"精准资助"为主线,着重解决贫困生的实际问题。2019学年,学院发放奖学金79人次,金额40.4万元;发放助学金1372人次,金额217.5572万元,其中国家助学204.6万元,学院助学3.1435万元,社会助学1.3137万元;办理生源地助学贷款266人,金额167.196万元;减免学费238人,金额119万元。

一方面,学院积极为困难学生排忧解难,自筹经费20万元资助特困学生学费和生活费;开展"你回家,我买票"活动,资助2.6721万元为72名学生购买回家过年火车票,学院领导资助12名困难学生车费0.4714万元。另一方面,学院积极拓宽学生受助渠道,与兴发集团、神农架旅游集团等企业合作,开办了景区开发与管理合作办学班,学费由企业资助。2019年12月宜昌市新华书店为37名贫困学生赞助回家路费1.3137万元。

(八)加强人文关怀,助力成长就业

疫情期间,学院打通"我选湖北·春回荆楚"云平台线上通道,举办"抗疫不忘关爱、就业助飞学子"现场就业促进交流会和"春风十里不如你,校企共筑云平台"网络双选会,邀请企业19家,提供岗位690个;发布教育部、省部委、全国旅游行业、全省旅游行业和宜昌市招聘会9场;开展线上面试宣讲会5场,共计19家企业提供192个岗位,服务毕业生5161人次。联合宜昌市人社局开展"爱上宜昌 才聚三峡"活动。

举办就业促进交流会

通过线上、线下及网络直播的方式为学生推荐宜昌本地的企业及岗位,多渠道发布人才招引专项行动政策,为毕业生就业铺路搭台,稳保毕业生签约。用足用好各级就业补贴政策,对2020届所有应届毕业生发放1200元一次性求职补贴,及时为防疫一线医护人员子女、困难学生发放奖、助学金140余万元,退减学生疫情期间住宿费400多万元。院长梅继开带队深入困难学生家庭走访慰问,组织95名在职党员干部"一对一"帮扶104名困难学生就业;发布了《关于鼓励2020届毕业生参加"专升本"考试的通知》,并以线上课程的形式开展了"专升本"课程辅导。毕业生返校期间,学院大巴接送学生的同时,教职工自发组建20多人的爱心私家车队,全天候往返于学院和市内各站点接送学生,用爱守候,温暖了毕业季。

学院2020届全日制专科毕业生共659人。截至2020年8月31日,我院毕业生总就业率约为83.92%,其中协议就业率约为54.93%,灵活就业率约为15.02%,升学率约为13.66%,自主创业率约为0.30%。

爱心私家车队

（九）构建联动机制，孵化创新创业

构建学院、系部、辅导员三级联动机制，坚持以职业规划、就业观念引导为重点，强化就业创业指导，积极推进创新创业孵化器建设，促成甜心时光、乡村旅游在线工作室等7个项目与相关企业对接，7个项目均正常运营。2020年学院自主创业团队以依托行业优质物流平台中通快递提供的平台及技术为主，以申通、百世等快递为辅助支持，组建成立校内快递服务站，为师生提供便捷、省心的集存件、取件、发件及电商于一体的一站式服务。学生在服务中得到更好的专业实践和学习机会，也为学院专业建设提供了校内实践开发平台，真正实现学生创新创业与专业、就业相结合，提升专业建设水平。

三、教学改革

（一）创新推动"五个思政""三全育人"落地生根

学院坚持用习近平新时代中国特色社会主义思想铸魂育人，把立德树人作为中心环节，以创新"五个思政"为抓手，着力推进"三全育人"落地生根见效。一是创新"学生思政"，强化育人本位。组织全院师生开展"传承雷锋精神，做文明奉献者""坚定跟党走、奋进新时代"等主题升旗仪式8次，开展国旗下讲话，着力培育和弘扬社会主义核心价值观。举办云上廉洁教育团课，持续推进廉洁文化进课堂。二是创新"教师思政"，强化师德师风。持续开展道德讲堂系列活动，学习英雄模范先进事迹，选树身边典型，教育引导教师不忘教育报国初心、担当育人育才使命，做"四有好老师""四个引路人"。选送辅导员、班主任参加国培、省培和全员培训，交流工作经验，思政工作能力不断增强。三是创新"课程思政"，强化协同效应。组织开展"课程思政"专题培训、研讨交流及教学能力大赛，26个团队参加复赛，9个团队获奖。充分挖掘、发挥各门课程蕴含的思政教育元素，积极构建"思政课程＋课程思政"大格局，各专业课程教师与思政课教师同向同行，增强育人合力。四是创新"学科思政"，强化思政引领。积极创建马克思主义学校，组织开展抗"疫"思政大课，学院

2020年第3期道德讲堂

领导班子上形势与政策课,举行线上毛泽东诗词朗诵大赛,传承红色基因,厚植家国情怀,宜昌市委、市教育局领导通过抖音平台点赞。五是创新"环境思政",强化环境育人。加强校园文化建设,绿化美化校园,丰富校园文化内涵,以文化人、以文育人,学院蝉联市级文明校园。

(二)常态开展师德培育,劳模创新示范引领

学习践行《新时代高校教师职业行为十项准则》,落实教师职业宣誓制度,建立师德考核负面清单,广大教师师德师风进一步增强。刘艳、张丽利老师分别被评为2019年、2020年宜昌市"师德标兵",丁红平等8名教师被表彰为学院首届"最美教师"。

2019年12月,学院"梅继开劳模创新工作室"获评"宜昌市职工(劳模)创新工作室"。工作室坚持立足职业教育改革创新研究与实践,发扬攻坚克难、勇攀高峰的科学精神和严谨求实、无私奉献的工作态度,将职教创新经验和劳模精神在宜昌现代学徒制试点、研学旅行研究等领域进行示范、引领和推广,为学院专业建设、人才培养、旅游和学前教育特色文化建设提供强有力的支撑。工作室注重教师团队传帮带文化建设,主动与青年教师结对子帮扶指导,参与职业教育教学研究工作,提升教师教科研水平和技术技能创新能力,一大批骨干教师快速成长,在教育教学研究和科研等方面获得佳绩,有力促进了学院人才兴校战略的实施。范博文、杨洋老师在全国外语微课大赛中荣获英语组一等奖;李晓姣、杨帆老师在全国职业院校"传承的力量"微视频大赛(湖北赛区)中荣获一等奖,另有王娇、夏梦连老师分别荣获二、三等奖。

教师职业宣誓

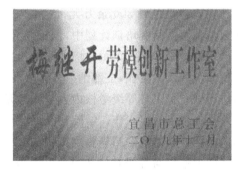
梅继开劳模创新工作室

(三)全面打造品牌特色,专业建设成效显著

根据《湖北省教育厅关于公布2019年高等职业教育有关工作结果的通知》(鄂教职成函件〔2020〕1号),学院学前教育省级特色专业建设项目和旅游管理省级品牌专业建设项目经过学院自评、网上展示、专家评审等环节,均顺利通过湖北省教育厅验收,被认定为湖北省高等职业教育特色专业、品牌专业。学院学前教育特色专业和旅游管理品牌专业分别于2015年和2016年成功立项,专业建设始终坚持以立德树人为根本,围绕"教师发展与教学团队建设""课程设置与教学资源开发""实习实训基地与实践教学体系建设""教育教学研究改革与创新实践"以及"服务地方经济社会发展"等6个方面持续推进。专家验收评审组认定:学院特色、品牌专业建设完成了建设任务,专业品牌特色优势突出,服务区域和产业成效显著,引领示范效果明显。

省级烹调工艺与营养特色专业正在建设中,全面落实立德树人根本任务,构建了以

"双主体"为主要特征的现代学徒制培养模式,形成了"赛教融合、以赛代考"的教学机制,创新了教师评价制度,加强了生产性实训基地建设,形成了系列标志性成果,促进了专业水平整体提升。专业融入餐饮行业企业开展菜品研发,形成了一系列科研成果,引领地方餐饮经济创新发展;牵头创建国家旅游标准化城市饭店项目建设工作,参与制定宜昌市餐饮企业旅游标准化建设指导与培训;面向宜昌餐饮行业企业开展职业鉴定与技能培训,为三峡库区移民提升就业能力做出了积极贡献。烹调工艺与营养特色专业形成了"重厨德、有文化、强技能"的专业文化特色,形成了校企联合育人的人才培养模式特色,形成了名师领衔、精准施策的服务体系特色。烹调工艺与营养专业应届毕业生就业率达96.82%,毕业生双证率达100%,用人单位对毕业生的满意度为93.02%,学院优秀毕业生沈乾坤获得由共青团中央学校部和全国学联组织的2016年度高职学生"劲牌阳光奖学金"暨"践行工匠精神先进个人",毕业后就职于中国烹饪协会副会长、楚菜代表人物卢永良大师工作室。

(四)积极开展"1+X"试点,课证融通提质赋能

2020年学院在第三批"1+X"证书申报中,获批"幼儿照护职业技能等级证书""研学旅行策划与管理(EEPM)职业技能等级证书""数字创意建模职业技能等级证书""空中乘务职业技能等级证书""邮轮运营服务职业技能等级证书"5个职业技能等级证书试点。证书涵盖学院18个专业,专业覆盖率81.8%,其中旅游类专业群覆盖率达100%。

学院积极推动"1+X"证书试点工作,新建各试点证书培训考核专用实训中心4个,累计投入建设经费300余万元;组建专兼职教师组成的教学、考评团队,将教师培训计划纳入学院整体师资培训计划中,积极与合作企业对接,校企共同参与证书师资培训,累计投入培训经费20余万元;与培训评价组织深入沟通联系,将职业技能等级证书所要求的理论知识和岗位技能,全部纳入日常教学计划中,进行课程教学评价和实训操作考核,同时进行试点证书各等级考核内容与人才培养方案分阶段对接的人才培养模式改革,积极开展课证标准对接工作。学院在开展"1+X"职业技能等级证书申报的同时,也依托设在学院的职业技能鉴定站等鉴定机构,在学院内开展覆盖学前教育专业和旅游大类专业的职业能力培训与等级认定工作。应届毕业生参加与专业相关的社会技术培训共12104人/天,毕业生"双证书"获取率继续保持在100%,其中高级职业证书获得率为22.46%,为毕业生高质量就业奠定了基础。

学院教师参加"1+X"相关证书培训一览表

姓名	项目名称	培训地点
许涵雅	"1+X"空中乘务职业技能等级证书师资培训	深圳航空有限责任公司
云晶晶	"1+X"空中乘务职业技能等级证书师资培训	深圳航空有限责任公司
云晶晶	"1+X"空中乘务职业技能等级证书考评员培训	网络培训
吴鹏宇	"1+X"幼儿照护职业技能等级证书师资培训	湖南金职伟业母婴护理有限公司
范博文	"1+X"幼儿照护职业技能等级证书师资培训	湖南金职伟业母婴护理有限公司
杨洋	"1+X"幼儿照护职业技能等级证书师资培训	湖南金职伟业母婴护理有限公司
胡红元	"1+X"幼儿照护职业技能等级证书师资培训	湖南金职伟业母婴护理有限公司

第五部分　新起点·新征程　再攀新高峰(2019—2020学年)

续表

姓名	项目名称	培训地点
李志英	"1+X"幼儿照护职业技能等级证书师资培训	湖南金职伟业母婴护理有限公司
张长晖	"1+X"数字创意建模职业技能等级证书线下师资培训	浙江中科视传科技有限公司
王改芬	"1+X"数字创意建模职业技能等级证书线下师资培训	浙江中科视传科技有限公司
邢晨阳	"1+X"数字创意建模职业技能等级证书线上师资培训	网络培训
陈煦	"1+X"数字创意建模职业技能等级证书线上师资培训	网络培训
王少蓉	"1+X"数字创意建模职业技能等级证书线上师资培训	网络培训
杨德芹	"1+X"数字创意建模职业技能等级证书线上师资培训	网络培训
张长晖	"1+X"数字创意建模职业技能等级证书线上师资培训	网络培训
冯友华	"1+X"数字创意建模职业技能等级证书线上师资培训	网络培训
杨琦	"1+X"数字创意建模职业技能等级证书线上师资培训	网络培训
陈彦君	"1+X"数字创意建模职业技能等级证书线上师资培训	网络培训
王改芬	"1+X"数字创意建模职业技能等级证书线上师资培训	网络培训
赵必江	"1+X"数字创意建模职业技能等级证书线上师资培训	网络培训
吕宙	"1+X"数字创意建模职业技能等级证书线上师资培训	网络培训
刘俞君	"1+X"数字创意建模职业技能等级证书线上师资培训	网络培训
梅继开	研学旅行策划与管理(EEPM)职业技能等级证书(初级)师资培训	三峡旅游职业技术学院
杨德芹	研学旅行策划与管理(EEPM)职业技能等级证书(初级)师资培训	三峡旅游职业技术学院
谢兵	研学旅行策划与管理(EEPM)职业技能等级证书(初级)师资培训	三峡旅游职业技术学院

续表

姓名	项目名称	培训地点
曹金平	研学旅行策划与管理（EEPM）职业技能等级证书（初级）师资培训	三峡旅游职业技术学院
张丽利	研学旅行策划与管理（EEPM）职业技能等级证书（初级）师资培训	三峡旅游职业技术学院
王玥	"1＋X"幼儿照护职业技能等级证书第一期考务技术员培训	湖南长沙
吕宙	"1＋X"幼儿照护职业技能等级证书第一期考务技术员培训	湖南长沙
刘俞君	"1＋X"数字创意建模职业技能等级证书考务员培训	网络培训
王相合	"1＋X"数字创意建模职业技能等级证书考务员培训	网络培训
赵必江	"1＋X"数字创意建模职业技能等级证书考务员培训	网络培训
汪康	"1＋X"数字创意建模职业技能等级证书考务员培训	网络培训
吕宙	"1＋X"数字创意建模职业技能等级证书考务员培训	网络培训
冯友华	"1＋X"数字创意建模职业技能等级证书考务员培训	网络培训
王改芬	"1＋X"数字创意建模职业技能等级证书考务员培训	网络培训
王相合	"1＋X"数字创意建模职业技能等级证书线下师资培训	湖北武汉
赵必江	"1＋X"数字创意建模职业技能等级证书线下师资培训	湖北武汉

（五）多元联动政校行企，产教供需双向对接

学院始终坚持专业与地方支柱产业融合，根据行业特点主动对接企业需求，通过开展"参与人才培养方案制定—职业生涯规划指导—聘任兼职指导教师—开发专业教学资源—建设校外实习实训基地—企业（行业）文化价值观植入—创新创业教育—开展毕业生质量诊改"等校企双元协同育人实践，促进教育链、人才链与产业链、创新链有机衔接，形成以产兴教、以教强业、良性互动、双赢共享、深度合作的产教融合长效机制。按照现代学徒制培养模式，学院与宜昌兴发集团责任有限公司、湖北神农架旅游发展股份有限公司、宜昌市桃花岭饭店、丽橙酒店、燕沙大酒店、沙龙宴大酒店等合作，在景区开发与管理、酒店管理等专业实行校企联合招生招工、一体化协同育人的方式共同培养专业人才。累计

培养学徒108人,聘请企业师傅81人,企业承担的教学课时数1056学时,学院年投入经费12万元,企业年投入经费40万元。

2019年学院成功申报研学旅行管理与服务专业,成为当时全国第一批、湖北省唯一一所设置研学旅行管理与服务专业的高职院校。此前学院在研学旅行发展迅速、研学旅行管理与服务人才匮乏的情况下,抢抓机遇,主动作为,率先在省级特色专业学前教育专业开设研学旅行导师方向,培养高素质技能型研学旅行服务人才,毕业生供不应求。学院在宜昌市教育局、市文化和旅游局的指导下,与国家级示

三峡旅游职业技术学院乡村
旅游人才实训基地揭牌仪式

范研学旅行营地宜昌市青少年综合实践学校签订合作协议,同时与区域内50多家研学旅行基地(营地)在人才培训、实习就业、课程开发、线路设计等方面开展深度合作。

开展研学旅行深度合作

(六)着力升级实训基地,产教融合深度推进

学院注重专业教学质量提升,着力推进教学实训基地建设。2020年8月,学院三星级酒店标准的生产性酒店实训基地落成。基地建有酒店前台、休息区、茶歇区、客房(115间标准间),可以同时接待230人,是学院酒店管理专业学生生产性实训基地。

三峡旅院酒店实训基地

为完全解决烹饪专业实训条件不足问题,学院立项建设生产性餐饮产教融合实训基地,已于2020年5月开工建设。项目建设9000平方米,共有50余个餐饮类实训实验室。项目设有三大功能区,一是餐饮文化展示与餐饮经营区,二是西餐西点、咖啡、茶艺等专业实训教学区,三是中餐中点等专业实训教学区。该项目将建成为湖北功能最齐全、规模最

大、设备最先进的产教融合实训基地之一,宜昌市地方特色餐饮行业创新创业孵化与研发基地,宜昌市餐饮行业人才社会培训共建共享服务平台,国家、省市等各级餐饮类技能大赛赛事基地,宜昌市餐饮类职业资格认证与技能鉴定中心,宜昌市中小学生研学旅行和职业体验基地,宜昌市职业院校餐饮类专业实习实训共享基地。

餐饮产教融合实训基地

(七)线上线下优势互补,课堂实效立体提高

疫情将线上教学推到了一线,线上教学成了疫情期间主要的教学形式。学院主动出击,2019年1月28日便开始着手进行春季教学计划的调整,依托智慧职教云教学平台组织在线教学,实现"停课不停教、停课不停学",同时把疫情危机转化为检验和提高学院教师信息化教学能力水平的重要机会。在学生全面复课之后,学院持续推行线上资源和信息技术手段,实现线上＋线下联动融合式教学,确保线上线下优势互补,立体提高课堂实效,提升教学水平。

2020年春季学期,学院共推出357门课程进行在线教学,涉及任课教师177人,在线学习学生4266人,登录教师累计57010人次,登录学生2493073人次,课堂教学10535次,课堂活动30012项,课件学习1621966个,批改作业137152次,批改随堂考试1439次,学生做题2215661个,真正做到"教师不停教、学生不停学"。

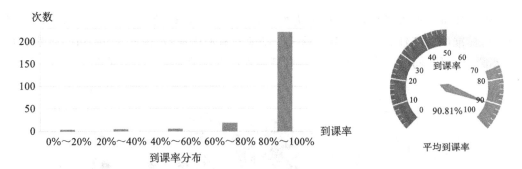

(八)教师团队协作共研,资源建设卓有成效

由浙江旅游职业学院主持的景区开发与管理专业国家教学资源库建设项目中,有两个子项目课程的建设任务为我学院旅游管理系承担,分别是基础课程"旅游概论"和地方特色课程"三峡旅游文化"。学院以这两门课程为抓手,认真推进专业教学资源库建设,积极开展微课、动画等各类课程资源建设,以及标准化课程和慕课建设。本学年,两门课程均已上线标准化课程,在疫情期间助力"停课不停学"及旅游行业蓄能复苏。同时在院级层面,以全国导游人员资格考试课程为核心课程,学院开展课程资源建设,服务课证融通,

提升教育教学质量及学生考证通过率。

国家级职业教育景区开发与管理专业教学资源库证书

(九)紧跟产业发展趋势,智慧实训领跑职教

结合智慧旅游和国家互联网＋战略方向,建设了具有学院特色的智慧旅游体验实训中心。该中心位于实训楼三楼302室,总面积约165平方米,是集教、学、创、训、练、宣传、科技等功能于一体的旅游实训体验中心。中心主要由6个基本区域组成,分别是虚拟迎宾区、签名拍照区、校史文化区、教学互动区、旅游景点体验区、VR体验区。实训室功能齐全,设施完善,能满足学生的实习实训需求,推动学院旅游管理品牌专业建设质量的进一步提升,助推学院高质量发展。智慧旅游体验实训中心的建设既响应了国家发展高质量职业教育的要求,又紧密贴合旅游产业发展的整体趋势,为学生提供了更加贴近旅游行业发展实际的实践教学条件,促进了学院在人才培养、技术创新、就业创业等方面的发展。

智慧旅游体验实训中心

四、政策保障

(一)党建领航,凝聚发展力量

1. 党建质量全面提升

以政治建设为统领,强化创新理论武装,扎实开展"不忘初心、牢记使命"主题教育,全年组织习近平新时代中国特色社会主义思想,习近平总书记最新讲话指示批示精神,党的十九届四中、五中全会精神,党规党纪等专题集中学习15次,开展支部主题党日活动14次,党建实效性和吸引力逐渐增强。以"党建质量年""支部建设年"为抓手,扎实推进支部达标创建,思政课部党支部在宜昌市直教育系统率先获评先进一级党支部。学院被评为宜昌市直教育系统先进基层党组织,9名党员(党务工作者)受到宜昌市教育局直属机关党委表彰。学院认真开展庆祝建党99周年活动,表彰了3个先进党支部、2名优秀党务工作者和14名优秀共产党员。

2. 意识形态常抓不懈

学院认真落实意识形态工作制度,强化守正创新,以社会主义核心价值观统领宣传思想工作;新建学院官网提档升级,高质量制作学院宣传片,创建"三旅思政"微信公众号,依托"青春三旅""三旅思政"微信平台,着力提升新媒体应用能力,把关网上舆论正面引导,有效吸引和凝聚师生。学院全年在省级以上媒体发布新闻53篇,发布学院新闻287篇,微信推文119篇,学院影响力和美誉度不断提升。

3. 党风廉政落实到位

强化党风廉政建设主体责任、监督责任和班子成员"一岗双责",紧紧围绕重要领域、重点岗位和关键环节查找廉政风险点195个,制定防控措施568条。积极开展2020年党风廉政建设宣教月活动及党规党纪和监察法规宣传教育"十进十建"活动,引导广大党员干部自觉遵守党规党纪,营造了敢于担当、狠抓落实、守纪律、讲规矩的良好氛围。

(二)依法治校,提升治理效能

1. 科学制定发展规划

认真总结学院"十三五"建设规划,科学谋划"十四五"规划编制,突出"凝练旅游和学前特色文化"、构建"一馆二园四基地十中心"的思路,更加明确学院发展定位,为学院可持续、高质量发展提供了指导。高标准制定学院建设与发展规划(2020—2022年),经宜昌市局专题会议通过,5号学生公寓建设、生产性产教融合餐饮实训基地(2号食堂)建设、智慧校园建设、校门和围墙建设、文旅产教融合实训基地(教学实训综合体)建设等7个总投资近2亿元的建设项目进入教育系统三年滚动发展规划项目库。

2. 全面推进依法治校

坚持党委会、院长办公会、行政办公会议事制度。修订完善管理制度52项,强化制度执行与监督力度,严格按制度管人管事管物。进一步推进人事分配制度改革,圆满完成了第三轮岗位聘用、第二轮局管校聘工作;完善绩效分配方案,制定差异化分配和积分考核方案,有力强化了内部管理,调动了教职工干事创业积极性。广泛深入开展普法教育,积极开展"法宣在线""12.4国家宪法日"、国家网络安全宣传周等学习教育活动。强化民主管理和监督,召开2次教职工代表大会,全票审议通过学院两项重大改革方案。全面推进党务校务公开,公开重要信息1309条。积极支持统战群团工作,召开了统战工作座谈会,顺利完成团委换届选举。

3. 强力保障平安校园

认真落实安全工作制度,狠抓校园周边安全隐患排查与综合整治,严防各类校园伤害事件发生,重大安全事故零发生。全年开展师生安全教育活动40余次,开展安保队伍业务培训10次。为应对新冠肺炎疫情,学院建设了采用刷学生卡+人脸识别+测温等多种组合验证识别方式的校门道闸管理系统,用于学生入学后的校门出入识别,并在进校前进行体温筛查,防止非本校人员随意进出校园,实现校园出入安全管理和疫情防控管理。校门道闸管理系统和学生卡平台对接,保障了学院疫情期间正常的教学、工作秩序。加大资金投入,完善安全基础设施建设,对消防设施、视频监控、道路交通、照明系统进行全面升级,学院继续保持总体安全稳定的良好局面。

4. 全面建设智慧校园

推进教务管理系统的运行,实现了教学资源的集中管理、分散操作、信息共享,促使教务管理更加规范化、现代化。积极推进财务缴费系统、数字迎新系统建设。更新升级教室、实训室教学一体机,更新改造升级学前教育智慧教室、融媒体中心等20多个实训室,建成全省最先进的智慧旅游体验中心、全省达标的心理健康教育辅导中心。与中国移动公司合作,将校园网络出口带宽升级到1000兆,达到教育部对高校网络出口带宽要求。建设5G基站,实现学院5G信号全覆盖,成为全省首批部署5G网络和开展5G+数字化、智慧化校园建设的高校之一。

智慧教室

(三)加大投入,提供有力支撑

1. 政府投入持续有力

学院是宜昌市人民政府主办的全日制普通高等职业技术学院、公益二类事业单位。2013年1月,学院整体迁入职业教育园区,2019年、2020年两年共投入专项资金8967万元用于学院基础能力建设和专业建设,学院基础教育教学设施得到根本改善。本学年,学院占地面积43公顷,建筑面积14.73万平方米,固定资产总值10.16亿元。

2. 生均拨款逐年递增

2017年以来,宜昌市人民政府根据《财政部教育部关于建立完善以改革和绩效为导向的生均拨款制度加快发展现代高等职业教育的意见》(财教〔2014〕352号)精神,建立了高等职业教育生均财政拨款制度。2018—2020年,学院生均财政拨款分别约1.68万元、2.15万元、2.69万元,高于全国示范高职院校0.97万元。2020年,宜昌市财政局安排人员和日常公用经费增加到4800万元,保障人员经费和正常教学运行经费。

3. 专项资金绩效显著

2017年,湖北省财政厅、教育厅建立高等职业教育奖补资金资助制度,专项用于高等职业学校基础设施建设、专业建设和职业技能大赛。2018—2020年,湖北省财政厅、湖北省教育厅分别下拨高等职业教育质量提升计划专项资金432万元、452万元、530万元,稳步推进"一馆两园四基地十中心"建设,完成1个国家高水平专业、2个省级特色专业、3个省级重点专业建设。

(四)评价诊改,确保人才质量

1. 建立诊改闭环,促进质量提升

学院坚持诊改工作与日常工作相融合,保证教学诊改工作的周期性、常态化运行。通过日常巡查、随堂听课发现问题并及时诊断。建立个人、教研室、系部、学院四级诊改闭环,逐步形成学院质量文化。

系部	课程号	课程名称	授课老师	评教结果			
				系部评教	教务处	学生评教	督导评教
	GZ6402020B110	烹调工艺原理	蔡义华	97	96.00	92.9781	95.00
	GZ6402020B111	烹饪卫生与安全	蔡义华	97	92.80	92.9231	95.00
	GZ6004050B590	中华传统技艺	陈红	97	96.60	93.8414	95.00
	GZ6004050B290	中外民俗	陈瑶	96	96.00	94.7910	90.00
	GZ6401050B310	旅游政策与法规	陈瑶	96	97.20	94.9038	90.00
	GZ6401050B470	旅游政策与法规	陈瑶	96	92.30	94.7538	90.00
	ZZ0823000B610	旅游政策与法规	陈瑶	96	96.60	94.4632	90.00
	ZZ0823000C580	中外民俗	陈瑶	96	94.60	94.7824	90.00
	GZ6402020B100	烹饪工艺美术	陈颖	96	93.20	93.1013	93.00
	GZ6307040B220	茶企财务会计与成本核算	范英英	95	95.00	93.3500	95.00
	GZ6402020A030	烹饪概论	冯育楠	96	95.00	94.4836	95.00
	GZ6307040A020	茶与健康	高小芹	97	96.46	94.1297	95.00
	GZ6402020B031	厨房英语1	高小芹	97	96.00	93.2692	95.00
	GZ6402990B180	宴席与菜单设计	高小芹	97	98.00	94.1500	95.00
	GZ6004050B340	空乘面试英语	蒋洁	97	94.00	93.2060	95.00
	GZ6004050B451	民航服务英语1	蒋洁	97	95.00	94.2436	95.00
	GZ6401050B251	酒店英语1	蒋洁	97	93.00	95.0000	95.00
	GZ6401050B252	酒店英语2	蒋洁	97	96.60	95.0000	95.00
	GZ6307040B130	消费心理学	景振华	97	96.00	93.7674	95.00

2019年秋季学期教学评教汇总

2. 实行四元评价,优化评价体系

学院试行学生、教研室、专职督导、教务处四元评价。以督导的听课为点,诊断教师教学的行为、态度、方法;以学生的课程实时评价、期末总体评价为线,诊断教学过程、教学效果、学生收获与感受;以教研室、教务处评价为面,诊断课程与人才培养目标的达成度、课程与课程标准的契合度。优化教学评价指标,突显教学态度、教学能力和教学效果三大要素在评价中的作用,更加注重学生学习获得感,并将师德、师风、思政元素明确作为课堂评价的重要指标,对教师实施量化评价。

3. 完善督导机制,加强质量监控

学院坚持问题导向,完善教学督导机制,加强教学质量监控。一是有力保证、有效诊改,认真执行"督导推门听课""教师听评课制度"等教学质量控制文件;二是严格落实日常教学监控,修订教学督导巡视问题反馈表、学生信息员教学巡视反馈表,教学单位兼职督导组处理问题解决率达100%;三是聚焦课堂提升教学质量,对教学效果较差的课堂实行跟踪听课管理,辅导改进教学质量。教学督导通过教师座谈,交流听课心得;通过学生座谈,了解学生思想动态,教学班级参与面达100%。本学年,学院领导听评课总计277次,专职教学督导员指导青年教师216人次,平均周工作时数达28小时。

五、服务贡献

(一)落实扩招政策,勇担社会责任

为贯彻落实国务院 2020 年《政府工作报告》关于高职扩招 200 万人的有关要求,根据《教育部等六部门关于印发高职扩招专项工作实施方案的通知》(教职成〔2020〕2 号)精神,湖北省教育厅等七部门印发《2020 年湖北省高职单招和扩招专项工作方案》,三峡旅游职业技术学院根据《2020 年湖北省高职单招和扩招专项工作方案》要求,积极响应,努力作为,圆满完成了高职扩招工作。

学院 2020 年高职扩招面向湖北省未参加 2020 年高考报名的应、往届高中阶段毕业生和退役军人、下岗职工、农民工、新型职业农民等群体,共招收 375 人。依据考生生源类别的不同,分为普通单招类、A 类、B 类三类,其中普通单招类招生专业 5 个,共录取 74 人;A 类招生专业 4 个,录取 145 人;B 类招生专业 5 个,录取 156 人。

学院针对扩招学生的实际情况,按照"标准不降、模式多元、学制灵活"原则,特别制定了高职扩招人才培养方案,分全日制和弹性学制两种模式培养,实行工学交替,线上线下混合式教学,采用灵活多元的教学模式分类施教,确保人才培养质量。

(二)探索研学旅行,提供宜昌经验

宜昌市三峡研学旅行研究中心在学院成立以来,聚焦研学旅行师资瓶颈,深入挖掘学院教育部骨干专业、省级品牌专业旅游管理、省级特色专业学前教育优势资源,围绕研学旅行过程中的课程建设、组织工作、师资培养等方面深入开展研究,打造研学旅行品牌形象,拓展产学研业务,积极开展师资和课程开发培训,圆满完成了 120 人的宜昌市研学旅行导师(中小学)培训、112 人的宜昌市研学旅行课程开发培训、92 人的宜昌市研学旅行线路设计培训、146 人的宜昌市研学旅行导师(基地营地)培训。培训采取专题辅导、现场教学、分组讨论、经验交流等形式进行,集理论学习和实践操作于一体,按照集中—分散—集中的模式,高标准培养市级优秀专家团队,培训效果好;显著提升了三峡城市群研学旅行软实力,为宜昌研学旅行发展干在实处、走在前列提供了人才智力支撑,也为全国研学旅行发展提供了宜昌经验。

开展研学旅行课程开发培训班

(三)云上技能大赛,代言家乡特产

为加强学生专业技能培养,提升学生服务社会能力,学院针对疫情影响下各地农产品滞销、景区经营状况不佳、农民收入锐减等问题,大胆创新,采用线上技能大赛形式,于 2020 年 4 月 17 日至 5 月 7 日举办了"我为家乡代言"讲解大赛,引导学生争当家乡"代言人",助力决战脱贫攻坚和决胜全面小康,展示三旅学子扎实的专业技能。在"我为家乡代言"讲解大赛中,来自 10 多个省市的 617 名学子开启"云代言"模式,从不同的角度和视野,为家乡的农副产品、旅游景区、风物特产"打 call"代言。经"青春三峡旅院"官方微信公众号展评,仅 3 天时间预、复赛后进入决赛的 16 件作品点击量突破 3.6 万人次,参与投票人数近万人,起到了良好的宣传推广效应,有些参赛者还成为"网红"。

(四)决战脱贫攻坚,巩固脱贫成果

学院深入贯彻习近平总书记关于扶贫工作的重要论述、重要讲话和指示批示精神,充分发挥专业人才优势,助力脱贫攻坚,脱贫成果不断巩固提升。80 余名党员干部结对帮扶枝江市刘家冲村和五峰县桥料村贫困户 17 户,开展集中走访慰问 8 次,资助 3 万元为贫困户购买生产资料,资助刘家冲村集体发展资金 3 万元,统筹资金 9 万元解决 2 个贫困户入户道路硬化问题,联合举办第五届农民趣味运动会和"迎新春 话振兴"大联欢,开展消费扶贫近 2 万元;深入远安县落星村开展乡村旅游、民宿知识培训,消费扶贫 18 万元;为对口帮扶单位远安职教中心送去帮扶资金 8 万元及防疫物资价值 2 万元。学院扶贫工作得到当地党委政府和扶贫对象的高度赞扬,学院派驻枝江市刘家冲村精准扶贫工作队队员崔平昌被授予"扶贫之星"荣誉称号。

走访慰问刘家冲村、桥料村贫困户

(五)发挥人才优势,助推经济发展

学院始终坚持围绕宜昌市"一高双争三决胜",守正创新,担当作为,紧扣区域社会经济发展,助力决战脱贫攻坚决胜全面小康,保护生态环境,创新文旅融合,改善民生,充分发挥高职院校服务地方经济社会发展人才优势,为宜昌市实施"双核驱动、多点支撑、协同

第五部分 新起点 新征程 再攀新高峰（2019—2020学年）

发展"战略、加快实现"两个走在前列"奋斗目标提供坚强有力的咨政服务和智力支持。在研究课题方面，共计311人次参与，承担国家级课题项目4项，省级课题项目36项，地市级课题项目40项，与2018年相比，增长近50%。本学年，学院教师（独立或第一）在期刊及出版社发表论文或著作115篇（本），比上学年增长了200%；共申请技术专利（技术发明）3项。其中熊杰主持的《县级融媒体中心建设模式研究——以宜昌各县市区为例》和张耀武主持的《宜昌文化与旅游融合发展研究》2项研究项目被评为优秀等级，黄兴芹老师主持的教育部职业院校教育类专业教学指导委员会重点课题《大学生心理情景剧校本化创新研究》（课题编号2018GGJCKT25）顺利通过验收，并被评为优秀课题。

黄兴芹老师荣誉证书

（六）牵头职教联盟，搭建合作平台

宜昌市第一家行业性职教联盟——宜昌文化旅游职业教育联盟成立。文旅职教联盟是由宜昌市教育局、宜昌市文化和旅游局主导，以三峡旅游职业技术学院为龙头，联合14所中职学校和91家旅游骨干企业打造的"职业教育办学联合体"。联盟共有106家理事单位，209名理事和会员，学院院长梅继开任首届联盟理事长。

联盟主要任务包括：实行集团化办学，探索校企合作办学新模式；探索中、高职有效衔接方式，促进职业教育协调发展，大力推进"3+2"分段制人才培养模式；对接宜昌支柱产业，从课程设置、教材开发入手，探索中高职一体化办学模式，架构中职与高职教育衔接融通的"立交桥"；优化资源配置，实现资源共享；深化技术开发，积极开展企业员工培训；校企合作共建产品开发中心或技术服务平台，共同开发新技术、新产品，提升技术服务能力；开展集团化办学政策研究，探索联盟化办学的长效机制。

集团化办学是深化产教融合、校企合作，激发职业教育办学活力，推进现代职业教育体系建设，提高技术技能人才培养质量，促进经济社会发展的重要举措。联盟的成立，将成为全市文化旅游职业教育校企合作、校校合作、产教融合的重要平台，成为职业教育服务文化旅游产业发展、促进产业转型升级的重要推进器。未来，通过职教联盟平台，学院将提前两至三年研判企业用工需求，无缝对接旅游服务产业，实现专业设置、招生计划、课程开发、实习实训、创业就业等一条龙服务。

宜昌文化旅游职业教育联盟成立暨第一届会员大会

宜昌文化旅游职教联盟成立

(七)统筹多方资源,打赢疫情战役

学院坚持以人民为中心的发展思想,始终把师生生命安全和身体健康放在首位。新冠肺炎疫情发生后,学院及时成立了党委书记、院长任组长的疫情防控工作领导小组,组建了30多人的防控工作专班,制定了疫情防控工作方案,将30多项具体任务落实到相关处室和责任人;建立并认真实施了院领导包系(1个)、中层干部包班(2—3个)、班主任(辅导员)包学生的包保责任制;加强疫情防控宣传引导,通过网站、QQ、微信、钉钉群将500余篇疫情防控图文信息传播到每位师生,浏览量达50多万人次;积极开展心理干预,举办线上心理健康大讲堂8次,开通24小时心理咨询热线,推出14期《心理防疫自助手册》,开展"聚力同心,战疫同行"心理健康月系列活动。学院黄兴芹副教授做客"心理抗疫·专家行动"援助热线。开展爱国卫生运动,组织校园及周边环境全面整治4次,对校园及重点区域彻底消杀6次,严格校园全天候管控,46名干部职工逆行出征参加校园应急值守,协同园区、社区联防联控,开展校园绿化、美化、亮化、净化行动,筑牢疫情防控堡垒。学院共投入500多万元资金,对安保、防疫等硬核设施设备全面提档升级,校园3个入口均装有便捷、精准、高效的热成像测温及人脸识别系统,教学、办公场所和图书馆、食堂等公共区域也都配有体温自动监测装置,楼道、电梯口均配有消毒地垫及壁挂式免洗消毒器,人员流动可实行全过程监测追踪。学院慎终如始抓疫情常态化防控,巩固提升"零感染"成果。制定了复工复学方案及应急处置预案,落实防控物资采购储备、校园消杀、分隔分批就餐、隔离场所及重点区域重要环节管控措施,强化校园防控和安全管理,确保了2020年4月1日教职工复工、6月1日技能高考学生复学和6月底毕业生返校安全有序。疫情防控期间,学院教职工爱心捐款4万多元,2436名学子捐款29644.92元,党员捐款3万多元。50多名党员干部下沉社区,参与一线防控志愿服务。

中国新闻网、湖北日报、湖北高校思政网、三峡日报等媒体发表47篇新闻,报道学院"抓实抓细常态化防控,用心用情保复工复学"的经验做法。学院被中华职教社湖北分社评为"全省职教抗疫先进单位"。

新闻报道

六、国际合作

因疫情影响,国际交流与合作暂未进行。

七、面临挑战

(一)专业群建设发展不平衡,服务产业面临挑战

学院本学年专业群发展不平衡,专业结构还需进一步优化,教育类专业规模偏大,旅游类部分专业规模偏小;专业之间的资源整合尚待进一步加强,专业群的聚合效应尚未彰显,专业服务产业转型升级,促进高质量发展不够。

需要科学编制"十四五"专业建设规划,优化专业结构动态调整机制。专业联合行业,班级找准企业,携手行业领军企业,打造与地方产业紧密对接、结构严谨、资源共享、特色鲜明、成效显著的专业群。同时,深入推进"三教"改革,完善质量保证体系,大力提升办学质量。

(二)生源类型多样复杂,教育教学面临挑战

随着高等职业教育招生制度改革的深入,学院生源结构日益多样化。学院在保持普通高考招生为主体的基础上,实行了单独招生、对口招生、中高职贯通招生、高职扩招等招生方式改革,在校学生中既有普通高中毕业生,也有对口升学的三校生、"3+2"分段培养中高职贯通的五年一贯制学生,还有社会学生。不同的招生模式和生源结构造成了学生的基础知识、基本技能和基本素养的差异,给教学组织、教学管理形成了冲击。

学院打破传统的、单一的、刚性的教育教学管理模式,建立与多元生源教育接轨的教育教学管理体系。针对不同类型的生源采用不同的培养方案、培养模式,实行分层、分类、分班教学;改革教学内容,加大各教育类型衔接的教学改革研究,制定相应衔接类别的专业教学标准;改革教学方法,引导教师采取多样化的教学方法,因材施教,提高课堂教学的有效性;改进教学手段,针对学生的学习特点,加大信息化建设力度,丰富网络教学资源,推进信息技术与课堂教学的深度融合,实现线上、线下互动性学习,促进教学质量的提升。

八、典型案例

1. 案例:加强心理疏导,做好人文关怀

为深入学习贯彻习近平新时代中国特色社会主义思想,进一步提高大学生心理健康水平,提升心理育人质量,促进学院心理健康教育工作稳步发展,按照《高等学校学生心理健康教育指导纲要》及《关于2020年"5·25大学生心理健康教育月"举行"四个一"专项行动的工作提示》的要求,学院组织开展了以"聚力同心,战疫同行"为主题的"六个一"心理健康月系列活动。

"六个一"的具体活动是一次线上心理班会(心手相牵,并肩战疫)、一次"疫间故事"微视频活动、一次关爱谈心帮扶、一次团体心理辅导(复学班级)、一系列线上培训与讲座、一系列心理防疫知识专题推送。

学院"5·25大学生心理健康教育月"系列活动做到了5个方面的工作:一是早准备,

从三月份就启动了工作;二是广宣传,利用学院网站、微信公众号、微博、QQ等进行线上传播;三是细谋划,每项活动都制定了具体详细的活动方案和组织流程,如每周的专题推送,从当前的心理防疫需求到自我心理调适小处方,内容丰富,针对性强;四是全覆盖,"六个一"的活动覆盖了全院教职员工和全体学生;五是重效果,"疫间故事"从班级推优、系部初赛到全院决赛,学生精心准备参赛作品,在讲述抗疫故事中成长成才。

疫情期间,学院慎终如始把生命安全和身体健康放在第一位,讲政治、顾大局、善决策,强担当、敢斗争、提能力,讲真话、干实事,把各项工作统筹抓实抓细抓落地,确保了5000名师生"零感染";始终在大局下思考、在大局下行动,以问题为导向,加强心理疏导,做好人文关怀,切实帮助师生解决问题。

2. 案例:走访学生送温情,院长关爱到家庭

2020年5月20日,学院党委副书记、院长梅继开,党委副书记熊杰,工会主席苟幼松一行冒雨驱车300多公里奔赴五峰自治县傅家堰乡桥料村;在驻村第一书记赵家乡的陪同下,沿着陡峭湿滑的山路徒步来到该村二组,走访慰问学院学前教育专业1705班学生陈小雨和张雨露,调研网上教育教学和学生居家学习生活情况,助力脱贫攻坚。

桥料村属贫困村,陈小雨家庭为建档立卡贫困户。在疫情常态化防控和脱贫攻坚决战期,梅继开冒雨突访慰问贫困学生,并送来慰问金和大米、食用油等生活物资,令学生及家长无比惊讶和感动。在陈小雨家,梅继开详细询问了2位同学疫情防控期间自我防护、身心健康、思想动向、在线学习等情况,向学生和家长通报了学院开展疫情常态化防控和筹备复学复课的相关举措;并叮嘱同学们增强信心,继续做好居家自我防护,加强自我管理,合理安排时间,静心学习知识,积极锻炼身体,确保身心健康和生命安全。

梅继开还实地察看了陈小雨家养猪、养鸡等场所,详细了解其家庭生产生活情况,鼓励陈小雨家长在村委会指导下大力发展养殖业,并表示学院将全力帮助解决销售渠道,嘱咐家长与学院一道关心、关爱学生健康成长,共同为学生的发展、成才就业铺平道路。

陈小雨、张雨露2位同学及家长对学院领导冒雨入户走访和关心慰问深表感谢。她们汇报说,在疫情防控期间、网络教学之余,通过班级微信、QQ、钉钉群不仅能收到学院及时发布的防控知识、心理健康常识、安全教育等信息,而且每天都能收到来自辅导员、系部老师的关爱,内心倍感温暖,学习动力十足;一致表示将严格遵守学院规定做好自我防控,认真开展线上学习,为早日返校复学而努力。家长也表示,支持学生继续居家防控和线上学习,按要求配合学院做好复学复课准备工作;努力克服暂时困难,尽力抓好养殖业生产,不断巩固提升脱贫攻坚成果。

走访学生家庭

新冠肺炎疫情发生以来,学院高度重视,精准施策,慎终如始,严防严控,实现了5000多名师生"零感染"目标;扎实推进"停课不停学",共推出357门在线教学课程。同时,学院通过新媒体发布疫情防控指南,开通心理咨询热线,及时排解学生和家长的心理负担,始终坚持抗疫与关爱并举、防疫与育人结合,将温暖传送到广大学生和家长心中,受到学生和家长一致好评。

3. 案例:奋楫扬帆正当时

一年好景君须记,最是橙黄橘绿时。2020年10月11日上午,艳阳高照,人声欢笑,学院田径运动场上3000余学子整齐列队,高唱《我和我的祖国》迎候2020级新生开学典礼暨军训动员大会。宜昌市教育局领导翟秀刚、石希峰及相关负责人张黎磊、李斌、周欣,新生军训团团长、武警宜昌支队一大队大队长周毅,一大队机动中队副队长肖运泽,中国教育报社记者部主任禹跃昆、通联部主任易彬、驻湖北记者站站长程墨,校企合作代表单位领导佟谦、张秋雯、谢忠明,学院领导蒋含丹、梅继开、熊杰、张鲜艳、覃黎明、刘晚香、张耀武、吴尊华、苟幼松,第十三届全国人大代表、伍家岗区政协副主席、学院科研督导处处长杨德芹,学院中层正职干部等出席。党委委员、副院长覃黎明主持。

2020级新生开学典礼暨军训动员大会

上午9时整,庄严雄壮的国歌声响起,全场师生行注目礼,五星红旗冉冉升起,大会拉开序幕。

党委副书记、院长梅继开致辞,他代表全院师生员工对新同学的到来表示最热烈的欢迎,向出席典礼的各位领导表示衷心感谢,向承担本次军训的全体教官致以崇高敬意。梅继开在致辞中指出,2020年对于全世界而言,是极不平凡的一年。新冠疫情的爆发,给世界、给国家带来了前所未有的影响。中国以惊叹世界的中国精神、中国力量、中国担当,凝聚了"人民至上、生命至上"的强大合力,以大仁大爱为先,以大义大勇为道,书写了人类与疾病抗争中的光辉之笔,再次彰显了中国共产党领导和中国特色社会主义制度的显著优势。2020年也是学院发展史上浓墨重彩的一章,学院不仅取得了疫情防控和教育教学的"双胜利",荣获全省职教社系统抗疫先进单位,同时取得招生大捷,办学规模再创历史新高。

开学典礼是新生开启大学征程的新起点,梅继开院长对2020级新生殷殷嘱托:秉承家国情怀,牢记使命担当,做一个有爱国精神的人;坚持以德修身,弘扬正能量,做一个有品德修养的人;坚持知行合一,练就精湛技能,做一个有工匠精神的人;保持奋斗姿态,养成良好习惯,做一个有进取精神的人。希望同学们珍惜韶华、逐梦青春,砥砺前行,在担当大任、投身民族复兴中更好地实现人生价值。

校企合作代表单位领导佟谦、谢忠明,学院教师代表杨洋、老生代表吴婷、新生代表李先昊等在开学典礼上发言。教师代表杨洋与新同学们分享了三句诗"宝剑锋从磨砺出,梅花香自苦寒来""黑发不知勤学早,白首方悔读书迟""纸上得来终觉浅,绝知此事要躬行",鼓励大家肩负起中华民族伟大复兴的历史使命,在追求真理的道路上躬行实践、厚积薄发,发扬劳模精神和工匠精神,让梦想照进未来。

老生代表2018级旅游管理专业吴婷给新生分享自己两年来的华丽蜕变,告诉学弟学妹们青春是用来奋斗的,奋斗的青春最精彩。新生代表2020级民航运输专业李先昊表示:来自天南地北的我们,将怀揣着最初的梦想,在三旅这片沃土上追梦未来,矢志创新,奏响时代新声!

新生军训团团长、武警宜昌支队一大队大队长周毅在军训动员大会上讲话,感谢学院对武警宜昌支队的信任,要求参训教官认真履职,以饱满的热情和高昂的斗志出色完成训练任务。

翟秀刚在讲话中代表宜昌市教育局向刚踏入大学校门的莘莘学子表示欢迎,向多年来关心支持全市教育事业的武警部队官兵表示感谢,向坚守在常态化疫情防控和教育教学一线的教职员工表示问候。他指出,近年来,三峡旅游职业技术学院认真落实"职教20条"和《宜昌市人民政府关于进一步推进职业教育发展的意见》,抢抓发展机遇,注重内涵建设,教学改革扎实推进,专业建设成效凸显,办学条件不断优化,人才培养质量和办学效益显著提升,社会服务贡献明显,各项事业持续良性健康发展。他希望学院以新学年作为新起点,全面落实立德树人根本任务,持续推动教育教学改革创新,充分激发办学活力,充分发挥高职院校引领示范作用,为宜昌经济社会发展培养更多高素质技能人才。

奋楫扬帆正当时,我们相信,有上级领导的重视关心,有社会各界的鼎力支持,有全体师生的共同努力,三峡旅游职业技术学院一定会谱写高质量发展新篇章,为宜昌高职教育再创新辉煌。

会后,宜昌市教育局领导翟秀刚详细了解了新生住宿、餐饮等情况,并察看了新生寝室及酒店餐饮实训基地。

4. 案例:无偿献血,血浓情更浓

为弘扬大学生无私奉献、乐于助人的精神,2019年11月13日,学院青年志愿者指导中心与宜昌市中心血站共同承办的无偿献血活动在学院食堂门口正式拉开帷幕。

上午9点,志愿者就已经配合血站的医护人员做好献血工作的准备。在志愿者和医护人员的引导下,咨询、填表、体检、化验、等候、抽血,所有流程都井然有序地进行。休息间隙,志愿者把冲泡的红糖水送到每一个献血者手上。喝着暖心红糖水,看着手中的献血证,献血者脸上都洋溢着快乐的笑容,让过往师生都感受到了无偿献血活动给整个校园增添的友爱温暖的氛围。

学院无偿献血公益活动

第五部分　新起点　新征程　再攀新高峰（2019—2020学年）

本次献血活动共有100多人参加，112人成功献血，献血总量达34600 mL。

此次活动，不仅向广大学生普及了献血的基本知识，也唤起了同学们对他人伸出援助之手的一份爱心与责任心，为社会的和谐发展尽了一点绵薄之力。高校学生是我们社会的栋梁，是无偿献血的生力军，我们期待有更多的人加入到无偿献血的事业中来。

5. 案例：学院在全国职业院校"传承的力量"微视频大赛湖北省级复赛中斩获大奖

从湖北省职业技术教育学会获悉，学院在全国职业院校"传承的力量"微视频大赛湖北省级复赛中喜获优秀组织奖第一名；参赛的学生作品斩获一等奖2项、二等奖1项、三等奖2项；李晓娇、杨帆、王娇、夏梦连、陈家5名教师荣获"优秀指导教师"奖。

关于公布全国职业院校"传承的力量"微视频大赛(湖北赛区)获奖结果的通知

全国职业院校"传承的力量"微视频大赛(湖北赛区)"优秀组织奖"获奖名单

此次大赛，以"传民族文化之萃，承中华美德之心，实现中华民族伟大复兴的中国梦"为主题，围绕传承中国特色社会主义优秀文化，弘扬社会主义核心价值观，讲好身边故事，展示职教青春风采展开，以参赛者从"寻访红色足迹""我是中华美德传承人""讴歌新时代"和"中华传统美德100句"4个专题中自选主题拍摄微视频或微电影的方式进行。2020年7月19日前各院校组队参加初赛，8月1日至15日，由湖北省职业技术教育学会组织进行湖北省级复赛。学院党委对此高度重视，制定初赛、复赛方案，由马克思主义学院（思政课部）牵头，精心组织，各系部通力合作，共收到50余件参赛作品；经过初赛筛选，推荐9件作品参加省级复赛。此次全国职业院校"传承的力量"微视频大赛，是深入贯彻落实习近平总书记关于弘扬中华优秀传统文化系列重要讲话精神的生动践行。学生们通过参赛点燃了关注、探究、践行中华优秀传统文化的热情，增强了大学生的文化自信和责任担当。

经省级复赛专家组评审，学院学前教育系1812班崔乐乐的作品《追寻红色南梁》（指导教师李晓娇），1806班魏蒙蒙、杜晓喋的作品《美德传承，盛望兴隆》（指导教师杨帆）获一等奖；学前教育系1902班江欣怡的作品《红色陵园》（指导教师王娇）获二等奖；1806班陈晓曼、1808班谢思雨的作品《智慧的灵魂》（指导教师夏梦连），1903班卢亚兰、李晓林的作品《汉服礼仪》（指导教师陈家）获三等奖。

此次大赛全省共评选出42个获奖作品，其中一等奖9项，二等奖12项，三等奖21项；优秀组织奖6项。

学院全面贯彻党的教育方针，认真落实立德树人根本任务，把"中华优秀传统文化"作为全院公共基础课，在思政教育中深度融入。同时，通过系列传承实践活动，将中华优秀

序号	作品名称	作品主题	作者	指导老师	学校名称	获奖级别
1	向海图强 话梦深蓝	讴歌新时代	高娅、熊威、李潇	刘昕、吴春芳	武汉船舶职业技术学院	一等奖
2	追寻红色痕迹	寻访红色足迹	崔乐乐	李晓蛟	三峡旅游职业技术学院	一等奖
3	妈妈,长大了我抱你去打怪兽	中华传统美德一百句	阮渝、杨姝、施晨星	宋佚	湖北幼儿师范高等专科学校	一等奖
4	可爱的模样	我是中华美德传承人	何家莹、吴铭	陈安琪、易晓春	武汉船舶职业技术学院	一等奖
5	艳江边上的记忆	我是中华美德传承人	肖鹿、陈哲杰、周钰泰、唐潮	王娴娜、何婷	武汉铁路职业技术学院	一等奖
6	丹山路上娘风声	我是中华美德传承人	刘社愔、郭雯雯、胡蕾佳	杨梅、贺正武	武汉城市职业学院	一等奖

序号	作品名称	作品主题	作者	指导老师	学校名称	获奖级别
1	江城育子篮球子	讴歌新时代	袁静涛		武汉技师学院	一等奖
2	鄂西北第一面红旗升起的地方	寻访红色足迹	舒新倪、何平	周吉芳	汉江科技学校	一等奖
3	美德传承 盛誉兴梅	我是中华美德传承人	魏黑黑、杜晓蝶	杨帆	三峡旅游职业技术学院中专部	一等奖
4	红色陵园	寻访红色足迹	江欣怡	王娇	三峡旅游职业技术学院中专部	一等奖
5	青春在奉献中闪光	我是中华美德传承人	戴飞扬	王蓓、庞艺	武汉技师学院	二等奖
6	智慧的灵魂	讴歌新时代	陈晓婷、谢思雨	夏梦婕	三峡旅游职业技术学院中专部	二等奖
7	汉服礼仪	我是中华美德传承人	卢亚兰、李晓林	陈冢	三峡旅游职业技术学院中专部	三等奖
8	一"言"千年	我是中华美德传承人	江磊、梅健康		麻城市职业技术教育集团	三等奖

传统文化内化于心,外化于行。近年来,学院启动中华优秀传统文化创新发展行动,创设了非遗传承大师工作室,扎实推进系列非遗文化进校园、进课堂,让学生在喜爱之余深刻领悟到中华优秀传统文化的博大精深。

6. 案例:学院在宜昌市第三届讲解员(导游)大赛中喜获大奖

2020年10月22日,"讲好宜昌故事 建功新时代"宜昌市第三届讲解员(导游)大赛决赛在宜昌市群艺馆举行。学院在大赛中荣获"最佳组织奖",旅游管理系学子吴婷喜获新秀组第二名(系在宜高校选手第一名)、黎明同学的视频作品获新秀组"优秀奖"。

本次大赛由宜昌市文化和旅游局、市总工会、市人力资源和社会保障局联合主办。结合新冠肺炎疫情防控,大赛以线上预赛、线下决赛相结合的方式进行。自5月底启动以来,共有来自全市文旅局、旅行社、文博场馆、旅游景区、旅游院校等41家单位38支代表队、183名选手报名参赛。学院对此高度重视,制定参赛方案,由旅游管理系牵头,精心组织。学院结合疫情期间"停课不停学"线上教学,充分发挥"以赛促教""以赛促学""以赛代练"的积极作用,在校内进行了全覆盖预赛选拔,遴选吴婷、黎明等选手参赛,并选派指导教师一对一辅导。

历时150余天,经过竞争激烈的线上预赛,学院旅游管理系学子吴婷(指导教师邓月)的参赛作品《我眼中的非遗大师赵兴寿》,在新浪微博"宜昌市第三届讲解员(导游)大赛"专属话题区以5500次浏览量和618个点赞,以及专家评委组的一致好评,成功晋级决赛。学子黎明(指导教师曹金平)的参赛视频作品《黄陵庙》,以精美的视频动画、出色的导游讲解,荣获新秀组"优秀奖"。

在决赛现场,共有文博组、导游组和新秀组三个组别、30名优秀选手同台竞技。选手们通过风采展示、导游讲解等环节,展示自我风采,宣传魅力宜昌。现场可谓人才辈出,精彩纷呈。

吴婷讲述了学院非遗技能传承大师、国家级非物质文化遗产项目——青林寺谜语代

第五部分　新起点　新征程　再攀新高峰(2019—2020 学年)

宜昌市第三届讲解员(导游)大赛

表性传承人赵兴寿老人的故事,通过栩栩如生、妙趣横生的讲解,为大家勾勒出一位古稀老人几十年如一日,坚持传承国家级非物质文化遗产项目——青林寺谜语的生动形象。最终,吴婷以 0.1 分之差,不敌清江画廊景区资深讲解员,屈居新秀组亚军,但仍以 93.7 分的优异成绩,位居在宜高校选手之冠。

本次大赛取得的优异成绩,充分展现了学院以大赛为抓手,以技能提升为核心,不断深化教育教学改革,深入推进产教融合、校企合作、聚焦优势资源,提升人才培养质量的改革发展成果,充分彰显了学院办学水平和综合实力。

7. 案例:学院免费快递"知识包裹",助力教学有效衔接

经过连续多日有条不紊地分拣、核对、封装、消毒、贴单、搬运,学院近 5000 份"知识包裹"陆续抵达全国各地学子们手中。

学院免费快递"知识"包裹

2020 年 4 月 20 日,学院启动免费快递"知识包裹",分 3 个批次为身处五湖四海、大江南北的学子们邮寄春季学期国家规划教材,覆盖 50 多个专业及方向,包括公共课、专业基础课、专业核心课和专业拓展课等类型。每份包裹平均有 10 本教材,快递总量达 3.5 万余册,为线上线下教学衔接提供了重要支撑。

学院党委书记蒋含丹、院长梅继开靠前指挥、亲自部署,教务处 2 月 10 日开始春季学期线上教学,取得了阶段性成效,做到了有效衔接复学后线上线下的教学工作。

学院联合教材服务商宜昌新华书店免费快递"知识包裹"公益活动,教务处人员、班主任、辅导员和书店工作人员加班加点,完成全国寄送工作。

"3、2、1，Go！今天最开心的话，我收到教材啦！""知识包裹"犹如一束耀眼的光照亮了学子们继续前行的道路。他（她）们忍不住激动地唱起了自己改编的网络红曲，并在各大网络平台纷纷称赞这是"疫情里最红的萨日朗"。

隔山隔水不隔爱，"免费快递知识包裹，助力教学有效衔接"，体现的是学院党委不忘初心、牢记使命的责任担当，是全体教职员工和学生"一家亲"的师生情，更彰显了学院坚持高质量导向、内涵式发展的信心和决心。

8. 案例：传承克难心，陶冶爱国情

在抗击疫情的特殊时期，为传承红色基因、弘扬传统文化、厚植家国情怀，激发大学生的爱国热情和克难奋进的坚定决心，增强大学生的文化自信和责任担当，马克思主义学院和教务处联合举办了以"传承克难心，陶冶爱国情"为主题的毛泽东诗词朗诵大赛。

大赛自2020年4月15日启动以来，全院学生踊跃参与，寄出自己录制的音、视频作品200余件，经过预赛和复赛，29件作品进入决赛。决赛于5月20日至5月27日在抖音平台推送，通过点击量决出高职组和中职组的所有奖项。

大赛负责人陈旭清老师在赛后总结了"三个没想到"：一是没想到学生的政治性这么强。在学院推出的60首经典诗词中，95%的学生选择了毛泽东诗词，尤其《沁园春·雪》《沁园春·长沙》等毛泽东经典诗词朗诵率最高。二是没想到学生的朗诵水平这么高。涌现出高职组毛媛、中职组李喆伟等朗诵积极分子。三是没想到线上参与率这么高。大赛的初赛和复赛在系部进行，专家评审组根据视频效果给予评分，筛选出29件作品进入决赛。决赛在抖音上进行，完全凭点击量评分，不仅校内师生关注，而且宜昌市委领导、市教育局领导都通过抖音平台点赞。一等奖获得者1922班毛媛同学发朋友圈说，"没想到我还有那么多红色粉丝！"

学生参赛音、视频

9. 案例：展现美好生活，增强抗疫防疫自信

茶艺专业开展了线上茶艺展示及茶文化视频制作比赛；烹调专业开展了烹调基本功及创新菜肴比赛；中西面点专业开展了戚风蛋糕制作比赛；酒店管理专业开展了宴会设计技能比赛；空中乘务专业开展了形象礼仪技能展示比赛。

各专业教师结合线上比赛特点,细化方案,精心指导,学生积极参赛,大胆创新,呈现出来的作品带给教师们太多的惊喜和感动。茶艺专业线上茶艺展示及茶文化视频制作比赛作品中,王小念、曹静林、朱奥光团队创作的《从来佳茗似佳人》茶文化视频,充分利用家在五峰茶乡的优势,把家乡的茶山和乡亲父老"请进"作品,展现新一代茶人与前辈茶人的交流传承;王楚君、曹文思、刘俊希团队的《宋式点茶与时尚调饮》茶艺表演,既有恩施玉露传统茶艺文化元素,又有新茶人的创意和现代科技元素;茶艺国赛选手闫雅琪、孙莉的作品《心若美好,步步生香》中一盏清茶问初心,让我们看到了年轻人的优雅和从容。比赛作品数量多,质量优,网上发布后获得了师生、家长及专业人士的鼓励和点赞,网络点击量破十万。让更多的人知茶、爱茶,共品茶香茶韵,共享美好生活。

10. 案例:学院开展关爱"四困"学生"你回家,我买票"等送温暖活动

结合"不忘初心、牢记使命"主题教育,三峡旅游职业技术学院领导班子成员深入学生寝室、班级调查研究,广泛听取意见建议,主动领衔"为民服务解难题",着力解决学生最急最忧最盼的烦心事、揪心事。开展关爱"四困"学生"你回家,我买票"等送温暖活动,共筹集款项4.5万元,为121名家庭经济困难学生购买寒假回家车票,确保学生春节与家人团聚。主题教育中,学院党委认真落实领导联系系部制度,建立中层以上干部担任第二班主任的"双班主任"制度,在广大党员中开展"坚守初心担使命,我为群众办件事"活动,共为学生解难事、办实事2600多件,资助贫困大学生1276人,金额达195.8万元。

主题教育期间,学院领导和教师在深入学生寝室走访时了解到1名来自青海玉树的贫困新生因病急需回家住院治疗时,当即为学生购买火车票并资助现金1000多元,开车送其到宜昌东站乘车回家治病,该生已康复。同时了解到来自青海西宁、玉树结古,云南曲靖,贵州毕节,甘肃金昌等地的12名家庭经济困难新生,回家需转乘三四次交通工具,为节省路费,寒假期间均准备在外勤工俭学。为确保每一名学生都能回家与家人共庆春节,学院领导蒋含丹、梅继开、熊杰、张鲜艳、覃黎明、刘晚香、张耀武、吴尊华、苟幼松决定开展"一对一帮扶",共资助5000余元为12名家庭困难学生购买回家车票,让学生安全到家。同时在全院广泛开展调查摸底,筹措资金40000多元,帮助100多名家庭困难学子圆了春节与家人的团圆梦。受助学生们纷纷表示将谨记领导、老师和社会的关爱,怀揣感恩之心,自强不息,刻苦学习,以优异的成绩完成学业,报答母校,报效祖国,决不辜负领导老师们的期望。

主题教育期间,学院通过走访慰问、谈心谈话、征求意见,对"自己找""师生提"的问题,即知即改、立行立改。学院投资近300万元,对学生公寓架空层实施改造,将新增的61间房作为教职工值班(周转)房,并腾出公寓二、三楼给2019级新生居住,为学生公寓安装共享洗衣机1102台、直饮水机1105台,在教学楼、实训楼安装直饮水平台机24台,为学生提供了更优质的服务,降低了学生的生活成本;投资60多万元,建立校园大学生创新创业孵化基地,为学生创新创业、勤工俭学提供了场所。据不完全统计,学院为师生提供零星维修、设备保养3000多次,维修空调44台,清洗保养直饮水机1100多台,新增晾衣杆62根。

11. 案例:我把青春献给你

鲜红的录取通知书,经由逆行支援湖北的白衣战士,送达准大学生手中,一递一接之间,充满温暖和欢喜,学子们欢歌笑语,喜极而泣。在三峡之畔、屈子之乡,一所以旅游命名的高职院校——三峡旅游职业技术学院的校园里,捷报频传,师生齐庆贺2020年普通专升本各项上线指标均创历史新高。

2017年6月23日,江士根在电脑前查到成绩的那一刻,有些不知所措。一向要强的他,差点掉下眼泪。这时手机铃声响起,电话那头传来一个温柔的声音:"我是三峡旅游职业技术学院招办……"江士根礼貌地说:"谢谢老师,我现在还没想好",便挂掉了电话。心里堵得慌,他来到窗前,窗外晴空万里,白云悠悠,有一个声音暗暗响起:"我这么年轻,有的是机会。宜昌,大才子屈原的故乡,大美人王昭君的家乡,还是三峡大坝所在地,何不给自己一个机会,翻开人生新的一页呢?"接下来的一个多月,江士根跑南昌、去武汉,看了那些城市的学校,最后来到三峡旅游职业技术学院。他后来回忆时打趣:"一进校门,仿佛梦里曾见,这就是说不清道不明的缘分!"江士根在学院成就了自己,担任过宜昌市学生联合会副主席、学院团学会主席,不仅收获了一段青春的邂逅,还跨专业考上心心念念的本科院校。但凡了解的人都知道,美丽校园里,那些忙忙碌碌的身影,穿梭在宿舍、教室里的老师,像辛勤的园丁一样,竭尽所能,倾囊相授,只为赋能莘莘学子成就精彩人生。

将近凌晨,实训楼多功能厅的灯还亮着,刘安琪柔弱的身躯舒张在舞台上,这不知是第几个夜晚了。她要备赛全国职业院校导游技能大赛,一起的还有几个同学,专业老师也在陪着。张丽利老师家里有两个孩子,年龄小的还不会说话。可是为了备赛,张老师已经好久没有按时回家,去抱一抱她的孩子,去陪一陪她的孩子了。舐犊情深,未可虚言,而像她一样舍小家为大家的老师在学院何止一个呢。

学院前身虽在十一届三中全会前后建立,但真正的发展是在新时代。新一届领导班子坚持为党育人、为国育才,经常带头挑灯夜战。桃李不言,下自成蹊,老师们为了学生的未来发展,凝心聚力,士气充盈,干劲十足。

针对2020年专升本考试,商务管理系毕业班辅导员唐明敏和范英英两位老师积极在学生中宣传,鼓励报名。同时,两位老师还协助学生选择合适的院校和专业。最终,商务管理系10名同学参加考试,预录取7人。其中,张笑同学一个人在宜昌备考。她在备考过程中,由于家庭经济压力大,产生了较大的心理负担,不够自信,情绪上有些波动。范英英老师就经常和她沟通,及时帮她纾困解难,肯定其成绩,鼓励其认真备考。好消息传来,张笑同学成功被武汉纺织大学会计专业录取。还有王东琼同学,因为已经就业,她一直犹豫。但在辅导员的鼓励下,她刻苦复习,成功进入湖北文理学院市场营销专业预录取名单。

旅游管理系刘安琪、丁美芳、卜燕、陈灿灿四位同学也一起在宜昌进行最后一个月的冲刺。在田粟一老师的引导下,她们相互鼓励、互相监督、共同进步,都考上了心仪的本科院校。李紫琪、陈红、李婷婷同学报考了湖北第二师范学院。在本科学校公布考试的推荐教材后,她们发现内容变动很大,有些崩溃,觉得前期的努力白费了。余敏老师及时进行心理疏导,帮助她们在网上重新买资料、听网课,让她们相互打气,积极应考。其中,李紫琪同学每天给自己制订学习计划,将桌面收拾成喜欢的样子,用一些外部因素来重新唤起对学习的热情,并调节好心态,与室友们在群里坚持打卡,互相促进。

安荷露是酒店管理系团学会副主席、2017级空中乘务班副班长兼团支部书记。她说:"三年来,我在学院树立了正确的人生观和价值观,端正了学习和生活态度,从技能高考失利的阴影中走出来,再一次有机会踏入本科学校的大门。"在酒店管理系副主任景振华看来,在系部老师的教育引导下,安荷露始终不曾放弃,不断激励自己,坚持不懈地努力奋斗,这个结果是她应得的。烹调工艺与营养班王丹和室友六月底专升本报名时,研究了多所学校,综合考虑决定报考黄冈师范学院。当时离考试只剩20多天了,没有后路,只能破釜沉舟,她们抓紧时间复习,终以专业第一名、第二名的成绩被录取。

当所有信息汇聚而来时,学前教育系全体教师乐开了花,该系第一批被本科院校预录取的学生已有46名。他们切身感受到了学院始终以学生为本、奋勇向前的价值倡导。疫情期间,学院一班人靠前指挥,守土有责、守土负责、守土尽责,以师生生命安全和身体健康为第一位,实现全院零感染。他们夙夜在公,不仅谋划学院高质量发展,给学生找出路,稳保就业,做好征兵工作保家卫国,还行走在扶贫的第一线,足迹踏遍刘家冲村、桥料村的山旮旯,决战脱贫攻坚、决胜全面小康,向党的百年华诞献礼。

教育就是一棵树摇动一棵树,一朵云推动一朵云,一个灵魂唤醒另一个灵魂。三峡旅游职业技术学院是青年学生向往的地方,也是老师们挥洒青春热血的地方,更是引领师生前赴后继为实现中华民族伟大复兴而奋斗的地方。

我以青春之名,爱我的校,献身于我的国!

12. 案例:学院举办"抗疫赴岗就业"线下招聘会

2020年6月28日至30日,学院在教学楼举办了"三峡旅游职业技术学院2020年春季抗疫赴岗就业促进交流会"。在前期网络招聘会如火如荼开展的基础上,线下校园招聘也在疫情特殊时期顺利与各位应届毕业生见面。本次招聘会参与企业30家,共提供岗位近1000个。

为确保线下招聘会稳妥有序,学生更加便捷、高效、安全地进入招聘会场,院领导现场办公,要求严格按照疫情防控规定规划布置招聘会现场,对入场的用人单位逐一审查,并要求参会人员按照"四必须"要求(戴口罩、出示"健康码"、体温测量合格、出入登记)进入校园。为避免人群集聚,对入场面试学生实行限流,分批次入场,并设置间隔座位保证每个学生保持安全距离。

学院党委书记蒋含丹,党委副书记、院长梅继开亲临现场与招聘企业洽谈、交流,同时给予学生充分的指导,为学生们加油打气,鼓励他们放平心态,积极面试,帮助他们更好地应聘就业岗位。

学院2020年春季"抗疫赴岗"就业促进交流会

招聘会现场还举行了校企合作和毕业生就业签约仪式。学院招生就业处处长鲁建平代表学院与神农架林区荣盛置业旅游开发有限公司代表签订合作协议,为学生就业保驾护航。部分毕业生与到场企业现场签订了高校毕业生就业协议。

自疫情发生以来,学院就业创业服务不断线,在建立促进就业创业工作机制等方面持续发力。学院针对本届毕业生受疫情影响就业困难的实际情况,多次召开就业工作专题会,就重点区域学生就业帮扶、加强毕业生就业服务、建立就业帮扶机制等问题进行研讨部署,努力扩宽就业渠道,发动全体党员干部对就业困难学生进行"一对一"就业帮扶,为毕业生就业多方搭建平台。本次现场招聘会就是在防疫困难时期做出的努力与尝试。

13.案例:守望相助"一帮一"云上签约保就业

2020年6月8日上午,学院与浙江旅游职业学院通过视频会议形式,举行毕业生就业创业工作"一帮一"行动云签约仪式。学院党委副书记、院长梅继开,浙江旅游职业学院党委副书记、院长杜兰晓出席并讲话,浙江旅游职业学院党委委员、副院长王忠林,学院院长助理吴尊华,两校相关职能部门、系部负责人参加。仪式分设杭州、宜昌两个会场,王忠林主持。

浙江旅游职业学院与我院"一帮一"合作协议签约仪式

梅继开代表学院全体师生向浙江旅游职业学院长期以来的关心、帮助和支持表示衷心地感谢。梅继开指出,双方通过前期充分沟通,共同拟定了"一帮一"行动方案,在共享就业岗位信息、共有就业指导课程、共促学生创新创业、共抓学生教学运行、共推系部对口帮扶、共拓校企合作建设6大方面建立帮扶机制。2020年,学院毕业生就业工作面临着一定的压力和挑战,浙江旅游职业学院优质的教学资源、先进的工作经验必将为学院毕业生就业创业工作注入新动力;相信在浙江旅游职业学院的鼎力相助下,学院上下同心,勠力同行,一定能打赢就业创业攻坚战。梅继开强调,学院将以"一帮一"为合作契机,既着眼受援,更注重学习,把浙江旅游职业学院就业创业好做法、好经验观摩到位、领悟到位,进而落实到位,在精准对接、双向互动中提升学院毕业生就业创业工作整体质效。

杜兰晓对学院师生身处战"疫"前线取得阶段性重大成效表示敬意和感谢,进一步介绍了浙江旅游职业学院发展历程以及在人才培养、就业创业等方面取得的经验。杜兰晓表示,浙江旅游职业学院作为第二批"一帮一"行动的76所支援高校之一,与学院同属旅游类高等院校,有着相同的办学背景,两校办学专业相通、特色相近、优势互补,拥有良好的合作基础。双方守望相助,加强交流沟通,在专业建设、人才培养、师资培育、教育教学等领域深化合作,共同探索建立全方位、多渠道、专业化、高水平的长效合作机制,携手开创发展新局面。

签约仪式上,吴尊华宣读了教育部《关于启动实施第二批全国高校与湖北高校毕业生就业创业工作"一帮一"行动的通知》。学院招生就业处处长鲁建平分析了2020届毕业生就业情况,浙江旅游职业学院招生就业处处长杨京艳解读了"一帮一"行动方案。

据悉,为贯彻落实习近平总书记重要指示批示精神和党中央、国务院关于做好"稳就业"工作的决策部署,助力湖北高校毕业生顺利就业创业,教育部实施毕业生就业创业工作"一帮一"行动,于2020年5月12日公布了第二批全国高校与湖北高校"一帮一"行动名单。学院和浙江旅游职业学院迅速响应,积极对接,深入沟通,精准施策。下一步,两所高校将认真落实落细具体举措,用心用情促推进,合力促进两校毕业生更充分更高质量就业,共同答好疫情下的"稳就业"大考题。

14. 案例:用爱守候,温暖毕业季

2020年6月28日至30日,是学院2020届毕业生返校办理毕业手续的日子。夏雨初霁,菁菁校园,主干道路上满眼是祝福标语,两旁彩旗迎风飘扬。全体教职员工满怀热情,迎接阔别近半年的毕业学子。

为确保毕业生错时错峰返校工作安全稳定有序开展,早在6月10日,学院党委书记蒋含丹,党委副书记、院长梅继开就带领班子成员,与宜昌市教育局、公安局、卫生综合监督局、市场监督管理局联合检查组一起对毕业生返校疫情防控准备情况进行了实地评估验收。

蒋含丹、梅继开一致嘱咐,要落实落细防疫责任,将师生生命安全和身体健康放在第一位。各部门要更进一步细化毕业生返校工作方案,完善工作流程,做好防控物资保障与场地设施准备,以高质量举措、高标准要求确保毕业生返校万无一失;真正做到充分关心关爱学生,搞好服务工作,践行"只跑一趟全部办完"的理念;及时回应和解决学生的热点关切和实际困难,营造温馨和谐的校园氛围,确保毕业生顺利离校。

2020年6月22日,学院发布《2020年毕业生返校工作方案》,成立了以蒋含丹、梅继开为双组长的毕业生返校工作领导小组,部署"六清"任务,安排门房接待、毕业手续现场办理、行李寄送、接送站、应急、大学生新兵体检工作协调组6个工作小组,统筹推进,保障所有环节安全快捷方便。教职工还自发组成20余人的爱心私家车队,全天候往返于学院和市内各站点之间,贴心接送学生。

同时,学院举办了"抗疫不忘关爱、就业助飞学子"为主题的抗疫赴岗现场就业促进交流会,50多家市内外知名企业参加,毕业生累计投递简历300多份,达成意向签约100余人。学院还联系了宜昌鑫鼎集团为每名毕业生捐献爱心茶等物质,总价值近50万元。学院给每名学生准备了疫情防控健康包1个,免费提供餐食;并在疫情防控、住宿安全、出入管理等方面严格规定,实行全程闭环,禁止中途出校门,禁止聚餐,禁止外出游玩;严禁私自下河游泳,严防溺水;切实防范非法校园贷和网络、电信诈骗,务必注意往返途中交通安全。

一年一度毕业时,到校近千名学生无不感受到学院领导、教师浓浓的师生情、不舍意。毕业生纷纷表达了对学院的感恩和对老师的感谢。曾获得全国旅游院校服务技能大赛导游服务一等奖的河南籍毕业生刘安琪说:"宜昌美,山美水美人更美,陶冶了我的志趣和情

返校学生与教师相拥　　　　　　　　学生获取毕业证书

操;是学院给了我安静清新的环境和精心的培养及训练。临别之际,心怀感念,一切皆安!"云南彝族学生杨玉龙对班主任讲道:"离家千里,宜昌就是我的第二故乡,是老师给了我勇气和决心。离别在即,我将回到原籍,在祖国最需要的地方绽放青春,未来接续奋斗!"四川籍学生张海燕,在校门口,深深鞠了一躬,表达自己的离愁别绪、依依不舍。回首顾盼,经历了学院三年的难忘岁月,感受到母校蓬勃发展之势。毕业季,青春不散场,学院永远是你们温暖的家。

15. 案例:传承廉洁家风,铸造清廉师魂

2020年9月23日,为深入推进党风廉政建设和师德师风建设,学院举行道德讲堂、师德培育月及警示教育活动,党委书记蒋含丹,党委副书记、院长梅继开出席并讲话,纪委书记张鲜艳主持,全体领导和教职工共200余人参加活动。

道德讲堂以"弘扬好家风　传承好家训"为主题。道德讲堂在全体教职工齐声同唱《中华好家风》的嘹亮歌声中拉开序幕;教师们学习了习近平总书记关于家风家训的重要讲话金句和家风家训格言警句;观看了抗疫英雄、国家勋章获得者钟南山和江西抗洪抢险模范余雷欢祖孙三代的感人事迹;分享了学院教师蔡小红、冯有楠、王安琪、朱露的先进事迹及其优良家风;感受了爱党爱国、敬业奉献、诚实做人、艰苦奋斗等优良家风在他们身上的接续传承。党委委员、副院长张耀武进行了精彩点评。他指出,习近平总书记多次强调家族、家教、家风的重要性。良好家风是中华民族延绵不绝的内在支撑,也是中华民族伟大复兴的力量源泉和不竭动力,更是助力校风建设的重要因素。他号召全体教工不断加强道德修养,弘扬好家风,传承好家训,胸怀伟大理想,修身、齐家、治国、平天下,为推动学院高质量发展,实现中华民族伟大复兴的中国梦而不懈奋斗。

学院2020年第一期(总第31期)道德讲堂

第五部分 新起点 新征程 再攀新高峰(2019—2020学年)

在师德培育月活动启动仪式上,张耀武对学院2020年师德培育月系列活动实施方案进行了详细解读,教师们集中学习了宜昌市教育局编印的《教师行为规范及教师管理工作制度摘编》《新时代高校教师职业行为十项准则》《关于建立健全高校师德建设长效机制的意见》等文件精神,对开展师德培育月活动进行了部署,重点从三个方面开展活动:一是扎实开展铸师魂政治学习和养师德培训提升行动,加强思想政治建设,提升职业道德素养;二是进一步建立健全宣传、教育、考核、奖惩、监督"五位一体"的师德建设长效机制,优化师德建设管理,落实师德考核评价;三是通过开展"寻访荆楚好老师""十佳师德标兵"评选及"月度最美"教师推介活动,宣传师表先进典型,弘扬教书育人正能量;惩处师德违规违纪事件,强化师德失范惩戒,净化教育土壤、纯洁师生情谊。

师德培育月活动启动仪式

在警示教育中,张鲜艳带领教职工学习了习近平总书记对制止餐饮浪费行为的重要指示精神,再次学习了宜昌市教育局直属机关纪委关于教师节中秋节国庆节期间加强廉洁自律工作的文件精神,观看了《权力之刃 滥用成殇》《不忘初心 永拒腐蚀》等警示教育片。他就学院进一步贯彻落实习近平总书记对制止餐饮浪费行为的重要指示精神提出要求。要加强宣传引导,营造浪费可耻、节约为荣的社会氛围;要率先垂范作表率,身体力行抓落实;要制定刚性制度,严格执行落实;要强化监督管理,完善餐饮节约规范。观看警示教育片后,他要求大家以案为镜,认真反思,开展讨论,引以为戒,吸取教训,真正做到知敬畏、存戒惧、守底线。要加强理论学习,强化思想武装,坚定理想信念,扭紧"总开关";要加强纪法学习,增强自律意识,正确行使权力,把好"权力关";要加强道德修养,培养高尚情操,讲操守、重品行,把住金钱美色关;要加强作风建设,坚持为民服务,善作为敢担当,树立正确政绩观;要加强制度建设,强化监督管理,增强制度刚性约束,构建"常""长"体制机制。

梅继开强调,要深入学习贯彻习近平总书记关于全面从严治党的重要论述,尤其是对制止餐饮浪费行为的重要指示,紧密结合学院实际,深入推进党风廉政建设"宣教月"活动,扎实开展师德培育月活动,取得实实在在的成效,并将活动成效转化为推动学院高质量发展的新动力;耐心细致做好学生实习工作,热情周到做好迎新工作,以更加优异的成绩迎接学院更加美好的明天。

蒋含丹作总结讲话。他指出,要坚持以习近平新时代中国特色社会主义思想为指导,按照新时代党的建设总要求,切实履行全面从严治党主体责任,深刻把握党风廉政建设规律,一体推进不敢腐、不能腐、不想腐落地落实;要高度重视,统筹兼顾,加强领导,把党风

学院 2020 年师德培育月系列活动动员大会　　　　　学院警示教育活动

廉政建设与师德师风建设、日常教育教学工作结合起来,确保各项活动有序开展;要选树典型,广泛宣传,营造氛围,大力宣传在教育教学、管理服务、精准扶贫、抗击疫情中涌现的优秀教师典型,弘扬师德好风尚,唱响师德好声音;要聚焦问题,执纪问责,补齐短板,进一步加大教师违反职业道德行为的查处力度,严明教师从教纪律,规范教师从教行为;要以党风带师风,以师风正校风,推动学院更高质量、更高效率、更可持续发展。

各党支部结合主题党日活动,重点围绕学习习近平总书记对制止餐饮浪费行为的重要指示、师德师风建设及观看警示教育片等内容开展了讨论与交流。

学模范树榜样传递正能量,学规矩守法纪注入清醒剂,多措并举,重拳出击,绷紧廉政纪律之弦,把党风廉政建设"宣教月"活动引向深入。

16. 案例:云端微课,云展技能

从全国高等教育学会获悉,学院教师范博文、杨洋团队在全国高校教师教学创新大赛——第六届外语微课大赛中荣获一等奖。

全国高校教师教学创新大赛获奖证书

大赛采取评委线下集中评审,参赛选手线上说课的方式,面向全国教师同步网络直播。学院教师范博文、杨洋团队打造的英语微课作品《Imperative Sentences: Definition & Examples》从全国 30 个省、市、自治区 1102 所院校的 2590 件参赛作品中脱颖而出,顺利进入全国决赛,斩获一等奖。

决赛期间,范博文、杨洋团队通过微课作品展示、在线说微课两大环节,将教学理念和富有创意的微课设计向专家评委们进行了阐述,通过信息化教学手段展现了在"互联网+教育"背景下,英语课堂教学的新理念和新模式。

本次大赛是学院三教改革探索的成功典范,体现了教学创新团队在教学过程中将信息技术融于教学的积极探索,对切实推动教学改革,全面提升教学质量和人才培养质量开辟了新途径、新思路、新方法。

第五部分 新起点 新征程 再攀新高峰(2019—2020学年)

2020年省级特色专业验收评审会

17. 案例:勠力同心推进高水平专业建设

2020年8月9日下午,学院在行政楼1311会议室召开2020年省级特色专业验收评审会。评审专家组组长、武汉铁路职业技术学院副校长、教授周慎,成员湖北水利水电职业技术学院副校长、教授黄泽钧,湖北城市建设职业技术学院学术委员会主任、教授王佑华,宜昌市教育局四级调研员、高级讲师石希峰,宜昌市职教研究室主任、高级讲师周欣,以及我校副院长、教授张耀武,学院科研与督导处处长、副教授杨德芹出席;学院党委书记蒋含丹出席并致辞,教务处、科研与督导处、规划财务处、实习实训中心、后勤处等部门负责人及专业建设团队成员参加。

学院党委书记蒋含丹致辞

在致辞中,蒋含丹首先代表学院对专家们的莅临致以热烈的欢迎和衷心的感谢,并简要介绍了学院的发展历程。蒋含丹指出,学院紧密结合区域经济发展,主动适应社会对高素质技能人才的迫切需求,着力推进改革创新和内涵发展,秉承砺志明德、笃学躬行的校训,落实立德树人根本任务,切实提升办学效益,构建了完善的人才培养体系,已建成为国内一流的知名优质旅游高职院校,将进一步办成专业特色鲜明、行业优势突出的高水平旅游高校。蒋含丹强调,学院围绕办学定位,以省级品牌专业和省级特色专业建设为引领,不断完善人才培养方案,切实提升人才培养质量,在增强基础能力、加快信息化建设、深化校企合作、推进产学研融合、改革人才培养模式、增强社会服务能力等方面取得了卓越成效,充分发挥了品牌特色专业的凝聚效应,促进了各个专业群的建设,推动了学院高质量发展。蒋含丹希望各位专家为学院专业建设问诊把脉,在评审检验中不吝赐教,给予指导。

在听取酒店管理系主任高小芹关于烹调工艺与营养特色专业建设情况汇报、现场质询、查阅相关资料后,专家组充分讨论,一致认为学院高度重视烹调工艺与营养特色专业建设,制定科学翔实建设方案,建立健全项目管理制度,全面落实立德树人根本任务,扎实推进各项具体工作,各项指标符合建设要求,实现了预期效果。

专家组认为,推进有力、探索有效。构建了以"双主体"为主要特征的现代学徒制培养模式,形成了"赛教融合、以赛代考"的教学机制,创新了教师评价制度,加强了生产性实训基地建设,形成了系列标志性成果,促进了专业水平整体提升。

专家组认为,服务发展、成果丰富。学院融入餐饮行业企业开展菜品研发,形成了一系列科研成果,引领地方餐饮经济创新发展;牵头创建国家旅游标准化城市饭店项目建设工作,参与制定宜昌市餐饮企业旅游标准化建设指导与培训;组织面向宜昌餐饮行业企业开展职业鉴定与技能培训,为三峡库区移民提升就业能力做出了积极贡献。

专家组认为,亮点突出、特色彰显。专业形成了"重厨德、有文化、强技能"的专业文化底色,形成了校企联合育人的人才培养模式特色,形成了名师领衔、精准施策的服务体系特色。

专家组一致认为,烹调工艺与营养专业按要求完成了省级特色专业建设任务,在同类专业中办学特色鲜明、行业认可度高,服务区域和产业成效显著,达到验收标准,同意通过。各位评审专家还分别就学院专业建设提出了意见与建议。

蒋含丹表示,学院将以此次评审为契机,切实增强特色专业建设水平,打造"双师型"高素质教师队伍,培养德智体美劳全面发展的高技能专门人才,为经济社会高质量发展再立新功。

18. 案例:学院首个"1+X"职业技能等级认证考试

为更好地贯彻《国家职业教育改革实施方案》精神,落实《关于在院校实施"学历证书+若干职业技能等级证书制度试点方案"》要求,高质量开展"1+X"数字创意建模职业技能等级证书制度试点相关工作,12月5日早上7时,学院首个"1+X"职业技能等级认证考试——"数字创意建模"在实训楼S401教室正式开考,31名计算机应用技术专业学生参加考试。

本次考试由张耀武副院长全程指导,教务处统筹,商务管理系精心组织,实习实训中心、后勤处等相关部门通力合作,与浙江中科视传科技有限公司紧密配合,严格按照认证流程组织考试,克服了时间紧、任务重等困难,在较短时间内完成了报名筹备、考前培训、考场布置、考务安排等各项工作,确保了考试的有序进行。

商务管理系为了确保学生"学有所获,考有所得",进行了一系列准备工作。一是先后选派4名骨干教师前往杭州、武汉参加"1+X"数字创意建模职业技能等级证书线下师资培训,并取得考评员证书;二是安排14名教师分别参加线上师资培训、考务和信息系统培训,对证书内涵、考试目标、考试对象、考试流程4个方面进行了认真学习;三是充分利用"1+X"试点工作促进专业、融入产业的契机,根据证书标准和专业教学标准要求,将"1+

X"数字创意建模职业技能等级认证标准和考核内容引入计算机专业人才培养方案,真正做到"课证融通",推进了"1"和"X"的有机衔接;四是举行考前动员会,解读"1+X"证书制度对学生职业生涯规划的意义,并鼓励学生努力学习、认真钻研,提升自己的技能水平,投身国家数字创意行业。

学院一直以来高度重视"1+X"证书制度推进工作,"1+X"证书的推进,无疑为学院各专业发展提供了更多的发展途径与平台。本次考试从落实国家职业教育改革的需求出发,积极实践产教融合下的"课证"体系衔接,大胆探索校企"双元"育人培养模式,并对评价模式进行改革有效尝试。作为教育部"1+X"证书制度试点院校及多个等级证书的考核站点,学院本年度将完成更多的认证考试工作。下一步,学院将以"1+X"证书制度试点工作为抓手,构建"课证融通"的课程体系,稳步提升人才培养质量,为区域经济发展提供更多的高素质技术技能型人才。

19. 案例:造就技能大国工匠,做实人才智力支撑

2020年9月12日上午,由学院承办的1+X研学旅行策划与管理职业技能等级证书(初级)师资培训班,在实训楼S301智慧旅游实训室开班。宜昌市教育局党组副书记、教育部研学实践教育研究所特聘研究员翟秀刚出席并作专题讲座;学院党委副书记、院长梅继开出席并致辞;党委委员、副院长张耀武主持;亲子猫(北京)国际教育科技有限公司创始合伙人、首席运营官邓青出席并代表主办单位与学院签署战略合作协议。学院科研与督导处、教务处、旅游管理系、继续教育中心、实训中心负责人,宜昌市三峡研学旅行研究中心代表及来自全省的43名骨干教师参加开班式。

翟秀刚以《建立机制 明确职责 统筹推进研学旅行工作——研学旅行的探索与实践》为主题进行了专题讲座。翟秀刚在讲座中介绍,"1+4"宜昌研学旅行工作模式,即市研学旅行协调小组与学校、家长委员会、旅行社和基地,各方面无缝对接,密切合作,合力保障研学旅行安全有效。随后,翟秀刚围绕研学旅行的管理模式、课程开发、线路设计、研学导师培训培养等内容进行详细阐述,讲座观点新颖、见解深刻,为所有学员带来了精彩的开班第一课。

翟秀刚强调,研学旅行是素质教育的现实要求,担当精神要强一点;是莘莘学子的迫切期待,动作要再快一点;是立德树人的重要途径,课程要更丰富点;是家长社会的关注焦点,管理要再规范点。

梅继开在致辞中,代表学院对参加开班仪式的领导、嘉宾及全体学员表示热烈欢迎,向长期关心支持学院建设发展的各位领导表示最衷心的感谢。梅继开介绍,学院是全省唯一一所独立设置的全日制旅游类普通高职院校。在国家大力推进研学旅行、深化教育改革创新的时代背景下,学院深入挖掘优势资源,率先在全国开设了研学旅行管理与服务专业,组织成立了宜昌市研学旅行研究中心,为研学基地、旅行社、中小学研学旅行负责人开展研学导游资格和研学导师资格培训,为全国研学旅行发展提供了宜昌经验,为宜昌研学旅行发展提供了人才智力支撑。梅继开强调,学院将以承办本次培训为契机,以"1+X"证书作为合作突破口,将试点工作与研学旅行发展、师资队伍发展、产教融合发展等紧密结合,培育打造"1+X"试点合作的示范性样本,为研学旅行行业和高职教育发展做出新的贡献。

亲子猫(北京)国际教育科技有限公司创始合伙人、首席运营官邓青在讲话中表示,希望双方按照"资源共享、优势互补、共同发展"的原则,积极在证书研发、合作培训、资源库建设、产学合作等方面展开更加广泛深入的合作,为全国研学行业培养更多高素质技术技能型人才。

张耀武在主持时表示,学院坚持以立德树人、培养工匠精神为根本,注重内涵建设,启动"1+X"制度试点工作,专业特色化和示范性彰显,办学规模不断扩大,育人质量显著提升,社会服务贡献明显,正朝着打造全省一流、全国知名优质旅游高校努力奋进。

本次培训班为旅游管理专业同行专家和教师的交流搭建了一个良好平台,是学院贯彻落实教育部《国家职业教育改革实施方案》,持续推进"1+X"职业技能等级证书工作的又一重要举措。不仅为全国的研学旅行培训提供了"宜昌模式、宜昌经验",还为"1+X"研学旅行策划与管理职业技能等级证书在湖北省有序推广实施、典型示范提供了案例和借鉴。

20. 案例:春回荆楚,爱上宜昌

2020年3月31日,学院党委副书记、院长梅继开,院长助理吴尊华一行前往枝江市,参加该市2020年"资智汇枝 携手共赢"重大项目集中(云)签约活动。宜昌市委常委、组织部部长汪伟,宜昌市副市长、枝江市委书记刘丰雷,宜昌市委组织部副部长、宜昌市人社局党组书记、局长李柏红等领导出席,枝江市委副书记、市长余峰主持签约仪式。

签约仪式上,梅继开代表学院与枝江市人民政府签订校地合作协议,并与枝江市人大常委会主任谭从彬一同为学院"乡村旅游人才实训基地"揭牌。学院将与枝江企业共同推动旅游等专业人才培养、科研成果转化、职工培训、创新创业、产教融合型企业建设试点等方面的合作。

签约结束后,梅继开一行先后前往枝江奥美公司、枝江电商产业园、枝江电子信息产业园、湖北三宁集团、东方年华等企业考察调研,并与枝江市相关部门、企业负责人就开展校企合作、产教融合进行深入交流。

枝江市2020年重大项目集中(云)签约仪式

21. 案例:持续推进校企合作,全力专注学生发展

2020年7月7日,学院在桃花岭饭店与其签订战略合作协议,学院党委副书记、院长梅继开出席并讲话,饭店董事长、总经理陈少斌出席并致辞,双方相关部门负责人参加。

梅继开指出,双方通过合作,不仅能提高学院的实践教学水平,有效推动现代学徒制试点工作,更有助于学生适应真实的职业环境,认识职业的意义和价值,形成行行出状元、在奋斗中成就出彩人生的职业价值观。

梅继开强调,签约仪式的成功举行,将为桃花岭饭店持续培养技能型人才奠定坚实基础,推动校企资源的有机整合和优势互补,共同培育行业专业技能人才,助推宜昌经济社会高质量发展。

学院与桃花岭饭店校企合作战略协议签订仪式

陈少斌表示,在行业发展面临困境和行业人才日益匮乏的艰难时期,双方合作吸引了更多青年才俊投身酒店事业,为行业注入了强劲动力,增添了蓬勃正能量。饭店将进一步加快企业优秀人才积聚步伐,有序推进集团化战略转型。

学院与桃花岭饭店达成一致,将从"基地建设、人才培养、校内教学、校外实训、社会培训、师资队伍建设"6个方面开展校企深度合作,通过创新发展校企结合、产教融合、工学结合、知行合一的职业教育模式,造就更多饭店业及关联产业的实用型高技能人才。

22. 案例:深入产教融合,实训成效显著

2020年8月,三峡旅游职业技术学院校内酒店实训基地落成。基地建有酒店前台、休息区、茶歇区、客房(115间标准间),可以同时接待230人,是学院酒店管理专业学生生产性实训基地。

酒店竣工,学院师生显身手。酒店实训基地竣工之际,酒店管理专业老师朱露、张小明等带领1928酒店管理班、1930烹饪班的同学来到酒店实训基地打扫卫生,整理房间。学生通过劳动实践,锻炼了酒店前厅及客房卫生打扫流程,掌握了房间打扫规范,学会了整理床上用品和检查房间卫生。学生们提高了酒店专业技能,同时也学会了团队合作。

酒店住宿新生接待首秀成功。在迎新工作中,酒店管理专业教师提前对1928酒店管理班全体同学进行了酒店前厅接待培训,正式迎新时,同学们作为酒店实训基地接待人员正式上岗,身着酒店工作正装,全程参与接待。本次服务设置有迎新住宿接待员、前往酒店实训基地引领员、酒店行李员、前台工作人员和客房服务人员。所有1928酒店管理班同学均参加了接待工作,顺利完成酒店实训基地的住宿接待工作,同学们得到了一次非常好的实战经历。

酒店客房退房管理井井有条。学院组织的研学旅行培训,在酒店实训基地住宿的有

90名学员,分布在45个标准间。培训结束后,由于是集体同时退房,退房工作烦琐且工作量大,1928酒店管理班同学勇敢担当此任,一天内完成退房和房间卫生打扫。小组长工作认真负责,同学们友好协作,圆满完成此项任务,提高了学生的酒店管理能力和团队合作能力。

酒店管理实训基地的建成,激发了学生的积极性、创造力、创新力,提高了酒店管理专业教师的业务水平,促进了学院职业教育的健康发展。

23. 案例:疫情防控教育在行动,在线教学三旅显神通

为加强新冠肺炎疫情防控,保障师生的身心健康和生命安全,减少疫情对正常教学的影响,根据湖北省教育厅有关文件和会议精神,学院早在2020年2月2日就制定了《关于延迟开学的应急教学组织总体方案》,成立了以党委书记蒋含丹、院长梅继开为组长的工作领导小组和以教务处为主要牵头责任单位的工作专班。各部门协同配合,教师全员参与,按照"推迟开学不停学"的工作要求,扎实有序推进在线教学工作。

面对突如其来的新冠肺炎疫情,学院主动出击,2020年1月28日便开始着手进行春季教学计划的调整,谋划利用信息技术,依托智慧职教云教学平台组织在线教学,实现"延课不延教、停课不停学",同时把疫情危机转化为检验和提高学院教师信息化教学能力水平的重要机会。

多方联动保障在线教学有实效。教务处会同实习实训中心、图书信息中心积极对接各在线教学平台和图书资源平台,协调沟通资源匹配和运行准备工作。科研与督导处主动适应教学组织形式的变化,及时调整教学督导方法,严把在线教学质量关。学生工作处立即启动学生现状的摸排登记,同时积极做好学生的心理健康教育及心理疏导,防止产生焦虑情绪。各系主动联系学生及家长,确保每一名学生和家长能及时掌握延迟开学的相关信息。

提前培训帮助教师适应新环境。为帮助教师在在线教学条件下,尽快适应新环境、掌握新方法、形成新特色。寒假期间,教务处共组织了13期在线教学云平台的使用直播培训,全体教师共同参与,从技术层面上保障了学院能按既定方案如期进行线上开学。2020年春季学期,学院共推出357门课程进行在线教学,涉及任课教师175人,在线学习学生4266人。

积极研判确保学生学习不掉队。在落实各专业在线教学的基础上,学院还要求各系部紧紧围绕立德树人根本任务,将当前疫情防控、责任担当、价值引领融入专业教学中,加强对学生正能量的引导,弘扬爱国主义精神,传承家国情怀;要求全体教师从实际情况出发,重点关注学生使用环境,主要依托智慧职教云教学平台,同时充分利用多种网络共享课程资源和开展形式,结合学情、教情适度开展直播课堂,指导学生进行多元化自主学习,保障学生学业不受疫情影响。教务处及时跟进各级教育主管部门相关精神,根据在线教学运行实际情况,积极研判在线教学工作的重点方向和细节内容,陆续开展学情全面摸排、教情问卷调查、分类制定学生居家学习措施、学生学习多方案备选清单制定、分任务模块化教学部署、顶岗实习计划调整等多项工作,帮助师生切实解决实际问题,全力做好在线教学的协调和指导服务。

据统计,自2020年2月11日学院在线教学试运行以来,共有85468人次的学生登录进行在线学习,3116人次的教师登录进行在线授课,真正做到"教师不停教、学生不停学"。

疫情还未停,责任仍在肩。隔山隔水不隔爱,每一名三旅人都一如既往地守候在每一个学子身旁,将责任关爱和知识技能送到每一位同学的心里,用心陪伴其成长,用行动为其护航。

24. 案例:智慧旅游赋能提质高水平专业建设

2020 年 8 月 15 日上午,学院与北京鼎盛诺蓝科技有限公司在实训大楼智慧旅游体验中心举行校企合作框架协议签约暨校企共建揭牌仪式。北京鼎盛诺蓝科技有限公司总经理安胜强出席并讲话,大区域经理刘炜参加;学院党委副书记、院长梅继开出席并致辞,实习实训中心、后勤保障处、教务处、旅游管理系、酒店管理系、继续教育中心等部门负责人、相关专业教师、宜昌市研学旅行研究中心工作人员及研学旅行线路开发培训班全体学员 100 余人参加。仪式由学院党委委员、副院长张耀武主持。

梅继开致辞

梅继开在致辞中,首先代表学院向施工人员致以诚挚问候,向支持学院建设与发展的各位学员表示衷心感谢。梅继开指出,新时代学院主动适应高职教育新要求,突出"旅游和学前特色文化",构建"一馆二园四基地十中心",坚持把教育现代化、校园数字化作为推进高水平专业内涵建设的关键,引领和支撑高质量发展。智慧旅游体验中心的建设,旨在利用最新信息技术,将旅游教学和实训所需要的各种真实场景予以还原和再现,更好地开展模拟实训,让学生提高核心素养,强化实践能力。下一步,学院将争创旅游管理专业为国家级示范专业,进一步彰显鲜明特色,不断智慧融入、科技赋能。梅继开强调,北京鼎盛诺蓝科技有限公司技术强劲、经验丰富、口碑优良。今天的签约,既是双方合作的新起点,更是深度交流的新机遇。学院将秉持"资源共享、责任共担、共同发展"的原则,不懈探索新的校企合作形式,全面开启研学旅行管理与服务专业建设、课程开发、师资与企业人员培训、标准化建设、学生实习就业创业环境建设等,共享研究成果,共育时代新人;并在马克思主义等学科进行战略合作,以新高度形成人才链、教学链的融合。期待双方的合作蒸蒸日上,共创美好未来。

安胜强讲话时,向学院坚守岗位的领导教师表示敬佩。他说道,近年来学院一直积极探索,调整专业结构、整合教育资源,大力开展校企合作,在各级各类技能大赛中屡获大奖,毕业学子成为各行业的骨干和精英,为经济社会发展做出了积极贡献。学院坚持立德树人,促进内涵建设,积极培育研学旅行品牌,拓展产学研业务,培养了一批高级研学旅行人才,开发了一批研学旅行课程教材和优质线路,硕果累累,为宜昌市打造全国重点研学旅行示范目的地起到了举足轻重的作用。公司是中国创新型旅游职业教育实训的领跑者,一直致力于旅游教育教学研究、校企合作的创新发展,倡导以院校作为研学旅行基地,以旅游类专业为龙头、各专业为辅助,积极开展"职业体验式研学旅行"。此次一期建设完成的"智慧旅游体验中心"是3.0标准实训室,是5G时代下集信息、智能、展示、实训等于一体的实训中心。未来,公司将与学院深度合作,持续强化升级智慧旅游体验中心;以宜昌市研学旅行研究中心为重点依托,积极推动资源共享和区域合作,打造一批示范性标准化研学旅行精品线路,将劳动教育、德育教育、"四史"教育等嵌入其中,共建研学旅行管理与服务专业,携手培育高素质旅游专业人才。

参加仪式的研学旅行线路开发培训班学员在工作人员的讲解下,踊跃体验了景区VR、观看了景点全息影像讲解等项目,由衷赞叹学院高水平高质量的专业建设。

25. 案例:线上团课,云中见"廉"

2020年5月23日下午,一堂别开生面的廉洁教育课在网上钉钉直播间开讲了,学院纪检监察室主任刘艳以《"廉洁教育"之传承好家风家训》为题,为团委的云中团建增添新亮色。

廉洁教育课

5月是党风廉政建设宣传教育月,纪检监察室利用云中团建平台对学生进行廉洁文化教育。刘艳选择离学生实际体验较近的"优秀家风家训"的传承,融入廉洁文化,从抗日民族英雄、爱国将领吉鸿昌"做官不许发财"的家风到开国领袖毛泽东的家风讲起,用故事引入,再连线学生谈家风,从什么是家风、家风的特点、优秀家风的意义到新时代家风故事,细数慢讲,娓娓道来,告诉学生清廉教育对一个人的成长起到很重要的作用,家风正,则国风清。直播课堂上,学生们积极参与讨论,并晒出心得体会,形式新,效果好。

新冠肺炎疫情期间,学院各职能部门充分利用网络平台,创新工作方式,大显神通,活动开展得有声有色。党风廉政建设宣传教育月运用线下线上相结合的方式进行。线下,学院领导对中层干部进行了集体廉政谈话,纪检监察室对疫情防控物资的采购及管理进行了监督检查;线上,开展2020年干部廉政档案的更新和廉政风险防控措施的进一步梳理,做实廉洁文化教育,守阵地,履职责。

26. 案例:学院举行"弘扬法治精神,做遵纪守法公民"主题升旗仪式

2020年11月30日早晨,在全国法制宣传日(国家宪法日)即将到来之际,学院在田径运动场举行"弘扬法治精神　做遵纪守法公民"主题升旗仪式,院领导蒋含丹、梅继开、熊杰、张鲜艳、覃黎明、刘晚香、张耀武、吴尊华、苟幼松、第十三届全国人大代表、伍家岗区政协副主席、学院科研与督导处处长杨德芹出席;全院5000余师生参加;商务管理系2045班李先昊同学主持。

第五部分　新起点　新征程　再攀新高峰(2019—2020学年)

升旗仪式

英姿飒爽的国旗护卫队员们伴着《歌唱祖国》的乐曲,踏着整齐的正步,护送国旗入场。在雄壮庄严的中华人民共和国国歌声中,鲜艳的五星红旗冉冉升起,迎风飘扬,全体师生肃立行注目礼,表达对祖国的无限热爱和崇高敬意。

商务管理系2045班乐成武同学作为学生代表作国旗下主题发言,他倡议全体同学提高自身法律意识,慎始慎终慎独,做合格大学生、守法好公民。

学院党委委员、副院长刘晚香作了《弘扬法治精神　共创美好明天》的国旗下主题讲话,他希望全体师生深入学习贯彻习近平法治思想,大力弘扬宪法精神;扎实开展法治宣传教育,让宪法精神扎根心底,内化为尊法守法的自觉行动。他要求同学们认真学习法律法规,培养法治思维,自觉用道德规范约束自己,养成爱国、敬业、诚信、守法的美好品质,为国家富强、文明、和谐做出应有贡献。他指出,只要我们每个公民认真学法、严格守法、准确用法,承载着民族复兴梦想的中国号列车,必将沿着中国特色社会主义法治轨道,驶向更加美好的明天。

学院党委委员、副院长刘晚香作国旗下讲话

升旗仪式结束后,同学们纷纷表示,一定认真学法,增强法律意识,严格遵纪守法,做合格大学生、守法好公民,成长为德智体美劳全面发展的新时代高技能人才。

27.案例:5G落户,助推数字校园高质量建设

2020年7月3日上午,中国移动宜昌分公司党委书记潘思远一行来访学院,并签订

5G战略合作协议。学院党委副书记、院长梅继开,院长助理吴尊华及相关职能部门负责人参加活动。

梅继开对潘思远一行的来访表示热烈欢迎,介绍了学院的发展历程、办学定位及专业特色与优势,感谢中国移动长期以来对学院建设与发展给予的大力支持。梅继开强调,学院高度重视校企合作,加强数字化智慧化校园质量体系提升,着力提高师生创新能力和水平,希望双方以此为契机,继续在应用开发、人才培养、学生就业等方面开展合作交流,特别是在5G应用方面挖掘新的合作点与突破点,共同促进5G事业的发展。

梅继开接待潘思远一行

潘思远表示,学院一直是中国移动宜昌分公司最重要的优质客户,是首批部署5G网络的高校之一。在5G+数字化智慧化校园建设中,中国移动将着力于建设端到端的精品网络,服务于广大师生的生活、学习、科研等方面,让5G为学院赋能。希望双方一如既往深化合作、携手共进,推动双方高质量发展。

28.案例:学院举行2019级扩招新生开学典礼

2019年12月28日下午,学院在实训楼多功能厅举行2019级扩招新生开学典礼。党委书记蒋含丹,党委副书记、院长梅继开,党委委员、副院长覃黎明、张耀武,院长助理吴尊华出席典礼。开学典礼由覃黎明主持。

学院2019级扩招新生开学典礼

蒋含丹在致辞中代表学院党委和全体师生欢迎新生的到来,对关心和支持学院事业发展的社会各界表示感谢。他指出,习近平总书记十分关心退役军人的发展。本批次扩招新生大多数是退役军人,他希望每一名同学保持军人品质,转变角色,安心定志,插上知识和技能的翅膀,不忘初心,不懈奋斗,不负韶华。

梅继开讲话时简要介绍了学院的情况,对新生提出四点希望:一要充满自信,坚持胸怀梦想、终身学习;二要适应环境,完成身份转换,不断提升道德素质和知识技能;三要自强自立,坚持脚踏实地,处理好工作与学习的关系;四要严于律己,坚守契约精神、行为有戒。

杨建桥董事长代表企业鼓励全体同学珍惜学习机会,努力学习、勤奋工作,提高个人综合能力,用实际行动回报学院、企业和社会。

杨伟同学代表全体新生感谢党和政府推出的百万扩招好政策,感谢学院敞开怀抱接纳,圆了大家儿时的大学梦;并表示退伍不褪色,永远跟党走,严于律己,学好知识和技能,建功新时代。

班主任代表丁曼华深情寄语新同学,一起努力,共创未来。

教务处处长张蕾结合教育部关于做好扩招后高职教育教学管理工作的指导意见,详细解读了学院制定的人才培养方案,为新生解惑答疑。

相关企业代表、职能部门、新生班主任、2019级扩招新生共500余人参加本次开学典礼。

29.案例:政校行企多维联动,双元共育研学人才

2020年6月2日上午,宜昌市2020年研学旅行人才培养工作调研会在学院举行。宜昌市教育局党组副书记、二级调研员,教育部研学实践教育研究所特聘研究员翟秀刚;市教育局基础教育科科长王声明;市青少年综合实践学校校长邱望清等一行6人来到学院开展研学旅行人才培养工作专题调研。学院党委书记蒋含丹、院长梅继开,党委委员、副院长张耀武及相关人员参加。

2020年研学旅行人才培养工作调研会

张耀武就学院研学旅行人员培训、人才培养、产学研等方面前期工作情况作了简要说明。邱望清表达了与学院开展人员培训、专业建设、实习就业等方面的合作想法。王声明

对学院发挥专业引领作用、服务地方经济发展所做的工作给予认同。

翟秀刚认真听取了张耀武、邱望清、王声明的发言,高度肯定了学院近两年研学旅行人才培养及专业建设、人才培训等方面所取得的成果,希望学院继续高度重视研学旅行相关工作,持续加强与政校行企合作的深度与广度;同时,对今后专业建设、人才培养与培训等方面提出了明确的指导性意见。

蒋含丹就常态化疫情防控、2020年重点工作、质量提升计划、专业建设、内涵发展、招生就业、队伍建设、基建项目等情况作了介绍。

梅继开表示,学院基于和宜昌市青少年综合实践学校前期签订的战略合作协议,将从研学旅行专业人才培训、研学旅行课程开发及线路设计、产学研合作、实习实训及就业等方面进一步夯实合作,共育研学人才。

2016年教育部等11个部门联合印发了《关于推进中小学生研学旅行的意见》(教基一〔2016〕8号)文件,宜昌市入选湖北省首批省级研学旅行试点城市。学院在研学旅行发展迅速、研学旅行管理与服务人才匮乏的情况下,抢抓机遇,主动作为,率先在省级特色专业学前教育专业开设研学旅行导师方向,培养高素质技能型研学旅行服务人才,毕业生供不应求。2019年学院又成功申报研学旅行管理与服务专业,成为当时全国第一批湖北省唯一一所设置研学旅行管理与服务专业的高职院校。

近两年来,学院成立了宜昌市三峡研学旅行研究中心,统筹开展全市研学旅行研究与人才培训工作。学院在人员培训方面开展三期公益研学导师班,为宜昌市及周边区域培训了近500名研学旅行紧缺人才,深受好评;在专业共建方面,创新了双元育人的培养模式,建立了一支专兼结合的双导师队伍;在产学研层面,与政校行企共建研学旅行专业课程教材及培训教材,共同开展多项省市级研学旅行课题研究,为研学旅行课程开发、线路设计、营地(基地)建设等充分提供了智力支持。

新时代新要求,学院将始终坚持立德树人的根本任务,站在全面育人、实践育人的高度,进一步加强政校行企合作、产教融合,双元共育研学人才,服务行业发展,为宜昌高质量建设贡献职教智慧。

30.案例:打造区域性研学旅行中心,高质量建设宜旅宜学之城

2020年8月9日上午,2020年宜昌市研学旅行线路开发培训班在学院多功能会议厅举行开班仪式。宜昌市教育局党组副书记、二级调研员,教育部研学实践教育研究所特聘研究员翟秀刚出席并讲话;宜昌市文化和旅游局党组成员、副局长柏松出席并讲话;宜昌市教育局基础教育科科长王声明,宜昌市青少年综合实践学校校长邱望清,副校长王洪军、陈华科参加;学院党委副书记、院长梅继开出席并致辞,宜昌市三峡研学旅行研究中心相关人员、学院继续教育中心全体成员及宜昌市22家旅行社、60家标准化研学旅行基地优秀骨干108人参加。开班仪式由学院党委委员、副院长张耀武主持。

梅继开在致辞中,首先代表学院对市教育局、市文化和旅游局的关心和支持表示感谢,对参加培训班的学员表示欢迎。梅继开指出,学院是湖北省唯一一所独立设置的全日制旅游类高职高校。学院规模渐趋稳定,专业门类齐备,师资力量雄厚,校园环境优美,设施设备完善,人才培养质量一流,已建设成为国内知名旅游高职院校。梅继开强调,学院坚持发挥高职院校服务地方经济社会发展的职能,在产业发展、旅游标准化建设、行业培训等方面做出了积极贡献。宜昌市三峡研学旅行研究中心在学院成立以来,打造研学旅行品牌形象,积极拓展产学研业务,取得了阶段性成果,举办研学旅行培训班5期培训

第五部分　新起点　新征程　再攀新高峰(2019—2020学年)

2020年宜昌市研学旅行线路开发培训班

600多人次,显著提升了三峡城市群研学旅行软实力,为宜昌高质量建设全国重点研学旅行示范目的地做出了重要贡献。梅继开希望通过培训,学员们能不忘初心、牢记使命,学有所得、学有所悟,敢担当、善作为,努力为宜昌加快建设宜旅宜学之城、打造区域性研学旅行中心做出更大贡献,同时预祝此次培训圆满成功!

梅继开致辞

翟秀刚在讲话时指出,市教育局正在深入学习贯彻习近平总书记考察湖北、参加湖北代表团审议时的重要讲话精神,认真落实湖北省委、宜昌市委有关会议精神,干在实处走在前列,推动"宜学之城"建设、打造区域性教育中心,加快疫情后重振和高质量发展。翟秀刚强调,研学旅行从业者要严守政治站位,增强信心,充分利用三峡的旅游资源,借助市场活力,勇做新时代的弄潮儿;要深化理论认识,在研学旅行实践中贯穿劳动教育,在课程、线路和研学导师三个方面持续发力,不断建设全国重点研学旅行示范目的地,丰富"宜昌模式"的内涵与实质;要加强培训评价,确保效果,努力造就一批研学旅行专家队伍,为文旅融合强市做出新的贡献。翟秀刚指出,研学旅行线路开发要基于本土性、民族性,惠及区域经济社会发展,将党史、新中国史、改革开放史和社会主义史贯通始终,时刻牢记立德树人的根本任务。翟秀刚称赞学院所做的工作,并祝愿培训取得预期目标。

柏松充分肯定了学院紧密结合区域经济社会发展,主动培养高素质旅游人才所做出的贡献,并对参训学员提出了三点要求:一是研学旅行资源丰富要用心做,二是研学旅行对象特殊要用情做,三是研学旅行市场广阔要用力做。他同时相信本次培训一定能顺利完成。

张耀武表示学院已体系性完成研学旅行人才培养的全链条建设,专门研究机构、专业班级建设及"1+X"职业技能等级证书考评体系完备,走在了推广"宜昌模式、全国经验"的前列,将继续推进研学旅行高质量发展。

吴鹏宇作为班主任代表发言,表示将严格培训纪律,服务班级学员,圆满达成培训目标。

本次培训班为期七天,将采取专题辅导、现场教学、分组讨论、经验交流等形式进行,确保实效。

31. 案例:咬定研学高质量发展目标,助推旅游经济重振开新局

2020年9月26月上午,2020年宜昌市第二期研学旅行导师培训班开班仪式在学院多功能会议厅举行。宜昌市教育局党组副书记、二级调研员、教育部研学实践教育研究所特聘研究员翟秀刚出席并讲话,学院党委书记蒋含丹出席并致辞,宜昌市青少年综合实践学校校长邱望清、副校长王洪军出席,第十三届全国人大代表、伍家岗区政协副主席、学院科研与督导处处长杨德芹主持,宜昌市三峡研学旅行研究中心、学院继续教育中心、旅游管理系相关负责人及全市70余家旅行社、标准化研学旅行基地骨干共160人参加。

市教育局党组副书记翟秀刚讲话

翟秀刚在讲话中指出,要认真落实湖北省委、宜昌市委有关会议精神,干在实处走在前列,推动"宜学之城"建设、打造区域性研学旅行教育培训示范中心,加快疫后重振和高质量发展。翟秀刚强调,在常态化疫情防控下,研学旅行活动将逐步开展,如期推进,要迅速完善机制、明确职责,服从统筹安排,确保研学旅行活动开展有序、有质、有量。研学旅行从业者要提高政治站位,时刻牢记立德树人的根本任务,增强信心,充分利用三峡旅游资源,在研学旅行实践中贯通劳动教育,丰富"宜昌模式"的内涵与实质;培训承办方要加强培训绩效评价,确保效果,努力造就一批优质的研学旅行导师团队,为文旅融合强市做出新的贡献。翟秀刚称赞学院所做的工作,并祝愿培训达到预期目标。

蒋含丹在致辞中,首先代表学院对市教育局的关心和支持表示感谢,对参加培训班的学员表示欢迎。蒋含丹指出,学院主动适应新时代对高职教育发展提出的新要求,坚持以

第五部分 新起点 新征程 再攀新高峰(2019—2020学年)

学院党委书记蒋含丹致辞

立德树人、培养工匠精神为根本,注重内涵建设,彰显专业特色和示范性,办学规模不断扩大,育人质量显著提升,社会服务贡献明显,正朝着打造全省一流、全国知名优质旅游高校目标而努力奋进。蒋含丹强调,学院主动服务区域经济社会发展,围绕研学旅行管理与服务专业,2020年已开展了研学旅行课程开发、研学旅行线路设计、1+X职业技能等级证书等师资培训项目,紧贴专业实践特点,培训质量优、效果好,受到参训单位和学员们一致好评,为助推宜昌旅游经济重振开新局做出了积极贡献。学院将尽力为大家提供真诚、热情、周到的服务,做好各项服务保障工作,确保培训实效。

邱望清介绍了宜昌市青少年综合实践学校2020年开展研学旅行的情况,并就本次培训的背景与意义进行了简要解读,称赞学院为宜昌研学旅行发展所做的贡献,预祝本期培训顺利圆满。

吴鹏宇作为班主任发言,表示将热忱服务学员,严格培训纪律,规范培训管理,扎实完成培训目标和任务,让学员有所获、有所悟。

本次培训班为期五天,将采取专题辅导、现场教学、分组讨论、经验交流等形式进行,为研学旅行"宜昌模式、全国经验"再添新颜、再立新功。

32. 案例:"云代言"线上技能大赛助力脱贫攻坚

新冠肺炎疫情发生以来,学院慎终如始抓防控,不断巩固5000多师生"零感染"成果,扎实推进"停课不停学",共推出357门在线教学课程。在抓实网上教学的同时,为加强学生专业技能培养,提升学生能力素质,旅游管理系针对疫情影响下各地农产品滞销、景区经营状况不佳、农民收入锐减等问题,大胆创新,采用线上技能大赛形式,于2020年4月17日至5月7日举办了"我为家乡代言"讲解大赛,展示三旅学子扎实的专业技能,引导学生争当家乡"代言人",助力决战脱贫攻坚和决胜全面小康。

大赛分高职和中职两个参赛组,有来自贵州、甘肃、四川、江西、河南、湖南、云南、广西、重庆等省、自治区、直辖市和湖北省内各市州的617名学生参与,共收到643份参赛视频作品。其中有为荆州鱼糕、秭归脐橙、长阳腊肉等农副产品代言的;有为湖南张家界、江西婺源、恩施大峡谷等旅游景区代言的;有为河南烩面、云南鲜花饼、邓村绿茶等家乡风物特产代言的;还有重点介绍民风民俗的,如广西壮族"三月三"习俗、土家族特有婚俗"哭嫁"等,大家纷纷开启"云代言"模式,从不同的角度和视野,为自己的家乡"打call"。

本次大赛由初赛、复赛及决赛三个环节组成,初赛在各班举行,评选出前5名作品进入复赛,复赛由来自旅游行业及院校的 7 位知名专家评委独立、客观、公正评分,去掉一个最高分和一个最低分取平均分,评选出高职组前 10 名作品、中职组前 6 名作品进入决赛。对进入决赛的作品,全部在"青春三峡旅院"官方微信公众号上进行展播,经过网民投票和评审组综合审议后确定比赛最终名次。

大赛展播的作品,通过互联网传遍全国上下、大江南北,短短 3 天时间,点击量突破 3.6 万人次,参与投票人数近万人,起到了良好的宣传推广效应,有些参赛者还成为"网红"。许多网友通过公众号后台留言:"这线上技能竞赛,真叫绝!""小姐姐'带货'能力超强,我要去买秭归脐橙啦!""疫情过后,我一定要到云南,品尝鲜花饼"……

经过激烈角逐,1922 班毛媛、刘泰麟、刘巧玲团队参赛作品《一千零一夜》和刘姝凤参赛作品《乐园》获高职组一等奖;1907 班姚思颖参赛作品《诗话宜昌》获中职组一等奖。大赛还评选出二等奖 5 名、三等奖 8 名及优秀奖若干名。

本次线上技能大赛充分展现了学院以技能培养为抓手,以能力提升为核心,深化"以赛促学,以赛带训"教育教学改革,推进产教融合,提升人才培养质量的品牌效应;彰显了三旅学子热爱家乡、服务家乡,助推乡村振兴、服务地方产业、助力决战决胜脱贫攻坚和全面小康的家国情怀。

33. 案例:爱心助农,赋能脱贫攻坚

第七个全国扶贫日来临前夕,2020 年 10 月 14 日下午,学院 14 个帮扶小组又一次来到对口帮扶村枝江市安福寺镇刘家冲,给帮扶贫困户送去价值 3000 元的生产资料,并入户核查脱贫攻坚相关信息,了解其收入状况,认购消费扶贫物资。爱心助农,赋能脱贫攻坚,学院一直在行动。

爱心助农活动

中午 12 点 30 分,14 个帮扶小组 28 名党员干部,在学院党委书记蒋含丹、分管扶贫工作领导纪委书记张鲜艳的带领下集结完毕,1 个小时的车程后来到学院精准扶贫帮扶村枝江市安福寺镇刘家冲。学院常驻刘家村的干部党员崔平昌老师早早在村委会等候大家的到来,简短对接本次入户帮扶相关工作后,便安排车辆分头前往贫困户家中。每个小组给贫困户送去学院统一购买的生产资料化肥 2 袋及各自准备的慰问品(或防疫物品或衣物或现金),入户后帮扶小组详细了解疫情后的生产生活、家庭收入等情况,核查家庭相关

信息,询问是否有滞消的农副产品,并当场认购消费。据初步统计,本次认购消费扶贫产品鸡、鸭、柑橘、红薯、花生等价值3000余元。

学院精准扶贫帮扶村枝江市安福寺镇刘家冲

走访完各组负责的帮扶户后,党员们根据崔平昌老师前期调查,组成志愿服务队到孤寡老人或行动不便的村民家中打扫卫生,收拾整理住所周边环境。

2020年是脱贫攻坚的收官之年,是全面实现小康之年,2020年的全国扶贫日具有更加特殊的意义。学院在全国扶贫日前夕安排这样一次入村帮扶活动,进一步彰显学院坚决支持国家如期打赢脱贫攻坚战的决心。学院派驻的驻村队员崔平昌自2015年入村至今,积极配合村委开展扶贫工作,成效显著。6年来学院投入帮扶资金35万元,开展志愿服务12次。爱心助农,赋能脱贫攻坚,为打赢这场战役贡献自己的力量。

34. 案例:一颗红心跟党走,休而不止战脱贫

"老崔您来哒,快请屋里进!"贫困户刘祖宋听到崔老师在屋外喊,连忙回应,从厨房迎到大门口。崔老师递上一袋水果,说:"你看病回来,我来坐坐。""老崔您太费心了,多亏您当时把我送到医院。"这是崔老师和村民之间无数个温暖的场景之一。

扶贫路上,唯爱坚守有信心。崔老师2015年转战枝江市安福寺镇刘家冲村,时年58岁。驻村通知到达时,他二话没说就满口答应了,卷起铺盖,驾着摩托车直奔刘家冲村而来。

村民刘祖林家,父子俩脾气有些古怪,对帮扶工作意见很大。崔老师多次上门谈心拉家常,为其量身制订了脱贫计划,实施了赠送柑橘树苗、整修入户道路、定点消费扶贫等一系列帮扶措施,大大提振了父子俩的脱贫信心。儿子刘岸精神残疾,长期与父亲关系紧张,崔老师苦口婆心地劝导,要他理解父亲的一片苦心,多为家庭分忧,做一些力所能及的事,要相信幸福都是奋斗出来的。五年来,刘家父子关系改善了许多,刘岸逐渐成长为家中的硬劳力,挖树清堰、管理果园、洗衣做饭都能胜任,家庭收入有了极大提升。父子俩还主动提出要整修老房子,争取年内让房前屋后焕然一新。

攻城拔寨,齐心协力有决心。三年前,崔老师退休了,但他仍坚决请求留在一线,干劲十足。

刘绍文因中风偏瘫在床,三个女儿出嫁后长期在外,其妻年纪大,劳动力弱,大量精力都花在照顾他身上,家里的几亩田地贫瘠,二人生活困难。崔老师陪他们谈心,了解他们的想法,帮助他们增加收入。他发动学院老师们消费扶贫,鼓励刘绍文夫妇因地就势发展产业。每年为他们拟定种养清单,土鸡、旱鸭、花生、红薯分门别类,由崔老师负责销售。

前年冬天,崔老师凌晨五点起床帮他们屠宰家禽,除毛、称重,还细心地给每只鸡鸭贴上标签,天麻麻亮就赶到集市上,当天收入 4000 多元,解了他们的过年之急。

决战决胜,休而不止有恒心。刘家冲村风景秀美、交通便利,如何挖掘村里旅游潜力,成为崔老师萦绕于心的头号难题。他协调学院旅游、餐饮、电子商务等团队,为村里 19 名青年开展职业技术培训,培育乡村旅游致富带头人。崔老师又提出建议,邀请学院专家组到村实地考察并制定了《刘家冲村花谷果海休闲旅游规划方案》,绘制了一幅美好蓝图。

崔老师的车上一直都带着铁锹、锯子、镰刀等工具,方便遇到村民有困难时,随时能帮着干。"为人民服务要下得了身、出得了力、破得了皮,只要是党和人民的需要,竭尽所能,说干就干,绝不犹豫",这是平凡老崔奋斗的心声。

35. 案例:以帮扶引线,共制袍泽之裳

2020 年 5 月 15 日,学院党委书记蒋含丹、纪委书记张鲜艳一行,奔赴对口帮扶单位远安县职业教育中心学校,送去 8 万元资金及防护口罩、酒精、消毒液等防疫物资,并对后续帮扶工作进行指导调研。远安县政府副县长蒋小丹、余跃洲,县政协副主席、职教中心校长张敏,县教育局党组书记、局长宋仕军等参加捐赠仪式及调研座谈。

学院对口帮扶远安县职业教育中心学校捐赠仪式

座谈会上,张敏首先代表远安县职教中心对学院长期给予的支持和帮扶表示衷心感谢,欢迎学院领导、专家深入学校指导工作。

蒋小丹代表县政府表达感谢,并表示远安正在抓紧、抓实、抓细常态化疫情防控,大力恢复经济社会发展,特别是复振全域旅游经济,决战决胜脱贫攻坚,全面建成小康社会。学院及时送来帮扶资金,捐赠防疫物质,充分体现了学院贯彻湖北省教育精准扶贫行动计划,是落实暖人心、办好事、解难事的重大举措。学院作为全省知名的旅游高职院校,师资队伍强大、技术力量雄厚,希望学院继续发挥专业优势,在旅游产业发展、职业教育培训等方面,给予远安县更多的支持和帮助。远安县也将为学院广大师生实习实训提供良好平台,实现地校合作,共赢发展。

蒋含丹指出,远安县职教中心与学院同是职教袍泽,本有兄弟情谊,2016 年湖北省实施教育扶贫行动计划,学院对口帮扶远安县职业教育中心,4 年来,学院扎实有效开展帮扶,在领导互访、教师交流、专业建设、人才培养、实训建设、技能指导、语言文字工作与普通话测试点建设等方面,建立了帮扶长效机制,取得了良好成效。

蒋含丹表示,下一步将继续加强对职教中心的全方位帮扶指导,依托学院教学资源,从专业建设、师资培养、生源基地建设等方面,建立长期共享机制,搭建中高职衔接"立交桥",推动职业教育高质量发展。同时,学院将继续助力远安决战决胜脱贫攻坚,在职业技能培训上提供智力支持,培养更多实用性技术人才,推动远安乡村振兴、全域旅游和经济社会发展。

会后,蒋含丹、张鲜艳一行在张敏的带领下,参观了校园环境和专业实训情况。

36. 案例:科研服务社会,助推宜昌高质量发展

2020年4月,中共宜昌市委宣传部和宜昌市社会科学界联合会文件(宜社科联文〔2020〕2号)关于2019年度全市社会科学研究课题项目结项的通报,学院6项申请课题全部顺利结题。

课题项目中,熊杰主持的《县级融媒体中心建设模式研究——以宜昌各县市区为例》和张耀武主持的《宜昌文化与旅游融合发展研究》2项研究引领了学院2019年度市级课题项目申报及结项工作,荣获优秀等级。

近年来,学院始终坚持围绕宜昌市"一高双争三决胜",守正创新,担当作为,紧扣区域社会经济发展,助力决战脱贫攻坚决胜全面小康,保护生态环境、创新文旅融合、改善民生,充分发挥高职院校服务地方经济社会发展人才优势,为宜昌市实施"双核驱动、多点支撑、协同发展"战略、加快实现"两个走在前列"奋斗目标提供坚强有力的咨政服务和智力支持。

37. 案例:院长梅继开领衔申报课题获湖北省中华职教社立项

2020年5月19日,湖北省中华职业教育社发布《关于2020年度调研课题项目立项的通知》(鄂社字〔2020〕7号),学院党委副书记、院长梅继开负责申报的《湖北省疫情防控背景下高职院校网络教学研究》等5项课题项目获得立项。

湖北省中华职业教育社2020年度调研课题项目是该社发挥教育特色和优势,开展职业教育调查研究和思想研究,推进职教理论和制度创新的有效举措。课题项目坚持问题导向、目标导向、效果导向,为当前统筹推进疫情常态化防控、在线教学及返校复学提供实证经验和理论指导。2019—2020年度,该调研课题项目共准予立项164项,其中宜昌市获批立项5项,全部为学院取得。

《湖北省疫情防控背景下高职院校网络教学研究》课题基于实际,对于高等职业教育层次的院校如何整体有效开展网络教学进行实证研究,属于首创性的问题意识体现。其他4个课题研究均聚焦当前职业教育服务乡村振兴、城乡融合发展以及疫情背景下教育信息化建设。课题彰显学院深入学习贯彻习近平新时代中国特色社会主义思想,立足职业教育,始终坚持立德树人,紧密结合区域经济社会发展,着力推进改革创新和内涵建设,构筑完善的人才培养体系,提升教育教学质效,为宜昌市"一高双争三决胜"、加快实现"两个走在前列"奋斗目标提供坚强有力的人才服务和智力支持,奋力谱写高质量发展新篇章。

38. 案例:人人出彩,技能强国

2020年11月18日,由宜昌市教育局主办,学院和宜昌市职业教育研究室承办的"人人出彩 技能强国"——宜昌文化旅游职业教育联盟成立暨职业教育成果展示活动在学院隆重举行。宜昌市教育局党组书记、局长覃照出席、致辞并为"宜昌文化旅游职业教育联盟"授牌;宜昌市人社局副局长谢天星,宜昌市文旅局调研员鲍希安,宜昌市经信局党组成员吴周玉,宜昌市总工会党组成员、女职工委员会主任朱利民,团市委副书记鲁武,宜昌

市科协副主席杨天忠,宜昌市教育局四级调研员、直属机关纪委书记石希峰等市直部门领导、宜昌高新区有关部门领导出席相关活动;学院党委书记蒋含丹,党委副书记、院长梅继开出席;市教育局相关科室、局属单位相关负责人、在宜大中专院校领导及师生、100多家合作企业领导及代表,宜昌市文化旅游职教联盟理事单位代表出席。

宜昌文化旅游职业教育联盟成立暨职业教育成果展示活动

覃照、石希峰等领导在梅继开的陪同下,先后深入到实训楼智慧旅游VR教学体验中心、球类运动馆研学旅行精品课程展示与体验区、职教园中心广场茶艺、烹饪雕刻、手工制作、少儿书画、西点制作等展示区参观指导,与在场师生亲切交流,对学院近几年的发展及职教成果表示赞赏。

领导参观指导

覃照在致辞中对宜昌文化旅游职业教育联盟成立表示祝贺,充分肯定了近年来在深化产教融合,加快构建现代职教体系,促进职业教育高质量发展取得的丰硕成果。就新时代职业教育怎么办、怎么干等提出了三点希望:一要深化认识,强化落实。以立德树人为根本,以服务发展为宗旨,以促进就业为导向,不断深化产教融合、校企合作,做到德技并

第五部分 新起点 新征程 再攀新高峰(2019—2020学年)

修、工学结合,不断提升人才培养质量。二要突出类型,提质培优。坚持类型特色不动摇,以专业建设为抓手,实施职业教育"三教改革"攻坚行动,培育宜昌职教特色和品牌。三要加强宣传,营造氛围。弘扬劳动光荣、技能宝贵、创造伟大的时代风尚,促进形成"崇尚一技之长、不唯学历凭能力"的社会氛围。覃照强调,站在"十三五"即将收官、"十四五"大幕即将开启的历史节点上,宜昌职业教育当凝神聚力、攻坚克难,将"大有可为"的期许转为"大有作为"的行动,在新征程中再谱华章。

18日上午9时,宜昌文化旅游职教联盟第一届会员大会在学院实训楼3D多功能厅召开,标志着宜昌首个行业性职业教育联盟诞生。此联盟以宜昌市教育局、市文旅局为主导,由学院牵头,联合全市106家职业院校和旅游骨干企业,创新校企合作体制机制,打造创新、融合、聚能、增效、合作共享的职业教育办学联合体。会上,联盟筹备组介绍了宜昌文化旅游职业教育联盟筹备情况,解读、审议并表决通过《宜昌文化旅游职业教育联盟章程》,以无记名投票方式选举产生了理事长、副理事长、秘书长、副秘书长。学院党委副书记、院长梅继开以高票当选为首届宜昌文化旅游职业教育联盟理事长。

作为新当选的理事长,梅继开发表了热情洋溢的讲话。他表示,作为宜昌首个行业性职教联盟,宜昌文化旅游职教联盟的成立是深入贯彻国务院《国家职业教育改革实施方案》、教育部《关于深入推进职业教育集团化办学的意见》的具体体现,是落实教育部等九部门《职业教育提质培优行动计划》、宜昌市人民政府《关于进一步推进职业教育发展的意见》的切实行动,是践行"管产业、管行业必须管人才"的理念、促进教育链与产业链深度融合的有效举措。梅继开郑重承诺:作为联盟理事长单位,学院将站在全市文化旅游产业发展的战略高度,提高对文化旅游职教改革发展的认识,自觉遵守联盟章程,认真履行职责,开好头、起好步,积极谋划,科学定位,与联盟伙伴携手前进,开创多赢的职业教育新局面,为宜昌文化旅游产业发展和经济转型升级提供坚实人才保障,共同创造宜昌文化旅游职业教育更加灿烂美好的明天。

2020年宜昌市旅游、学前教育3+2中高职衔接教学交流活动同步进行。学院实训楼、职教园中心广场、学院球类运动馆人潮涌动,热闹非凡。智慧旅游VR教学体验、茶艺展示、烹饪雕刻、手工制作、少儿书画、西点制作、插花艺术、调酒技能等多个展台的现场技能展示吸引来自全市14所中职学校的近千名学生驻足观看并竞相体验。宜昌市研学旅行精品课程展示与体验也精彩纷呈,18家研学旅行基地、营地现场展示特色精品课程,非遗传承技艺、手工制作工艺、植物标本制作等趣味横生。"精彩职教、出彩人生""人人皆可成才、人人尽展其才"的职业教育魅力,增强了中职学生的信心。

梅继开当选理事长

18日下午2点30分,宜昌文化旅游职教联盟授牌、宜昌市职教成果展演、2020年中职技能大赛闭幕式在职教园体育馆盛大举行。主会场舞台中央,流光溢彩,激情飞扬。观众席上悬挂着"坚持类型特色不动摇,打造职教发展新高地""推进文旅融合,中高职衔接,培养德智体美劳全面发展的高技能创新人才""人人皆可成才、人人尽展其才""产教融合、校企合作、工学结合、知行合一"的横幅标语。主会场内各级领导和师生严格按照疫情防控要求戴口罩间隔就坐,场外师生在教室同步观看网络直播,共同见证宜昌市文化旅游职业教育联盟成立和职业教育成果展示活动。大家通过视频共同回顾了2020年中职技能大赛获奖师生的精彩瞬间,对宜昌职业教育宣传月活动中职学校获奖的优秀节目集中进行展演,与会领导为2020年中等职业教育技能大赛获奖团队和个人颁奖。

成果展演在学院学前教育系学生宏大、欢快的歌舞《盛世欢歌》中拉开序幕,宜昌市三峡中专的古典舞《韶华》表达了他们对舞蹈艺术梦想的美好憧憬。长阳县职业教育中心旅游专业课教师李含羽的模拟导游讲解——《抬格子》,用实际行动推介家乡、讲好宜昌故事。枝江市职业教育中心的女子群舞《八女投江》,用身与影展现了抗日巾帼英雄的英勇无畏精神。服装模特表演展现出中职学生对时尚与美的追求。声乐项目一等奖获奖选手演绎的《梦开始的地方》,充分展现出宜昌市三峡中专、枝江市职业教育中心、五峰县职业教育中心学前教育专业的技能水平。湖北三峡职业技术学院演讲项目一等奖获得者邓志轩的情景演讲《窗外的一抹红》,诠释了伟大抗疫精神。学院器乐表演《蝴蝶与蓝》,用古筝和大提琴的合奏演绎出绝美的天籁。长阳县职业教育中心展示《筑梦·飞翔》,足见其学生的舞蹈基本功。五峰县职业教育中心群舞《茶乡茶香》,让我们体会到了独特的巴土风情。宜都市职业教育中心舞蹈《天浴》,诠释了对纯洁人性与美好生命的欲望和追求。最后,成果展在学院歌舞《我和我的祖国》甜美歌声中落下帷幕。十二个优秀节目相继登场,伴以绚烂的灯光、好听的音乐,美轮美奂,精彩纷呈,呈现出较高的艺术水准,展现了宜昌职教学子的风采。

奋战"十四五",奋进新征程,学院将以宜昌文化旅游职业教育联盟成立为新的起点,敢担当、善作为,全院上下凝心聚力、鼓足干劲,脚踏实地投身技能强国的伟大实践,绘就"十四五"的绚丽蓝图。

39.案例:临难不避逆行而上,为爱发声用心守护

从2020年1月28日开始,学院心理教师黄兴芹积极响应号召,充分发挥专业优势,投身防控新冠病毒疫情心理援助工作之中,通过电话热线、腾讯云呼叫中心、微信、QQ等多种方式为处于疫情不同层面的大众提供心理服务,帮助受助者稳定情绪,维护其心理健康。

学校心理教师黄兴芹

在防疫期间,她先后承担教育部华中师范大学心理援助热线平台腾讯云呼叫中心在线心理服务工作,积极为疫区一线医护人员、新冠肺炎患者及家属、公安干警及安保人员、社区工作人员及志愿者、居民大众等不同类型的人群提供专业的心理疏导和心理干预服务;承担湖北省委教育工委、湖北省教育厅组织的湖北高校心理专家服务队心理咨询服务热线工作,还应邀于3月9日做客楚天都市报联合湖北省高校心理健康专家服务队开设的"心理防疫 专家行动"专栏;担任"武汉微邻里"公众号网络心理辅导和热线电话回复工作;承担宜昌市心理学会心理援助志愿服务队组织、联络、咨询等工作;担任葛洲坝集团疫情防控职工心理关爱工作组专家督导。

黄老师在上述平台共接受热线电话和网络咨询30余人次,应邀为宜昌市体育运动学校,宜昌市24中、22中,宜昌市西陵区东山小学,宜昌市红星路小学,宜昌市得胜街小学以及当阳市所有中小学,秭归县实验中学的师生开展视频授课和直播教学15场,主题分别有《新冠肺炎疫情防控时期的自我心理调适与师生心理互助》《有温度的亲子沟通》《宅在家里学不进去怎么办——专注力培养》,为宜昌市心理援助志愿者开展《心理援助任热线服务的伦理与规范》专题培训,受众人数4万余人次(当阳市3万人)。

结合热线电话工作深入进行疫情的心理学思考,撰写的《五步走出心理"困"》《换个角度给"旧账"翻篇》《三种方式带你走出"心理高原期"》《六种方法引导毕业生消除"就业高焦虑"》《打有准备之仗以平常心备考》等7篇疫情期心理调适科普文章、辅导日记先后发表在湖北日报、楚天都市报,并被20多家网络媒体和地方政府网转发,受众人数达7万余人次,其中,《三种方式带你走出"心理高原期"》于2020年4月5日被学习强国全文推送,另有两篇征文获得教育部和宜昌市奖项。

40. 案例:巩固提升"零感染"成果,打造安全文明校园升级版

2020年4月13日上午,学院在行政楼1311会议室召开爱国卫生运动推进会。党委副书记、院长梅继开主持并讲话,院级领导班子成员和全体中层干部参加。

学院召开爱国卫生运动推进会

梅继开传达了习近平总书记关于爱国卫生运动的指示精神和湖北省委、宜昌市委有关文件要求。他指出,在全体三旅人的共同努力下,全院上下精准施策,严防严控,实现了5000师生"零感染"新冠肺炎目标。梅继开讲话时强调,要进一步提高政治站位,深刻认识开展爱国卫生运动的重大意义,坚持全员参与,纵深推进学院爱国卫生运动常态化、制度化,巩固提升"零感染"疫情防控成果,全面打造安全文明校园升级版,为教师复工、学生返校复学提供洁净优美环境,切实保障师生身体健康和生命安全。

梅继开要求,在复工复学前要确保"六个到位"。一是主体责任落实到位。将爱国卫生运动作为复工复学前的头等大事来抓,强化组织领导和责任分工,明确任务要求,细化工作措施,确保纵深推进,取得实效。二是校园环境整治消杀到位。集中力量开展环境卫生大扫除及垃圾分类处置,清除卫生死角,净化美化亮化绿化校园环境;组织专班对宿舍、教室、食堂、运动场馆、实训室、图书馆、办公室、卫生间等场所和区域进行全面消杀,抓细抓实宿舍、教室、食堂等重点区域和师生就餐等重点环节防控。三是应急处置机制落实到位。严格落实校园封闭管理,进一步细化复工复学方案,优化学生返校复学流程,科学制定复工复学疫情防控应急预案,落实好各类突发事件应急处置措施;4月底前,完成校园围墙、门禁系统、人脸识别系统建设,确保复工复学防控之需。四是防控物资准备到位。配备足量口罩,做好护目镜、防护手套、消毒用品等防控物资储备,加快热成像测温系统数据录入及管理。五是师生员工健康状况摸底排查到位。认真做好进出校园人员扫健康码、体温检测及登记;切实做好全院师生员工复工复学前的健康筛查。六是防控宣传教育到位。通过专题讲座等形式,扎实开展师生员工疫情防控知识培训;利用学院官网、微信、微博等媒体和LED屏、宣传栏、横幅标语等载体,将疫情防控、健康知识传播到每个师生员工,确保人人知晓。

会上,党委委员、副院长覃黎明传达了习近平总书记关于安全生产重要指示精神,就近期校园安全防控工作做了安排。

4月14日上午9点,在2号学生公寓前,50多人的专业消杀队伍,统一配戴工作帽、防护口罩、护目镜、手套,身着防护服、鞋套等,集结完毕,整装待发。随着院长梅继开一声令下,全体队员精神抖擞,奔赴学生公寓、教学楼、实训楼、食堂、田径场、球类馆、大学生创新创业孵化基地、图书馆、普通话测试中心及中心园区行政楼、学术报告厅、综合实训楼、体育馆等区域,开展第二次全链条无死角集中消毒,全面消杀工作持续到下午4点结束。学院拟定在学生返校复学前,组织专班、集中力量对上述区域进行第三次全面消毒和通风换气,以最洁净安全优美的环境迎接学生返校复学。

开展校园防疫

"防疫有我、爱卫同行",安全文明校园"净"等你来!

附　　录

附录 A 2015—2016 学年相关数据表

计分卡

院校代码	院校名称		指标		单位	2015 年	2016 年
14258	三峡旅游职业技术学院	1	就业率		%	92.07	93.19
		2	平均起薪线		元	2605.56	2828.67
		3	理工农医类专业相关度		%	58.92	68.34
		4	母校满意度		%	94	95
		5	自主创业比例		%	0	0
		6	雇主满意度		%	100	100
		7	专业大类平均起薪线	农林牧渔大类	元	2250	2500
				交通运输大类	元	2500	2947
				电子信息大类	元	2800	3081
				财经大类	元	2200	2576.5
				旅游大类	元	2663.64	2787.56
				文化教育大类	元	2525	2992.5

资源表

院校代码	院校名称		指标	单位	2015 年	2016 年
14258	三峡旅游职业技术学院	1	生师比	—	17.55	15.58
		2	双师素质专任教师比例	%	35.90	37.37
		3	专任教师人均企业实践时间	天	24.91	20.14
		4	企业兼职教师专业课课时占比	%	16.58	12.09
		5	生均教学科研仪器设备值	元/生	5065.86	9127.19
		6	生均校内实践教学工位数	个/生	0.45	0.52
		7	生均校外实习实训基地实习时间	天/生	5.04	9.37

国际影响表

院校代码	院校名称		指标	单位	2015 年	2016 年
14258	三峡旅游职业技术学院	1	全日制国(境)外留学生人数	人	0	0
		2	非全日制国(境)外人员培训量	人/日	0	0
		3	在校生服务"走出去"企业国(境)外实习时间	人/日	0	0
		4	专任教师服务"走出去"企业国(境)外指导时间	人/日	0	0
		5	在国(境)外组织担任职务的专任教师人数	人	0	0
		6	开发国(境)外认可的行业或专业教学标准数	个	0	0
		7	国(境)外技能大赛获奖数量	项	0	0

服务贡献表

院校代码	院校名称		指标	单位	2015年	2016年
14258	三峡旅游职业技术学院	1	毕业生人数（合计）	人	744	720
			其中就业人数（合计）	人	685	671
			毕业生就业去向（以下三类都填，总和不受100%约束）	—	—	—
			A类：留在当地就业比例	%	38.76	38.24
			B类：到中小微企业等基层服务比例	%	75.48	74.22
			C类：到国家骨干企业就业比例	%	15.83	15.83
		2	横向技术服务到款额	万元	85.80	10.2
		3	纵向科研经费到款额	万元	19.60	4.86
		4	技术交易到款额	万元	0	0
		5	非学历培训到款额	万元	50	60
		6	公益性培训服务	人/日	2412	3816

主要办学经费来源（单选）：省级（ ）　　地市级（√）　　行业或企业（ ）　　其他（ ）

落实政策表

院校代码	院校名称		指标	单位	2015年	2016年
14258	三峡旅游职业技术学院	1	年生均财政拨款水平	元	3461.29	8052.72
		2	其中年生均财政专项经费	元	793.79	2707.31
		3	教职员工额定编制数	人	170	170
			在岗教职员工总数	人	191	190
		4	生均企业实习财政经费补贴	元/月	—	—
		5	生均企业实习责任保险补贴	元	40	55
		6	企业兼职教师人均财政补贴	元	3333.30	3450
		7	专任教师总数	人	117	99
			专任教师参加省级培训量	人/日	320	1727

附录B 2016—2017学年相关数据表

计分卡

院校代码	院校名称		指标	单位	2016年	2017年
14258	三峡旅游职业技术学院	1	就业率	%	93.19	93.29
		2	平均起薪线	元	2828.67	3266.88
		3	理工农医类专业相关度	%	68.34	98
		4	母校满意度	%	95	98
		5	自主创业比例	%	0	0.20
		6	雇主满意度	%	100	99.86
		7	毕业三年职位晋升比例	%	31.90	34.70

资源表

院校代码	院校名称		指标	单位	2016年	2017年
14258	三峡旅游职业技术学院	1	生师比	—	15.58	13.74
		2	双师素质专任教师比例	%	37.37	35.11
		3	生均教学科研仪器设备值	元/生	9127.19	9970.99
		4	生均教学行政用房面积	平方米/生	29.97	32.06
		5	生均校内实践教学工位数	个/生	0.52	0.61
		6	校园网主干最大带宽	Mb/s	10000	10000
		7	教学计划内课程总数	门	470	449
			线上开设课程数	门	5	8

学校类别(单选):综合、师范、民族院校(√)
　　　　　　　　工科、农、林院校(　)医学院校(　)
　　　　　　　　语文、财经、政法院校(　)体育院校(　)
　　　　　　　　艺术院校(　)

国际影响表

院校代码	院校名称		指标	单位	2016年	2017年	备注
14258	三峡旅游职业技术学院	1	全日制国(境)外留学生人数(一年以上)	人	0	0	—
		2	非全日制国(境)外人员培训量	人/日	0	0	—
		3	在校生服务"走出去"企业国(境)外实习时间	人/日	0	0	—
		4	专任教师赴国(境)外指导和开展培训时间	人/日	0	0	—
		5	在国(境)外组织担任职务的专任教师人数	人	0	0	填报格式:××(姓名)在××(组织名),担任××职务;逐一列出
		6	开发国(境)外认可的专业教学标准和课程标准数	个	0	0	填报格式:××标准被××、××认可;逐一列出
		7	国(境)外技能大赛获奖数量	项	0	0	填报格式:××(姓名)在××(大赛名),获××奖;逐一列出

服务贡献表

院校代码	院校名称		指标	单位	2016年	2017年
14258	三峡旅游职业技术学院	1	全日制在校生人数	人	2079	2062
			毕业生人数	人	720	507
			其中就业人数	人	671	473
			毕业生就业去向:	—	—	—
			A类:留在本市就业人数	人	183	121
			B类:到中小微企业等基层服务人数	人	498	352
			C类:到500强企业就业人数	人	27	19
		2	横向技术服务到款额	万元	10.2	9.81
		3	纵向科研经费到款额	万元	4.86	0.8
		4	技术交易到款额	万元	0	0
		5	非学历培训到款额	万元	60	90
		6	公益性培训服务	人/日	3816	11712
		主要办学经费来源(单选):省级( )　地市级(√)　行业或企业( )　其他( )				

落实政策表

院校代码	院校名称		指标	单位	2016 年	2017 年
14258	三峡旅游职业技术学院	1	年生均财政拨款水平	元	8052.72	15957.46
			其中年生均财政专项经费	元	2707.31	5393.35
		2	教职员工额定编制数	人	170	170
			在岗教职员工总数	人	190	190
			其中专任教师总数	人	99	94
		3	企业提供的校内实践教学设备值	万元	0	0
		4	生均企业实习经费补贴	元	0	0
			其中生均财政专项补贴	元	0	0
		5	生均企业实习责任保险补贴	元	55	55
			其中生均财政专项补贴	元	0	0
		6	企业兼职教师年课时总量	课时	3000	2168
			年支付企业兼职教师课酬	元	1353400	1391400
			其中财政专项补贴	元	60000	60000

附录 C 2017—2018 学年相关数据表

计分卡

院校代码	院校名称	指标		单位	2017 年	2018 年
14258	三峡旅游职业技术学院	1	就业率	%	93.29	93.88
		2	平均起薪线	元	3266.88	3260
		3	理工农医类专业相关度	%	98	98
		4	母校满意度	%	98	93
		5	自主创业比例	%	0.21	0.24
		6	雇主满意度	%	99.86	100
		7	毕业三年职位晋升比例	%	34.90	36.85

学生反馈表

院校代码	院校名称	指标			单位	一年级	二年级	备注
14258	三峡旅游职业技术学院	1	全日制在校生人数		人	405	568	
		2	教书育人满意度		—	—	—	
			(1)课堂育人	调研人次	人次	275	300	
				满意度	%	94.9	97.2	
			(2)课外育人	调研人次	人次	275	300	
				满意度	%	95.8	97.4	
		3	课程教学满意度		—	—	—	
			(1)思想政治教育课	调研课次	课次	3	1	
				满意度	%	95	95	
			(2)公共基础课(不含思想政治教育课)	调研课次	课次	2	2	
				满意度	%	89	89	
			(3)专业课教学	调研课次	课次	117	142	
				满意度	%	96	91	
		4	管理和服务工作满意度		—	—	—	
			(1)学生工作	调研人次	人次	325	455	
				满意度	%	100	99	
			(2)教学管理	调研人次	人次	347	525	
				满意度	%	95	92	
			(3)后勤服务	调研人次	人次	150	150	
				满意度	%	89.9	93.5	
		5	学生参与志愿者活动时间		人日	志愿者活动 42 次,每次 20—30 人		

续表

院校代码	院校名称	指标		单位	一年级	二年级	备注
14258	三峡旅游职业技术学院	6	学生社团参与度	—	—	—	
			(1)学生社团数	个	18	22	
			(2)参与各社团的学生人数	人	茶艺社:8；礼仪队:12；韩舞社:27；美食协会:30；美术社:83；吉他社:20；汉服社:49；演讲与辩论社:30；足球社:7；动漫社:60；篮球社:15；拉丁舞社:22；通讯社:16；羽乒协会:26；心理协会:30；大学生艺术团:200；三思学会:31；滑板轮滑社:28	茶艺社:30；羽乒协会:78；俊杰搏击健身社团:23；Ankle terminat or leajue 篮球社:85；韩舞社:112；礼仪:20；演讲与辩论社:60；lk 动漫社:158；三旅美术社:58；三旅排球社:39；三旅吉他社:206；拉丁舞社:57；昆吾汉服社:45；一斛珠书法社:121；说唱社:78；zoe 街舞团:25；计算机协会:128；心理协会:33；剪纸社:64；巍澜国学社:29；足球社:38；旅游协会:52	分别参与不同社团活动的人数，须逐一列出

资源表

院校代码	院校名称		指标	单位	2017年	2018年
14258	三峡旅游职业技术学院	1	生师比	—	13.74	17.93
		2	双师素质专任教师比例	%	35.11	34.95
		3	生均教学科研仪器设备值	元/生	9970.99	11850.60
		4	生均教学行政用房面积	平方米/生	32.06	27.06
		5	生均校内实践教学工位数	个/生	0.61	61.40
		6	校园网主干最大带宽	Mbps	10000	10000
		7	教学计划内课程总数	门	449	362
			其中线上开设课程数	门	8	7

学校类别(单选):综合、师范、民族院校(®)　　工科、农、林院校(　)

医学院校(　)　　语文、财经、政法院校(　)

体育院校(　)　　艺术院校(　)

国际影响表

院校代码	院校名称		指标	单位	2017年	2018年	备注
14258	三峡旅游职业技术学院	1	全日制国（境）外留学生人数（一年以上）	人	0	0	—
		2	非全日制国（境）外人员培训量	人/日	0	0	—
		3	在校生服务"走出去"企业国（境）外实习时间	人/日	0	0	—
		4	专任教师赴国（境）外指导和开展培训时间	人/日	0	0	—
		5	在国（境）外组织担任职务的专任教师人数	人	0	0	填报格式：××（姓名）在××（组织名），担任××职务；须逐一列出，否则数据无效
		6	开发并被国（境）外采用的专业教学标准数	个	0	0	填报格式：开发××标准被××、××采用（该标准须被2个及以上国家或地区同行所采用）；须逐一列出，否则数据无效
			开发并被国（境）外采用的课程标准数	个	0	0	
		7	国（境）外技能大赛获奖数量	项	0	0	填报格式：××（姓名）在××（大赛名），获××奖；须逐一列出，否则数据无效

服务贡献表

院校代码	院校名称		指标	单位	2017 年	2018 年
14258	三峡旅游职业技术学院	1	全日制在校生人数	人	2062	2443
			毕业生人数	人	507	948
			其中就业人数	人	473	890
			毕业生就业去向:	—	—	—
			A 类:留在当地就业人数	人	121	237
			B 类:到西部地区和东北地区就业人数	人	0	76
			C 类:到中小微企业等基层服务人数	人	352	720
			D 类:到 500 强企业就业人数	人	19	20
		2	横向技术服务到款额	万元	9.81	0
			横向技术服务产生的经济效益	万元	4.41	1
		3	纵向科研经费到款额	万元	0.8	1.40
		4	技术交易到款额	万元	0	0
		5	非学历培训到款额	万元	90	90
		6	公益性培训服务	人日	11712	5000
			主要办学经费来源(单选):省级( )　地市级(Ⓡ)行业或企业( )　其他( )			

落实政策表

院校代码	院校名称		指标	单位	2017 年	2018 年
14258	三峡旅游职业技术学院	1	年生均财政拨款水平	元	15957.46	16825
			其中年生均财政专项经费	元	5393.35	6201.39
		2	教职员工额定编制数	人	170	170
			在岗教职员工总数	人	190	169
			其中专任教师总数	人	94	103
		3	企业提供的校内实践教学设备值	万元	0	0
		4	生均企业实习经费补贴	元	0	0
			其中生均财政专项补贴	元	0	0
		5	生均企业实习责任保险补贴	元	55	55
			其中生均财政专项补贴	元	0	0
		6	企业兼职教师年课时总量	课时	2168	602
			年支付企业兼职教师课酬	元	1391400	2194100
			其中财政专项补贴	元	60000	380000

附录 D 2018—2019 学年相关数据表

计分卡

院校代码	院校名称		指标	单位	2018 年	2019 年
14258	三峡旅游职业技术学院	1	就业率	%	93.88	96.13
		2	平均起薪线	元	3260	3297
		3	理工农医类专业相关度	%	98	98
		4	母校满意度	%	93	95
		5	自主创业比例	%	0.24	1.50
		6	雇主满意度	%	100	>93
		7	毕业三年职位晋升比例	%	36.85	40

学生反馈表

院校代码	院校名称		指标		单位	一年级	二年级
14258	三峡旅游职业技术学院	1	全日制在校生人数		人	1202	676
		2	教书育人满意度		—		
			(1)课堂育人	调研人次	人次	275	300
				满意度	%	95	98
			(2)课外育人	调研人次	人次	275	300
				满意度	%	95	96
		3	课程教学满意度		—		
			(1)思想政治课	调研课次	课次	5	52
				满意度	%	96	98
			(2)公共基础课(不含思想政治课)	调研课次	课次	3	3
				满意度	%	89	89
			(3)专业课教学	调研课次	课次	117	142
				满意度	%	95	95.5
		4	管理和服务工作满意度		—		
			(1)学生工作	调研人次	人次	400	400
				满意度	%	97	97.2
			(2)教学管理	调研人次	人次	350	550
				满意度	%	95	95.6
			(3)后勤服务	调研人次	人次	50	50
				满意度	%	100	100

续表

院校代码	院校名称		指标	单位	一年级	二年级
14258	三峡旅游职业技术学院	5	学生参与志愿者活动时间	人/日	678	1755
		6	学生社团参与度	—	0.65	
			学生社团数	个	15	
			其中科技社团数	个	0	
			参与各社团的学生人数	人	剪纸社:30人；昆吾汉服社:45人；礼仪队:14人；美术社:39人；茶艺社:28人；计算机协会:53人；吉他社:80人；一斛珠书法社:23人；俊杰搏击健身社:34人；LK动漫社:42人；演讲与辩论社:76人；MAX现代舞社:60人；花·屿社:28人；P.E.协会:136人；铜管乐队:2人	剪纸社:9人；昆吾汉服社:19人；礼仪队:8人；美术社:13人；茶艺社:1人；吉他社:4人；一斛珠书法社:3人；俊杰搏击健身社:6人；LK动漫社:34人；演讲与辩论社:10人；MAX现代舞社:9人；花·屿社:12人；P.E.协会:38人；铜管乐队:55人

资源表

院校代码	院校名称		指标	单位	2018年	2019年
14258	三峡旅游职业技术学院	1	生师比	—	17.93	13.07
		2	双师素质专任教师比例	%	34.95	31.54
		3	高级专业技术职称专任教师比例	%	27.18	22.82
		4	生均教学科研仪器设备值	元/生	11850.60	14010.91
		5	生均教学行政用房面积	平方米/生	27.06	51.08
		6	生均校内实践教学工位数	个/生	61.40	74.95
		7	地市级以上科技平台数	个	0.00	0.00

续表

院校代码	院校名称		指标	单位	2018年	2019年
14258	三峡旅游职业技术学院	8	教学计划内课程总数	门	362	485
			其中 线上开设课程数	门	7	7
			线上课程课均学生数	人	32	40
			学校类别(单选):综合、师范、民族院校(√)			
			工科、农、林院校( )			
			医学院校( )			
			语文、财经、政法院校( )			
			体育院校( )			
			艺术院校( )			

国际影响表

院校代码	院校名称		指标	单位	2018年	2019年	备注
14258	三峡旅游职业技术学院	1	国(境)外人员培训量	人日	0	0	
		2	在校生服务"走出去"企业国(境)外实习时间	人日	0	0	
		3	专任教师赴国(境)外指导和开展培训时间	人日	0	6	
		4	在国(境)外专业性组织担任职务的专任教师人数	人	0	0	
		5	开发并被国(境)外采用的专业教学标准数	个	0	0	
			开发并被国(境)外采用的课程标准数	个	0	0	
		6	国(境)外技能大赛获奖数量	项	0	0	
		7	国(境)外办学点数量	个	0	0	

服务贡献表

院校代码	院校名称	指标		单位	2018年	2019年	备注
14258	三峡旅游职业技术学院	1	全日制在校生人数	人	2443	2291	
			毕业生人数	人	948	802	
			其中就业人数	人	890	769	
			毕业生就业去向：	—	—	—	
			A类：留在当地就业人数	人	237	371	
			B类：到西部地区和东北地区就业人数	人	76	43	
			C类：到中小微企业等基层服务人数	人	720	562	
			D类：到500强企业就业人数	人	20	10	
		2	横向技术服务到款额	万元	0	28.62	
			横向技术服务产生的经济效益	万元	1	30.1	
		3	纵向科研经费到款额	万元	1.40	0.20	
		4	技术交易到款额	万元	0	0	
		5	非学历培训服务	万元	8.95	78.31	
			其中	技术技能培训服务	人/日	1819	4947	
				新型职业农民培训服务	人/日	1050	1450	
				退役军人培训服务	人/日	0	0	
				基层社会服务人员培训服务	人/日	1050	2837	
		6	非学历培训到款额	万元	90	90	
		主要办学经费来源（单选）			地市级		
		院校举办方（单选）			公办院校		

落实政策表

院校代码	院校名称		指标	单位	2018年	2019年
14258	三峡旅游职业技术学院	1	年生均财政拨款水平	元	16825	21498
			其中年生均财政专项经费	元	6201.39	5498
		2	教职员工额定编制数	人	170	170
			在岗教职员工总数	人	169	200
		3	其中专任教师总数	人	103	149
			专任教师年培训量	人/日	2000	2552
			企业提供的校内实践教学设备值	万元	0	20
			年生均校外实训基地实习时间	人/时	32.52	32.96
		4	生均企业实习经费补贴	元	0	133.33
		5	其中生均财政专项补贴	元	0	80
			生均企业实习责任保险补贴	元	55	40
		6	其中生均财政专项补贴	元	0	40
			企业兼职教师年课时总量	课时	602	728
		7	年支付企业兼职教师课酬	元	2194100	582400
			其中财政专项补贴	元	380000	0

附录 E 2019—2020 学年相关数据表

学生发展

序号	指标	单位	2020 年
1	毕业生人数	人	659
	其中就业人数	人	553
2	毕业生就业去向	—	—
	A 类:留在当地就业人数	人	234
	B 类:到西部地区和东北地区就业人数	人	12
	C 类:到中小微企业等基层服务人数	人	439
	D 类:到 500 强企业就业人数	人	24
3	初次就业率	%	83.92
4	理工农医类专业相关度	%	98
5	月收入	元	3310.48
6	自主创业比例	%	1.06
7	雇主满意度	%	100
8	毕业三年职位晋升比例	%	50
9	母校满意度	%	96

办学条件

序号	指标	单位	2020 年
1	生均教学科研仪器设备值	元/生	10400
2	生均教学及辅助、行政办公用房面积	平方米/生	25.22
3	生均校内实践教学工位数	个/生	0.69
4	年生均财政拨款水平	元	26872
	其中年生均财政专项经费	元	8001
5	企业提供的校内实践教学设备值	万元	50
6	年生均校外实训基地实习时间	人/时	20
7	生均企业实习经费补贴	元	402
	其中生均财政专项补贴	元	160
8	生均企业实习责任保险补贴	元	40
	其中生均财政专项补贴	元	40
9	主要办学经费来源(单选): 省级( ) 地市级(√) 行业或企业( ) 其他( )		

教育教学

序号	指标			单位	2020 年	
1	教职员工额定编制数			人	170	
	在岗教职员工总数			人	200	
	其中专任教师总数			人	172	
2	生师比			—	15.06	
3	双师素质专任教师比例			%	33.50	
4	高级专业技术职务专任教师比例			%	20.35	
5	企业兼职教师年课时总量			课时	2672	
	年支付企业兼职教师课酬			元	654000	
	其中财政专项补贴			元	0	
6	教学计划内课程总数			门	343	
	其中线上开设课程数			门	165	
	线上课程课均学生数			人	45	
7	教学满意度					
	(1)思想政治课	调研课次	课次	一年级(120)		二年级(67)
				96.66		98.50
		满意度	%			
	(2)公共基础课	调研课次	课次	240		134
		满意度	%	90.41		90.55
	(3)专业课教学	调研课次	课次	181		102
		满意度	%	95.58		96.07

科研与社会服务

序号	指标		单位	2020 年
1	技术服务到款额		万元	48.52
	技术服务产生的经济效益		万元	60
2	纵向科研经费到款额		万元	1
3	技术交易到款额		万元	0
4	非学历培训服务		人/日	67.70
	其中	技术技能培训服务	人/日	4457
		新型职业农民培训服务	人/日	0
		退役军人培训服务	人/日	0
		基层社会服务人员培训服务	人/日	0
		非学历培训到款额	万元	65

国际交流

序号	指标	单位	2020年
1	国(境)外人员培训量	人/日	0
2	专任教师赴国(境)外指导和开展培训时间	人/日	0
3	开发并被国(境)外采用的专业教学标准数	个	0
	开发并被国(境)外采用的课程标准数	个	0
4	国(境)外技能大赛获奖数量	项	0
5	国(境)外办学点数量	个	0